neu**kirche**ner

Peter Bukowski

Predigt
wahrnehmen

Homiletische Perspektiven

Neukirchener

© 1990 – 2. Aufl. 1992
Neukirchener Verlag des Erziehungsvereins GmbH
Neukirchen-Vluyn
Alle Rechte vorbehalten
Umschlaggestaltung: Klaus Detjen
Gesamtherstellung: Breklumer Druckerei Manfred Siegel KG
Printed in Germany
ISBN 3-7887-1361-5

Die Deutsche Bibliothek – CIP-Einheitsaufnahme

Bukowski, Peter:
Predigt wahrnehmen: homiletische Perspektiven / Peter
Bukowski. – 2. Aufl. – Neukirchen-Vluyn: Neukirchener, 1992
    ISBN 3-7887-1361-5

Meiner Mutter

Vorwort

Über Absicht und Anlage dieses Buches informiert die Einleitung, weshalb ich mich hier darauf beschränken kann, denen zu danken, die mich bei seiner Entstehung begleitet und zur Veröffentlichung ermutigt haben.

Mein erster Dank gilt meiner früheren Gemeinde an der alten reformierten Kirche in Elberfeld. Ich konnte mich als Prediger von ihrer Fürbitte begleitet wissen und habe aus den Nachgesprächen mit der Gemeinde oft ebensoviel gelernt wie aus der Fachliteratur. Bei einem dieser Gespräche gab mir beispielsweise eine Presbyterin den bedenkenswerten Hinweis: »Wenn eine Predigt gut war, vergesse ich sie bald, aber ich behalte den Predigttext; eine schlechte Predigt behalte ich, weiß aber nicht mehr, worüber gepredigt wurde.«

Die vorliegende Arbeit ist aus meiner Lehrtätigkeit am Elberfelder Predigerseminar erwachsen. Ich danke deshalb den Kolleginnen und Kollegen sowie den Vikarinnen und Vikaren für die Bereitschaft, sich mit meinen Überlegungen auseinanderzusetzen und mir durch Anregung und Kritik Klärungshilfe zu leisten.

Als weitere ›Bezugsgruppe‹ sei der Kreis erwähnt, der sich alljährlich zur Karl-Barth-Tagung auf dem »Leuenberg« (Schweiz) trifft. Er hat wesentlich dazu beigetragen, mein Interesse an der Theologie auch unter dem ›Praxisdruck‹ des Pfarramtes wachzuhalten. Und gegen das kritische Gemunkel, auf dem »Leuenberg« werde lediglich ›Barthscholastik‹ betrieben, möchte ich meinen Dank setzen: Die offene Auseinandersetzung über die Theologie Karl Barths im Kontext anderer theologischer Ansätze und neuer Problemhorizonte war mir eine große Hilfe sowohl für mein Pfarramt als auch für meine praktisch-theologischen Bemühungen.

Aus der Reihe derer, die meinen Weg begleitet haben, möchte ich meine Frau Sylvia Bukowski sowie den Freund Eberhard Kerlen besonders erwähnen; sie haben mich zur Veröffentlichung ermutigt und waren – jede(r) in unverwechselbarer Art – meine wichtigsten Gesprächspartner. Sodann danke ich denen, die mir bei der Erstellung des Manuskripts mit sachlichen Korrekturen und technischen Hilfestellungen unter die Arme gegriffen haben: Waltraud Hummerich-Diezun, Michael Diezun, Gerd Hille , Frank Hochgreff und

Matthias Freudenberg, ebenso dem Neukirchener Verlag für seine verständnisvolle Betreuung.

Die Evangelische Kirche im Rheinland sowie die Lippische Landeskirche haben durch Druckkostenzuschüsse mitgeholfen, den Preis des Buches erschwinglich zu halten.

Ich widme dieses Buch in Dankbarkeit und Liebe meiner Mutter und grüße sie mit dem Lehrtext ihres diesjährigen Geburtstags:

»Wir rühmen uns der Hoffnung der zukünftigen Herrlichkeit, die Gott geben wird.« (Römer 5,2)

Wuppertal, im Januar 1990   Peter Bukowski

Inhalt

Einleitung

Dieses Buch wendet sich an die, die zu predigen haben. Sein Ziel ist es, zu einer Verbesserung der eigenen Predigtpraxis beizutragen. Der Weg, den ich gewählt habe, besteht darin, Zugänge zur Wahrnehmung der Predigt zu erarbeiten. Den Hintergrund für diese Arbeit bildet meine eigene Predigttätigkeit an der alten reformierten Kirche in Wuppertal sowie meine Lehrtätigkeit am Elberfelder Predigerseminar.

Bei der didaktischen Anlage des Buches hat die Erinnerung an meinen früheren Gitarrenunterricht Pate gestanden. Wenn ich ein neu eingeübtes Stück vorgespielt hatte, waren mir in der Regel die Passagen, die noch nicht gut klangen, durchaus bewußt. Nicht klar war mir aber, wie ich's anders machen sollte, denn oft lag es nicht daran, daß ich zuwenig geübt hatte. Im Gegenteil, ich hatte gerade an den problematischen Stellen oft tagelang ›herumgedoktert‹ mit dem Ergebnis, daß ich nur verkrampfter wurde. Die Standardfrage meines Lehrers lautete: »Laß uns einmal schauen, *wie* Du das machst.« Mit anderen Worten: Ausgehend von dem diffusen Eindruck, daß da ›irgendwas‹ nicht stimmte, wurde nun zur Diagnose geschritten. Lag es am Fingersatz oder an der Haltung des Arms? Oder war der Phrasierungsbogen zu lang geraten oder eine Betonung falsch gesetzt? War vielleicht handwerklich alles in Ordnung, so daß jetzt Fragen der Interpretation in den Vordergrund treten mußten? Oft hätte ich diesen Weg gern abgekürzt, hätte mir lieber gleich zeigen lassen, wie es ›besser‹ zu machen war. Aber mein Lehrer beharrte darauf, immer wieder zunächst bei der Diagnose einzusetzen: »Je genauer Du weißt, wie Du etwas machst, desto leichter kannst Du es ändern« pflegte er meine Hast zu zügeln. Was diese Arbeit neben einer Verbesserung des jeweiligen Musikstücks vor allem bewirkte: Die *Fragestellungen* prägten sich mir ein. Je länger, je mehr war ich selbst in der Lage, meine Spielpraxis differenzierter wahrzunehmen, dabei stereotype Störungen langsam abzubauen und mir neue Möglichkeiten zu erschließen.

Die Erinnerung an meinen Musikunterricht war mir sowohl für die Arbeit an den eigenen Predigten als auch für die Arbeit mit den Vikarinnen und Vikaren von Nutzen. Dabei beschränke ich mich, so reizvoll der Vergleich zwischen dem Musiker und dem Prediger wäre, jetzt nur auf den *Lernweg*. Die Ausgangssituation bei der Predigtarbeit ist der eben beschriebenen durchaus ähnlich. Wer kennt nicht die Momente der Unzufriedenheit über eine Predigt oder eine Passage in ihr, bei der man genau weiß: Da stimmt etwas nicht, das würde man eigentlich lieber anders sagen, man weiß aber nicht wie?

Und je diffuser dieses ›ungute Gefühl‹ ist, desto geringer ist die Chance weiterzukommen. Aber auch das andere, daß einem eine Predigt einmal so richtig gelungen ist, bewirkt bisweilen, daß man gar nicht recht weiß, wie einem geschieht, weshalb es schwerfällt, die positiven Erfahrungen für die weitere Arbeit fruchtbar zu machen. Und schließlich gibt es die Punkte, bei denen man sich notorisch schwertut, jedoch nicht genau weiß, warum eigentlich.

Bei dieser Situation setzen die folgenden Überlegungen ein. Ich werde Fragestellungen erarbeiten, die mithelfen sollen, die Wahrnehmung für das, was in einer Predigt geschieht, zu schärfen, um von da aus Alternativen zu entwickeln.

Die ersten drei Kapitel nehmen jeweils einen grundlegenden *rhetorischen Aspekt* der Predigt in den Blick. Ich frage zuerst nach dem *Aufbau* der Predigt (Kapitel 1 und Exkurs 1, der das lernpsychologische Aufbaumodell vorstellt), sodann nach ihrem *Ziel* (Kapitel 2), wobei ich in diesem Kapitel in die für die Predigtarbeit so wichtige Unterscheidung von Inhalt und Intention einführe. Kapitel 3 fragt auf verschiedenen Ebenen nach der *Konkretheit* der Predigt. Wenn ich diese Aspekte »rhetorisch« nenne, so deshalb, weil sie die Predigt *primär als Rede* in den Blick nehmen. Daß dies aber nie losgelöst von theologischen Überlegungen geschehen kann, wird die Darstellung zeigen.

Hier nur soviel zum Grundsätzlichen: Ich verstehe Predigt mit *Walter Fürst* als »gutes Werk« (Werk; vgl. auch *Bukowski*, Konsequenzen). »Die Einordnung der Predigt in die guten Werke (also ihre Behandlung in der Ethik) wehrt einer Übersteigerung der Predigt, die, indem sie zuviel von ihr sagen will, in Wahrheit zuwenig von ihr sagt« (*Fürst*, Werk, 88). Dieses Verständnis von Predigt steht und fällt mit der rechten Unterscheidung von »Auftrag« und »Verheißung«. »Predigt ist ein Auftrag, der Verheißung hat, wobei aber die Verheißung nie zum Auftrag werden kann« (*Fürst*, Predigt, 118). Was diese Unterscheidung austrägt, präzisiert Fürst, indem er ihr die Unterscheidung *Ernst Langes* zwischen »Verständigung« und »Einverständnis« zuordnet (vgl. Dienst, 209). Der *Auftrag* der Predigt als *menschlicher* Rede von Gott ist die *Verständigung*, ihre *Verheißung* als *von Gott* in Dienst genommenes Werk ist das *Einverständnis*, sprich: der Glaube der Hörerinnen und Hörer. Wehe dem Prediger, der es hier zu Verwechslungen kommen läßt, der in hochmütiger Selbstüberschätzung den Glauben seiner Hörer herbeiführen will, also ihr Einverständnis zu seinem Auftrag macht, oder der in falsch verstandener Demut die Bemühung um Verständigung auf die Verheißungsseite ab- und also dem Heiligen Geist zuschiebt! Sowenig wir uns also um das Einverständnis mühen sollen, sosehr müssen wir alles Menschenmögliche für die Verständigung tun. Dazu gehört aber eben die Einbeziehung von – hier im weitesten Sinne des Wortes verstandenen – rhetorischen Fragestellungen und Einsichten. Hier hat es in den beiden letzten Jahrzehnten viel Erkenntnisfortschritt gegeben, den man nur unter Mißachtung des Predigtauftrags vernachlässigen könnte. Allerdings ist damit nur erst über die Notwendigkeit rhetorischer Fragestellungen, nicht schon über die sachgemäße Zuordnung von Theologie und Rhetorik entschieden. Auch darüber ist in den letzten Jahren viel fruchtbarer Streit geführt worden, der aber jetzt nicht Thema sein kann. Nur die Eckpunkte will ich markieren: Weder können die beiden Größen wie zwei getrennte Reiche unverbunden nebeneinander gedacht werden, noch darf es geschehen, daß die eine in der anderen aufgeht. Sondern sie stehen in einem differenzierten Zusammenhang, und zwar so, daß nach der der Sache je entsprechenden Hilfe ihrer Aussprache zu suchen ist. Ob dies im folgenden gelungen ist, müssen die Ausführungen selbst zeigen.

Kapitel 4 wendet sich der, wie ich meine, grundlegenden *theologischen Frage* zu, die an jede Predigt zu richten ist: Wie wird in ihr von Gott geredet? Und: Was ist zu beachten, damit die indikativische Rede von Gott nicht behindert wird? In dem nachfolgenden Exkurs 2 vertiefe ich diese Überlegungen am Beispiel der Auferstehungspredigt; er bildet die überarbeitete Fassung eines Aufsatzes, den ich zuerst in der Reformierten Kirchenzeitung veröffentlicht habe.

Mir ist bewußt, daß die in den vier Kapiteln aufgewiesenen Fragerichtungen nur einen Ausschnitt aus einem viel größeren Bündel bieten. Wohl aber hege ich die Hoffnung, die getroffene Auswahl möge sich für die Arbeit an der eigenen Predigt als hilfreich erweisen. Dazu gleich eine Warnung: Eine solche Aneinanderreihung von Fragestellungen bekommt schnell etwas Erdrückendes. Das ist selbstverständlich nicht beabsichtigt, aber ich weiß auch nicht, wie ich diesen Eindruck gänzlich hätte vermeiden können. Um so mehr möchte ich betonen, daß es nicht darum gehen kann, die Punkte, die einem beim Lesen eingeleuchtet haben mögen, nun gleich alle in der nächsten Predigt beherzigen zu wollen. Mein Wunsch wäre vielmehr, daß man die Fragestellung, die einem für die eigene Praxis besonders vordringlich zu sein scheint, eine Zeitlang verfolgt, um sich irgendwann einer anderen zuzuwenden. Ich erinnere noch einmal an den Vergleich mit dem Instrumentalspiel: Es ist eines, eine neue Spieltechnik verstanden zu haben, etwas anderes, sie nun auch in das eigene Verhalten zu integrieren; dazu bedarf es der Übung – und die erfordert Zeit und Geduld.

Nun noch einiges zur Anlage des Buches:

Zunächst möchte ich noch einmal ausdrücklich auf die *Begrenztheit* meines Unternehmens verweisen. Es geht mir in der Tat um nicht mehr als um ein Stück kritischer Begleitung der Predigtpraxis. Wie ein Blick in das Inhaltsverzeichnis schnell zeigt, erhebt dieses Buch in keiner Weise den Vollständigkeitsanspruch, der an eine Predigtlehre zu stellen wäre. Es bietet auch keinen »Grundkurs Predigt« (so der Titel des lesenswerten Werks von Rolf Zerfaß), sondern setzt homiletische Kenntnisse voraus und knüpft an diese an. Allerdings habe ich mich bemüht, die ausgewählten Aspekte so gründlich zu behandeln, daß sie auch für diejenigen verständlich sind, die in der homiletischen Literatur weniger bewandert sind.

Da ich mich dazu entschlossen habe, *Fragestellungen* herauszuarbeiten, ließ es sich nicht vermeiden, daß Themen mehrfach auftauchen. So kommt etwa das Thema »Erzählen« in allen Kapiteln unter jeweils verschiedenem Blickwinkel vor.

Die *Predigtzitate* habe ich in der Mehrzahl Predigten von Kolleginnen und Kollegen entnommen, wofür ich an dieser Stelle herzlich danke. Daneben habe ich auch aus veröffentlichten Predigten zitiert, einige Male aus eigenen. Ich habe immer wortgetreu zitiert, meinte aber bis auf einige Ausnahmen darauf verzichten zu sollen, die Autorenschaft jeweils zu belegen. Pauschal gesagt, lassen sich die Zitate in positive und negative Beispiele einteilen. Mir liegt daran zu betonen, daß eine solche Wertung immer im Horizont der jeweiligen Fragestellung zu verstehen ist. Also nicht als Pauschalurteil! Ebensowenig erhebt die Besprechung eines isolierten Zitats den Anspruch, der Predigt, der es entnommen ist, als ganzer gerecht zu werden.

Ich habe um der besseren Lesbarkeit willen auf einen Anmerkungsapparat verzichtet und die *Literaturangaben* auf das Nötigste beschränkt. Kundige Leserinnen und Leser werden feststellen, daß der Bezugsrahmen meiner Ausführungen weiter ist, als es diese Angaben widerspiegeln.

Die Fundstellen der *Zitate* aus der theologischen Literatur sind jeweils in Klammern durch Verfassernamen, Kurztitel und Seitenzahl belegt; die vollständigen bibliographischen Angaben finden sich im Literaturverzeichnis am Ende des Buches.

Schließlich noch ein Wort zur *Sprache*. Ich habe mich bemüht, die einseitig männliche Sprachform zu vermeiden. Ich konnte mich allerdings nicht dazu entschließen, dies ganz konsequent zu tun. Dagegen sperrten sich zunächst die Zitate, in deren Sprache ich selbstverständlich nicht eingegriffen habe. Sodann habe ich, um die Anonymität der zitierten Predigten auch in dieser Hinsicht zu wahren, bei der Einführung und Besprechung von Predigtzitaten die herkömmliche männlich geprägte Sprachform beibehalten. Ebenso rede ich, wo der Singular geboten ist, exemplarisch von »einem« (statt: »dem«) Prediger und möchte dies inklusiv verstanden wissen. So ließe sich etwa der Satz: »Ein Prediger muß sein Predigtziel nicht nur vor seinem Text, sondern auch vor dem Hörer verantworten können« nur um den Preis der Unlesbarkeit in die beide Geschlechter anredende Form bringen. Zwar habe ich mich bemüht, durch entsprechende Wortwahl den Anteil männlich geprägter Sprache möglichst gering zu halten; dies erwies sich aber gerade bei meinem Thema oft als schwierig. Ich will nicht verschweigen, daß ich auch keine der anderen von mir gewählten Möglichkeiten für der Weisheit letzten Schluß halte: weder das ›Berliner I‹ (HörerInnen) noch die Partizipform (die Predigenden) noch das jeweilige Nebeneinander von männlicher und weiblicher Form. Erst recht aber hielt ich es angesichts der Diskussionslage für unweise, aufgrund dieser Unsicherheit alles beim alten zu lassen! Und so bitte ich sowohl diejenigen, denen das Ungewohnte Mühe bereitet, als auch die, denen mein Versuch nicht konsequent genug erscheint, sich durch die Sprachform nicht vom Inhalt meiner Ausführungen ablenken zu lassen.

Kapitel 1
Der Aufbau der Predigt

»Predigt als Rede ist ein Geschehen in der Zeit. Worte, Sätze, Ge-
dankengänge folgen einander, bedürfen der logischen Verknüpfung miteinander und der sinnvollen Beziehung untereinander.
Der Zeitablauf der Rede muß durch Ordnung und Aufbau gestaltet
werden« (*Josuttis,* Rhetorik, 187).
Diese Einsicht ist so alt wie die wissenschaftliche Beschäftigung mit
der Kunst der Rede. In der antiken Rhetorik nahmen die Überlegungen über die *dispositio* breiten Raum ein. Und auch die wissenschaftliche Beschäftigung mit der Predigt – angefangen vom ›ersten
christlichen Homiletiker‹ Augustin bis in unsere Tage – ist nicht müde geworden, den Predigenden die Notwendigkeit dieses Aspekts
der Rede einzuschärfen und ihnen Handwerkszeug zur Gestaltung
und Kontrolle ihres Predigtaufbaus an die Hand zu geben.
Kein Wunder, denn hier fällt eine wesentliche Entscheidung über
Klarheit und Verständlichkeit der Predigt. Dies gilt zum einen für
die Predigenden selbst: Ein klarer Aufbau hilft im Prozeß der Produktion zur Ordnung der Gedanken, damit auch zur sinnvollen
Auswahl und Anordnung des Stoffes sowie zu seiner sprachlichen
Ausgestaltung (Teil I und II). Mehr noch – und darauf werde ich im
folgenden meine besondere Aufmerksamkeit richten – ergibt sich
aus dem Aufbauaspekt ein wesentliches Instrument zur Überprüfung und Korrektur des ersten Predigtentwurfs (Teil III). Schließlich bildet die Gliederung beim Predigtvortrag so etwas wie ein Geländer, das den Predigenden Halt gibt und ihnen ermöglicht, beim
Reden den Konzentrationspunkt vom Manuskript weg in die Hörerschaft hinein zu verlegen.
Auch aus der Sicht der HörerInnen ist der Aufbauaspekt von
grundlegender Wichtigkeit. Nur eine klar gegliederte Rede ermöglicht es der Gemeinde mitzukommen und nachher das Gehörte zu
behalten. Nicht umsonst bezieht sich eine häufig geäußerte Predigt-
kritik auf Aufbauprobleme: »Da war heute kein roter Faden drin –
ich bin nicht mitgekommen.«
Daß schließlich die Forderung nach einem klar gegliederten Aufbau auch der in der Predigt zur Sprache kommenden Sache entspricht, sollte selbstverständlich sein. Unser Gott ist kein Gott der
Unordnung, und seine Botschaft ist es auch nicht.

I Festlegung des Predigtziels

Wie nun finde ich im konkreten Fall zum Aufbau meiner Predigt und zu einer entsprechenden Gliederung? Es könnte so scheinen, als sei diese Frage durch den zugrundeliegenden Predigttext schon mitbeantwortet. So kann *Karl Barth* in seiner Bonner Homiletik sagen:»Das Ganze der Predigt ist konstituiert durch das Ganze des gegebenen Textes. Die Einheit liegt im Text selber und soll auch in der Predigt, die den Bewegungen des Textes folgt, zum Ausdruck kommen ... Die Predigt hat nur nachzusagen, was im Text steht« (Homiletik, 100). Leider liegen die Dinge so klar und einfach nicht. Selbst wer sich der Gattung einer strengen Homilie verschrieben hat, ist der Aufbauproblematik keineswegs enthoben. Man denke nur an die verschiedenen Möglichkeiten der Zuordnung von *explicatio* und *applicatio* oder – unter theologischem Aspekt – an die Zuordnung von Gesetz und Evangelium bzw. Evangelium und Gebot, die einer über den Einzeltext hinausgehenden theologischen Entscheidung bedarf und eine wesentliche Weichenstellung für den Aufbau der Predigt bedeutet.

Noch bedenklicher wäre es andererseits, sich dem einen oder anderen Aufbaumodell zu verschreiben und es einem Rezept gleich auf den Einzelfall anzuwenden. Davor hat schon *Martin Schian* mit flammenden Worten gewarnt:»Erster Grundsatz: Mannigfaltigkeit! Leben! Keine Schablone! Nichts hat der evangelischen Predigt mehr geschadet als ihre Schablonenhaftigkeit ... Man weiß alles, wie es kommt, von dem Moment an, wo der Prediger den Mund auftut, bis zu dem Amen« (Predigtlehre, 140).

Also einfach kommen lassen, was kommt? In gewisser Weise ja, allerdings unter der Voraussetzung eines entscheidenden Zwischenschritts, der den Übergang vom Stadium der Vorarbeiten zum Stadium der Produktion markiert: Ich muß mich entscheiden, was ich mit dieser Predigt im Blick auf die HörerInnen *will,* d.h. ich muß mein Predigtziel möglichst klar vor Augen haben, es am besten schriftlich ausformuliert haben. Da der Predigt als zielgerichteter Rede das nächste Kapitel gewidmet ist, reicht hier zunächst der grundsätzliche Hinweis, daß eine Rede immer auf zwei Ebenen verläuft: der inhaltlichen und der intentionalen (Beziehungsebene). Deshalb lautet die Zielfrage: *Was will ich im Blick auf meine HörerInnen mit welchem Inhalt?* Natürlich ist diese Zielfindung nicht in unser freies Belieben gestellt, und das wichtigste Wort hat hier der Text mitzureden. Aber, um es noch einmal ausdrücklich zu betonen: Der Text kann den Predigenden diese Entscheidung nicht abnehmen. Er kann das schon deshalb nicht, weil er in jedem Fall einen größeren Reichtum enthält als mit einer Predigt auszuschöpfen ist. Es gilt also auszuwählen. Bei dieser Auswahl werden in der Regel theologische Kriterien ebenso eine Rolle spielen wie die Situation der Gemeinde, an die die Verkündigung gerichtet ist. Wie groß hier im Einzelfall die Freiheit, damit allerdings auch die Eigenverantwortung der Predigenden ist, läßt sich schon in der Schrift selbst beobachten. Man denke nur an den facettenreichen Prozeß von ›Tradition und Interpretation‹ (*Eichholz*).

Und dabei betreffen diese Bemerkungen schwerpunktmäßig nur erst den Inhaltsaspekt. Aber selbst wenn der inhaltliche Schwerpunkt festliegt, ist damit wiederum die Predigtintention nicht eo ipso mitgesetzt. Ich kann die Botschaft: »Der Herr ist nahe« meiner Gemeinde zur Belehrung, zum Trost, aber auch zur Mahnung oder als Aufruf zum Handeln weitergeben (dazu ausführlicher im nächsten Kapitel).

Ich lege auf den Schritt der Zielfindung so großes Gewicht, weil ich den Eindruck habe, daß er von vielen Predigenden vergessen bzw. umgangen wird. Sich entscheiden zu müssen fällt eben schwer. Nicht nur, weil es die Übernahme von Verantwortung bedeutet, sondern weil die Entscheidung für *ein* Predigtziel gleichzeitig die oft als schmerzlich empfundene Entscheidung gegen andere und in ihrer Weise auch erstrebenswerte Möglichkeiten bedeutet. Und doch: Wer zu solcher Entscheidung nicht bereit ist, dessen Predigt wird am Ende überladen. Weil der Prediger dem vielen gerecht werden will, behandelt er nichts gründlich, so daß das Ganze allgemein, blaß und profillos bleibt. Problematisch ist es, wenn ein Prediger diesen homiletischen Fehler exegetisch rechtfertigt mit dem Hinweis, daß im Text nun einmal soviel ›drin‹ war. Blumhardt hat sinngemäß einmal gesagt: »Ich glaube, ich habe deshalb so gut gepredigt, weil ich immer einseitig gepredigt habe.«

II   Hinweise auf mögliche Wege

Vom Predigtziel her stellt sich nun die Frage nach dem angemessenen Weg. Den idealen (womöglich sakrosankten) Predigtaufbau gibt es nicht, vielmehr gilt auch im Blick auf das zu erreichende Predigtziel die alte Weisheit, daß viele Wege nach Rom führen. Die Predigenden stehen damit ein zweites Mal vor der Qual der Wahl – sprich: Sie müssen sich schließlich für einen Weg entscheiden, um diesen dann allerdings auch konsequent zu beschreiten.

Patentrezepte lassen sich hier nicht geben, und zu Recht lautet die erste »homiletische Faustregel«, die *Rolf Zerfaß* im Blick auf unser

Thema aufgestellt hat: »Konstruiere deinen Predigtaufbau nicht theoretisch . . ., sondern vertraue deinem bisherigen Gedankengang« (Grundkurs, 99).

Ich möchte deshalb nur einige Möglichkeiten nennen, die sich den Predigenden zum Entwerfen ihrer Disposition anbieten, und diese an einigen Stellen mit Hinweisen versehen. Hinsichtlich der Predigtgattung lassen sich zwei Grundformen unterscheiden: die am Text orientierte Predigt (in klassischer Form als *Homilie*) und die *Themapredigt*.

Die Stärke der einen ist die latente Schwäche der anderen: Wer sich für die Homilie entscheidet, steht in der Gefahr, das Predigtziel aus den Augen zu verlieren; die Themapredigt birgt die Gefahr in sich, den Reichtum des Textes gar zu sehr zu reduzieren. Die Frage wäre also im einen Fall, ob es gelingt, der Homilie einen ›roten Faden‹ zu geben, im anderen Fall würde es darum gehen, möglichst viele (alle) Teile der Themapredigt direkt auf den biblischen Text zu beziehen.

Innerhalb dieser beiden Grundformen eröffnet sich den Predigenden ein breites Spektrum. So sind in den letzten Jahrzehnten im Blick auf die Themapredigt verschiedene Aufbaumodelle vorgeschlagen worden, die sich zum einen am Prinzip des rhetorischen Fünfsatzes, zum anderen an Erkenntnissen der Lernpsychologie orientieren (letzteres Aufbaumodell werde ich im Exkurs nach diesem Kapitel ausführlich darstellen).

Die textorientierte Predigt erhält ihre Vielfalt durch die Vielfalt der Textgattungen. Man wird einen Psalm anders ›nachsprechen‹ als eine Berufungsgeschichte, eine Wundergeschichte anders als eine paulinische Paränese. Allerdings: So reizvoll es sein kann, sich bei der Formgebung der Predigt von der Gattung des Textes inspirieren, vielleicht sogar leiten zu lassen, so hilfreich kann es andererseits sein, die Gattung bewußt zu ändern.

Gerade bei biblischen *Erzählungen* ist das Naheliegende, nämlich auch die Predigt in erzählender Form zu halten, nicht immer das Hilfreiche. Es ist jedenfalls problematisch, eine Geschichte, welche die Gemeinde gerade als Predigttext vernommen hat, nun einfach noch einmal nachzuerzählen. Die Gemeinde wird sich verwirrt fragen, was diese Doppelung soll – zumal die Qualität biblischer Erzählkunst nicht leicht einzuholen ist! Wer sich auf das Wagnis dennoch einläßt, müßte durch die Gestalt, die er seiner Erzählung gibt, deutlich machen, worin das Neue, das Weiterführende oder auch Zuschärfende, kurz: worin das Zwingende des nochmaligen Erzählens liegt. Natürlich ist das möglich, etwa durch das Mittel der Verfremdung oder des Perspektivenwechsels. Aber es erfordert ein hohes Maß an Fertigkeit, und das sollte man sich als PredigerIn klarge-

macht haben. Dazu noch ein Hinweis: Nicht in jedem Fall ist die
Verlesung des Predigttextes unmittelbar vor Beginn der Predigt die
glücklichste Lösung. Bei erzählenden Predigten über biblische Geschichten etwa bietet es sich – um den Eindruck der Doppelung zu
vermeiden – an, Textlesung und Predigt zeitlich auseinanderzurük-
ken, etwa indem der Predigttext an die Stelle der Schriftlesung tritt.
Nach einer verfremdeten Nacherzählung mag es auch einmal sinnvoll sein, den Bibeltext am Ende der Predigt zu verlesen. Allgemein läßt sich sagen, daß der Frage nach der Plazierung des Predigttextes mehr Aufmerksamkeit geschenkt werden sollte. Ein
Predigteinstieg etwa, der eine Hinführung zum Text beinhaltet, ist
oft nur dann sinnvoll und hilfreich, wenn er diesem vorangestellt
wird.

Wird die Form der erzählenden Predigt bei biblischen Erzähltex-
ten bisweilen zum Problem, so stellt sie andererseits gerade eine
gute Möglichkeit dar, den HörerInnen einen eher spröden Text zu
erschließen. Was läßt sich zu einem Galater- oder Korinthertext
nicht alles erzählen! Und das, was an Hintergrundwissen zum Verständnis solcher Texte hilfreich und wichtig ist, sollte besser erzählt
als in die mühsame Form exegetischer oder zeitgeschichtlicher Ex-
kurse gebracht werden.

Wir verbleiben noch einen Augenblick beim Stichwort Erzählung
und machen uns bewußt: Die Erzählung ist eine *Kunstform.* Wer
zu ihr greift, muß wissen, daß die HörerInnen jetzt nicht nur auf
Verständlichkeit und Plausibilität des Inhalts achten, sondern eben
auch auf die Stimmigkeit der Form selbst (das gilt natürlich auch
für andere Kunstformen). Dies mag den HörerInnen nicht einmal
bewußt sein, und doch registrieren sie es genau, wenn plötzlich etwas nicht stimmt. Es wird ihnen ›irgendwie‹ auffallen, wenn in einer alltagssprachlich formulierten Erzählung Jesus in Luther-
deutsch redet; wenn in einer Erzählung mit biblischem Lokalkolo-
rit die Jünger plötzlich über Bürgersteige gehen; wenn Dialoge
wiedergegeben werden, die unecht klingen; wenn, um es allgemein
mit der antiken Theaterregel zu formulieren, die Einheit von Ort,
Zeit und Handlung an irgendeiner Stelle der Erzählung auseinan-
derbricht. Der Effekt, der sich dann einstellt, ist vergleichbar mit
dem Gefühl, das der Betrachter hat, wenn in einem schlecht gemachten Film die ›Kulissen wackeln‹. Da ist er aus dem Geschehen
jäh herausgerissen und wird daran erinnert: Es ist halt nur ein Film.
Das stört nicht nur, das erzeugt Distanz. Das, was vorher vielleicht
zu fesseln vermochte, wirkt jetzt ›uneigentlich‹. Das heißt: Wer eine bestimmte Kunstform wählt, muß diese auf die Länge ihrer
Dauer konsequent durchhalten (was eine Durchbrechung der

Form als bewußt eingesetztes Stilmittel natürlich nicht ausschließt).
Und: Je kunstvoller die Form, desto größer die Gefahr ›einzubrechen‹.

Ich will nicht entmutigen, aber gerade bei noch ungeübten PredigerInnen habe ich bisweilen den Eindruck, daß sie mit der gewählten Form ins Stolpern geraten, weil sie sich die Hürden zu hoch gelegt haben. Ein Geschehnis in einfacher Form gut zu erzählen ist schon nicht leicht. Schwerer ist es, es in eine andere Zeit oder an einen anderen Ort zu transponieren, noch schwerer, eine bestimmte Perspektive einzunehmen (z.B. die Kindersegnung aus der Sicht einer der betroffenen Mütter zu erzählen). Da empfiehlt es sich, mit dem Einfachen anzufangen, sich darin zu üben, bevor man zu komplizierten Formen greift.

Im Zusammenhang besonderer Formen oder auch Formelemente muß noch etwas zum Stichwort *Hörhilfe* gesagt werden. Was ich darunter verstehe, kann ich am besten an einer kleinen Begebenheit verdeutlichen, die manchem unwahrscheinlich klingen mag, die sich aber tatsächlich zugetragen hat.

Beim letzten Weltgebetstag der Frauen (zum Thema Brasilien) tritt im Gottesdienst eine junge Wuppertaler Pastorin nach vorn, um, wie in der Gottesdienstplanung vorgesehen, den Schicksalsbrief einer betroffenen Brasilianerin vorzulesen. Sie beginnt:
»Mein Name ist Anna da Silva, ich wohne in einer Favela von Porto Alegre, ich habe sechs Kinder und weiß nicht, wie ich sie durchbringen soll . . .« Nach dem Gottesdienst wird unsere Pastorin von einer älteren Dame angesprochen, die ihr zunächst Komplimente wegen ihres guten Deutsch macht (!), um dann verwundert und nicht ohne einen deutlichen Anflug von Zweifel zu fragen, ob »ein so zartes Persönchen wie sie« wirklich schon sechs Kinder zur Welt gebracht habe.

Was ist geschehen? Nun, die Dame hat zwar den Inhalt des Vorgetragenen sehr wohl gehört und auch verstanden, nicht aber die Form (»Schicksalsbrief« einer Betroffenen, der die Sprecherin nur ihre Stimme leiht). Deshalb hat sie die Person der Sprecherin mit dem Inhalt identifiziert, was ihr – aus ihrer Sicht verständlicherweise – Schwierigkeiten bereitete. Ohne das Nachgespräch hätte sie vielleicht im nächsten Frauenkreis gesagt: »So schlecht kann's denen da unten gar nicht gehen; ich hab's doch selbst gesehen: sechs Kinder und noch so gut dabei. Und überhaupt: Schlecht angezogen war die auch nicht . . .«

Spätestens seit der Rezeption kommunikationswissenschaftlicher Erkenntnisse durch *Karl-Wilhelm Dahm* (vgl. Beruf) und andere wissen wir um die begrenzte Hörfähigkeit unserer HörerInnen. Und machen wir uns klar: Es bedarf einer nicht geringen intellektuellen Fähigkeit, um eine Redeform als solche zu identifizieren, anstatt sie für bare Münze zu nehmen. Beginnt ein Vikar seine biblische Erzählung mit dem Satz:»Ich bin Miriam. . .«, löst das Heiterkeit aus. Derselbe Satz aus dem Munde einer Vikarin könnte zu eben dem Effekt führen, von dem ich gerade berichtet habe. Ebenso muß der, der seine Predigt mit einem Antitext oder mit einer Gegenrede beginnt (»So wie Jesus hier redet, geht das nicht, da geraten doch alle Maßstäbe durcheinander. . .«), der Gefahr gewärtig sein, daß manche HörerInnen dies eben nicht als besondere Redeform erkennen, sondern als ›eigentliche‹ Rede hören und also auf ein vom Predigenden nicht beabsichtigtes Gleis geraten. Man könnte nun einwenden, daß sich das Mißverständnis im Laufe der weiteren Predigt klären wird (etwa, wenn es später heißt:»So oder ähnlich haben die Leute geredet, als Jesus sich bei Zachäus einlud«). Aber Vorsicht: Es ist schwer, Mißverständnisse im nachhinein auszuräumen, denn in diesem Fall müßte ein Hörer seine Aufmerksamkeit aufteilen, indem er sein bisheriges (Miß-)Verstehen einer Korrektur unterzieht und gleichzeitig dem weiteren Gang der Rede folgt. Und selbst wenn das gelänge, bleibt die Frage, ob die bisherige Störung nicht besser von vornherein unterblieben wäre. Wie? Eben dadurch, daß der Gemeinde eine Hörhilfe gegeben wird, ein Hinweis darauf, wie sie das Folgende einzuordnen und zu verstehen haben. Zwei Beispiele:

»Liebe Gemeinde, uns hat der Brief einer Brasilianerin erreicht, den ich Ihnen jetzt vorlesen möchte. Sie schreibt uns: . . .«

»Als Jesus sich bei Zachäus zum Essen eingeladen hatte, steckten die Leute die Köpfe zusammen, und sie sprachen aus, was vielleicht auch einige unter uns denken: . . .«

Manche Predigenden mögen solche Hörhilfen, also das Betreten einer die Form vorbereitenden Metaebene, als zu pädagogisch oder schlicht als unschön empfinden. Ob das so sein muß, kann man wohl fragen, denn es stimmt schon, daß solche ›Regieanweisungen‹ der Form etwas von ihrer Eleganz nehmen. Auch ist das Unvermittelte oft das Rasantere, wie man heute sagen würde: das Peppigere. Wie im Einzelfall die Gewichte zwischen Transparenz und formaler Eleganz verteilt werden – da sehe jede(r) selbst zu. Aber es handelt sich um eine Güterabwägung, und man sollte wissen, was man tut, wenn man sich für den einen oder anderen Weg entscheidet. Wie immer der Aufbau der Predigt im einzelnen gestaltet sein mag, er muß für die Gemeinde auf jeden Fall *nachvollziehbar* sein – die

HörerInnen sollen auf dem Weg, den die Predigt geht, mitkommen können. Darüber hinaus kann der Aufbau aber auch im vorhinein *erkennbar* gemacht werden, indem den HörerInnen explizit mitgeteilt wird, was sie im folgenden erwartet. Manche pflegen deshalb ihrer Predigt eine Gliederung voranzustellen, andere versehen die einzelnen Predigtteile mit prägnanten Überschriften. Ein Zwischending stellen die gerade erwähnten, in die Predigt eingestreuten ›Regieanweisungen‹ dar (etwa: »Bevor wir uns der Antwort Jesu zuwenden, müssen wir uns zunächst noch einmal klarmachen, in welch prekäre Lage er durch die Frage nach der Steuer gebracht ist . . .«).

Die Vorteile eines im vorhinein erkennbaren Aufbaus liegen auf der Hand: Die Gemeinde bekommt Orientierung, sie ist auf das Folgende vorbereitet, vielleicht prägen sich ihr die Überschriften sogar ins Gedächtnis ein. Andererseits bekommen solche Predigten leicht etwas Oberlehrerhaftes, und das Plakative einer Überschrift kann die Bandbreite des Verstehens auch frühzeitig einengen.

Ob der Aufbau einer Predigt nur nachvollziehbar oder im vorhinein erkennbar gemacht wird, bleibt letztlich eine Frage des persönlichen Stils, wobei es auf jeden Fall wünschenswert wäre, sich nicht *einer* Art ganz zu verschreiben, denn dadurch würde der Formenreichtum von vornherein eingeschränkt. Wer sich aber dazu entschließt, die einzelnen Predigtteile ausdrücklich zu markieren, sollte eines auf jeden Fall beachten: Versprechen muß man (auch als PredigerIn) halten! Und das gilt nicht nur im großen, also für die Stimmigkeit von Überschrift und nachfolgendem Inhalt, sondern auch im kleinen: Wer seiner Gemeinde ankündigt, daß er auf diesen Aspekt »noch kurz« eingehen wollte, darf sich darüber keine eineinhalb DIN-A4-Seiten lang auslassen. In diesem Zusammenhang ein Rat: Es ist durchaus denkbar, daß die Teile einer Predigt verschieden lang ausfallen. Ist dies extrem der Fall, sollten die HörerInnen bei einer vorangestellten Gliederung darauf hingewiesen werden, damit sich keine falschen Erwartungen oder Befürchtungen einstellen. Es mag ja einmal sein, daß der erste Teil einer Predigt so lang ist wie die beiden folgenden Teile zusammen. Wird dies aber nicht mitgeteilt, wird die Gemeinde nach dem ersten Teil denken: »Oh je, und jetzt also noch zweimal zehn Minuten . . .« Und schon wird ihre Aufmerksamkeit auf einem ›Nebenschauplatz‹ gebunden.

Vor allem: Wer ankündigt, jetzt zum Schluß zu kommen, sollte dieses Versprechen beim 1. (in Worten: ersten) Mal einhalten. Maurice-Chevalier-Schlüsse (von mir so genannt nach jenem großen Chansonnier, der sein Abschiedskonzert sechsmal gab) hat schon

Tucholsky gebührend ›gewürdigt‹: »Kündige den Schluß deiner
Rede lange vorher an, damit die Hörer vor Freude nicht einen
Schlaganfall bekommen . . . Kündige den Schluß an und dann beginne deine Rede von vorn . . . Dies kann man mehrere Male wiederholen« (Ratschläge, 292).

III   Kriterien für die Aufbauanalyse

Ich sagte eingangs, daß die Frage nach dem Predigtaufbau vor allem
eine wesentliche Hilfe zur Korrektur des ersten Predigtentwurfs
bietet. Diesem Aspekt wollen wir uns jetzt zuwenden. Viele PredigerInnen scheuen sich, eine einmal entworfene Predigt überhaupt
noch einmal anzufassen, weil sie fürchten, das Ganze könnte dann
wieder ins Rutschen geraten; auch, weil sie zwar merken, daß da irgend etwas noch nicht stimmt, aber nicht recht wissen, wonach sie
suchen sollen. Gerade deshalb bietet die Aufbauanalyse ein wichtiges Kontrollinstrument. Denn sie ist ein begrenzter und zugleich effektiver Arbeitsgang. Viele Probleme der Predigt lassen sich durch
eine solche Analyse orten und aus der Welt schaffen, wobei – wie
noch zu zeigen sein wird – leicht zu vollziehende Operationen oft eine große Wirkung erzielen.
Gehen wir also davon aus, daß der erste Predigtentwurf niederge-
schrieben vorliegt. Es empfiehlt sich nun, sich die Gliederung dieses
Entwurfs klarzumachen und in Stichworten, die möglichst mit einer
Zählung versehen sein sollten, zu notieren. Das sollten auch die tun,
die sich vor dem Hinschreiben der Predigt ihre Gliederung zurecht-
gelegt hatten; denn aus guten Gründen ändert man während des
Schreibens oft den ursprünglichen Plan noch einmal ab. Wir beginnen unsere Analyse mit dem Hauptteil der Predigt (1.) und befragen die beiden besonders empfindlichen Teile Einleitung (2.) und
Schluß (3.) danach.

1   Hauptteil

Die *Eingangsfrage* lautet: *Fällt es mir leicht oder schwer, meinen
Predigtentwurf nachträglich zu gliedern?* Wenn es Passagen gibt, wo
ich mit der Gliederung Mühe habe, ist dies ein ziemlich sicherer
Hinweis darauf, daß etwas nicht stimmt; diese Passage würde später
auch den HörerInnen Mühe bereiten.
Und nun: *Worin liegt die Schwierigkeit?* Ist der Übergang von einem Teil zum anderen zu undeutlich markiert? Fehlt vielleicht nur
eine jener die HörerInnen orientierenden ›Regieanweisungen‹?

Oder ist ein logischer Bruch entstanden, sei es, weil eine Aussage, die an einer früheren Stelle sinnvoll gewesen wäre, nachklappt, sei es, weil zwischen zwei Abschnitten ein Zwischenglied fehlt oder weil eine unnötige Doppelung vorgenommen wurde? Solche Unstimmigkeiten werden den nicht verwundern oder gar frustrieren, der sich bewußtmacht, daß der Produktionsprozeß einer Rede anderen Gesetzen folgt als ihr Rezeptionsprozeß. Sicher, auch im Produktionsprozeß sollte ich nicht wild drauflosschreiben (wiewohl manche auch dies können), sondern mein Predigtziel vor Augen und mich auf einen bestimmten Weg festgelegt haben. Aber dann wird zunächst doch vieles durch den momentanen Gedankenfluß und den spontanen Einfall gesteuert sein, und es wäre gerade keine Hilfe, in dieser Phase den ›Geist zu dämpfen‹. Im Blick auf die AdressatInnen freilich geht es – mit dem Eingangszitat von Josuttis gesagt – nun darum, daß die Gedanken »der logischen Verknüpfung miteinander und der sinnvollen Beziehung untereinander« bedürfen.
Danach fragen wir im jetzigen Arbeitsgang. Meine Erfahrung ist die, daß es oft schon ausreicht, Teile oder Passagen der Predigt (ohne ihren Wortlaut zu ändern!) einfach umzustellen, um die Stringenz der Predigt entscheidend zu verbessern. Hier sind Schere und Klebstoff ein wichtiges homiletisches Hilfsinstrument (vgl. das Beispiel am Ende dieses Kapitels). Das gilt auch für den Rotstift: Nicht jeder niedergeschriebene Einfall, nicht jede gedankliche Wendung wird sich bei der Durchsicht als hilfreich und für das Gesamtunternehmen als förderlich erweisen. Wenn die Gliederung den Eindruck des Komplizierten oder Umständlichen macht, kann bisweilen die schlichte Streichung einer Passage Abhilfe schaffen. Das setzt allerdings voraus, daß man in den Erstentwurf nicht gar zu verliebt ist.
Was »logische Verknüpfung« und »sinnvolle Beziehung« im Einzelfall bedeuten, soll und kann hier nicht ›gesetzlich‹ festgelegt werden. Diesbezüglich aufgestellte Regeln, etwa die immer wieder zitierten Regeln von *Wolfgang Trillhaas*: »Alle Teile müssen gleichwertig sein . . ., alle Teile müssen sich gegenseitig ausschließen . . ., alle Teile müssen im Thema enthalten sein« (Predigtlehre, 132), mögen für den Aufbau von Themapredigten eine erste Orientierung bieten, können und dürfen im Einzelfall aber nicht starr gehandhabt werden. Ich meine vielmehr, daß der hier vorgeschlagene Arbeitsgang einer Aufbauanalyse den Predigenden genug Abstand zum eigenen Entwurf verschafft, um ihn gleichsam aus der Sicht der AdressatInnen prüfen und im Blick auf seine Stringenz verbessern zu können.

Dazu als Wahrnehmungshilfe noch *vier Einzelhinweise*:

a)   Ich greife zunächst noch einmal das Stichwort der Kompliziert-
heit auf. Vielleicht läßt sie sich im eben angedeuteten Sinn (durch
Umstellung, Streichung oder Hinzufügung) leicht beheben. Das
Problem könnte aber auch tiefer liegen, und zwar in zweierlei Richtung: Es mag im einzelnen alles stimmen, auch alles stimmig sein,
doch hat das Ganze einen *Komplexitätsgrad,* der der Predigt als ge-
sprochener Rede unangemessen ist. Besonders PredigerInnen mit
systematisch-theologischem Eros neigen dazu, ihrer Gedankenführung eine Komplexität zu geben, die einer Seminararbeit wohl
anstünde, die Gemeinde jedoch heillos überfordert. Auch hier hilft
nur Reduktion unter der Leitfrage: Welche gedankliche Veräste-
lung kann wegfallen, ohne daß das Gesamtziel, und damit der
Hauptstrang, Schaden nimmt?

Das Gegenstück zur Komplexität ist die Diffusion; für sie sind die
exegetisch engagierten PredigerInnen besonders anfällig, zumal
wenn sie die Form einer Homilie wählen und in bester Absicht die
Gemeinde in jeden Winkel ihres Textes mitnehmen wollen. Hier
muß die Frage eine Stufe früher ansetzen: Habe ich mir – bei allem
Respekt vor den Einzelzügen des Textes – überhaupt ein Predigtziel
(siehe oben) gesetzt, und wie kann ich von jenem Ziel her aus der
Diffusion der Teile ein gegliedertes Ganzes machen?

b)   Wer die Gliederung seiner Predigt der Kontrolle unterzieht,
sollte auch darauf achten, wie *die quantitativen Gewichte* auf die
einzelnen Gliederungspunkte *verteilt sind.* Dabei sollte der sachlich
zentrale Teil in der Regel auch den größten Raum einnehmen, sonst
besteht die Gefahr, daß die Gemeinde ihn überhört und in ihrer Erinnerung woanders vor Anker geht. In diesem Zusammenhang gehört auch die Frage, ob die Predigt eine ›Unwucht‹ hat. Es stellen
sich nun einmal leider nicht immer sofort die besten Gedanken an
der wichtigsten Stelle ein. Und so kann es geschehen, daß eine breit
ausgeführte, ideenreiche Passage zwar in sich sehr stark ist, aber gerade deshalb stört, weil ihr dieses Gewicht vom (logischen) Ge-
samtkonzept her gar nicht zukommen dürfte. Daß die Kritik der
Gliederung, obwohl sie zunächst ein handwerklich-technischer Arbeitsgang ist, den Prediger auch an die inhaltliche, ja theologische
Problematik seines Predigtentwurfs heranführt, dürfte spätestens
hier deutlich werden. Die beiden nächsten Punkte werden dies noch
weiter vertiefen.

c)   Auch die Frage nach der *inhaltlichen Konsistenz* einer Predigt
läßt sich nämlich von ihrer Gliederung her erschließen. Dazu ist es
hilfreich, die notierten Gliederungspunkte nicht nur mit einer
Überschrift zu versehen, sondern (im gegebenen Fall, vor allem

aber, wenn es sich um eine Themapredigt handelt) stichwortartig deren *Funktion zu charakterisieren.* Also etwa: Problemstellung – Lösungsangebot des Textes; Widersprüche der Jünger – Entkräftung dieser Widersprüche; kritische Rückfragen der Zeitgenossen – Antwort des Textes . . . Ich habe als Beispiele bewußt solche Polaritäten genommen, die sich in vielen Predigten finden und wo die Gefahr der Inkonsistenz besonders groß ist. Da ich die diesbezügliche theologische Problematik an anderer Stelle behandeln werde (Kapitel 4, III, 3), beschränke ich mich hier darauf, auf den Zugang zu ihrer Wahrnehmung zu verweisen. Denn eben den verschafft mir die funktionale Analyse der Gliederung. Da notiere ich vielleicht »Widersprüche der Jünger« und stelle fest, daß der Punkt »Entkräftung der Widersprüche« fehlt; ich lese den als »Antwort« charakterisierten Teil noch einmal durch und merke jetzt, daß einige der in einem früheren Teil gestellten Fragen unbeantwortet auf der Strecke bleiben; oder ich stelle fest, daß ich Probleme aufgeworfen habe, die keiner Lösung zugeführt werden, obwohl ich dies meinen HörerInnen versprochen hatte.

d)   Schließlich vermag ein entsprechender Arbeitsgang mir Klarheit darüber zu verschaffen, welche *theologischen Grundentscheidungen* sich schon im Aufbau meiner Predigt widerspiegeln. Wen diese Fragestellung im Blick auf die eigene Predigt interessiert, der / die nehme eine theologische Charakterisierung ihrer Teile vor. *Josuttis*, Rhetorik, 187ff hat drei Grundmodelle herausgearbeitet und sie auf ihre jeweiligen Stärken und Schwächen untersucht: (1) Zuspruch und Anspruch (Evangelium und Gebot) (dargestellt an einem Predigtbeispiel Barths); (2) Frage und Antwort (Korrelation) (dargestellt an einem Predigtbeispiel Tillichs); (3) Gericht und Gnade (Gesetz und Evangelium) (dargestellt an einem Predigtbeispiel Luthers). Es kann hier nicht darum gehen, das eine oder andere Modell zu favorisieren; interessant ist vielmehr die grundsätzliche Beobachtung, daß schon der Aufbau einer Predigt faktisch theologische Entscheidungen impliziert und also, mit Josuttis gesagt, »Gestalt und Gehalt« einer Predigt in einem differenzierten Zusammenhang stehen (176).

Die Frage wäre nun: Ist mir eigentlich bewußt, welches theologische Gepräge ich meiner Predigt durch die Art ihres Aufbaus faktisch gebe? Und: Stimmt das, was auf diese Weise geschieht, mit meiner theologischen Position überein? Es könnte etwa sein, daß jemand eigentlich das Gefälle von ›Gesetz‹ und Evangelium bevorzugt, daß er aller Gesetzlichkeit abhold ist, aber faktisch dennoch seine Predigten notorisch mit einem Handlungsappell schließt.

Wenn wir eine solche theologische Charakterisierung unserer Predigtteile über einen längeren Zeitraum hin vornehmen, werden wir zu interessanten Beobachtungen darüber gelangen, welche theologische Dynamik und welche theologischen Topoi wir bevorzugen – und vor allem, welche in unseren Predigten nicht zum Tragen kommen. Wann etwa reden wir von Vorsehung, wann von Eschatologie, wann von Gericht, wann von Sündenaufweis . . ., um nur einige ›Stiefkinder‹ zu benennen? Es wird für die weitere Predigtarbeit in jedem Fall anregend sein, uns bewußtzumachen, wo bisher die theologischen Prioritäten lagen, aber auch, wo sich Defizite ausmachen lassen.

2   Einleitung

Nicht jede Predigt bedarf einer Einleitung. Wohl hat jede Predigt einen Anfang, aber dies kann durchaus der erste Hauptteil oder der Beginn einer Erzählung oder – bei einer Homilie – der Beginn der Auslegung sein.

Andererseits ist die theologische Polemik, mit der *Barth* in seiner Bonner Homiletik ein kategorisches Nein zur Predigteinleitung gesagt hat, so nicht haltbar (Homiletik, 101ff). Ich teile zwar seine in diesem Zusammenhang vorgebrachte theologische Kritik des Anknüpfungspunktes, sofern er ein Implikat der Lehre von der *analogia entis* ist. Aber mir will nicht einleuchten, daß der, der mit einer Einleitung beginnt, gleichsam zwangsläufig auf dieses theologische Gleis geraten muß. Mir scheint, daß Barth mit seiner Kritik Gehalt und Gestalt, man könnte auch sagen: Sachgefälle und Methodengefälle, hier nicht in differenziertem Zusammenhang sieht, sondern sie in problematischer Weise miteinander identifiziert.

Zunächst gilt es einmal nachzuzählen, *wie viele* Einleitungen die Predigt hat. Zählt man drei (etwa eine zum Kirchenjahr, eine zum Text und eine, die die Situation des Predigers thematisiert), sind es in jedem Fall zwei zuviel!
Formal sollte man nach *Kürze und Präzision* der Einleitung fragen. Die Aufnahmefähigkeit einer Gemeinde ist zu Beginn am größten, und es wäre schlecht, diese Chance durch Umständlichkeit und/oder Langhubigkeit zu vertun.
Funktional geht die entscheidende Frage dahin, ob die Einleitung zum weiteren Zuhören *motiviert*. Hier passieren zum Teil schlimme Dinge, deshalb erlaube ich mir, einige Warnzeichen aufzustellen.
Viele Bibeltexte sind so unmittelbar ansprechend und/oder faszinierend, daß sie selbst schon eine starke Motivation für die HörerInnen darstellen. Man kann fragen, ob bei solchen Texten eine Predigteinleitung nicht eher schadet als nützt. In jedem Fall aber

sollte der Höreindruck des Textes in der Einleitung aufgenommen und weitergeführt werden, anstatt jetzt erst einmal von etwas anderem anzufangen. Im schlimmsten Fall, an den ich mich erinnere, begann der Prediger nach der Lesung von Jes 9,1–6 mit dem Satz:

»Fritzchen kommt aus der Schule und sagt: ›Ich habe eine gute und eine schlechte Nachricht‹ . . .«

Ebenso demotivierend ist es aber auch, die vermeintliche oder tatsächliche Distanz, die die HörerInnen zu einem Bibeltext haben mögen, in der Einleitung noch dadurch zu vergrößern, daß die Sprödigkeit oder Abständigkeit eines Textes nun eigens herausgestrichen wird. Als Hörer verlange ich von der Predigt, daß sie mir möglichst zu Beginn schon eine Brücke über den ›garstigen Graben‹ schlägt, statt meinen Blick auf den trennenden Abgrund zu fixieren. Deshalb sind übrigens auch Einleitungen, die in die historische Situation des Predigttextes einführen, daraufhin zu prüfen, ob sie den HörerInnen den Text näherbringen (dies mag dann gelingen, wenn die HörerInnen in der Schilderung der damaligen Situation Strukturen ihrer eigenen Lebenswelt wiedererkennen) oder ob sie die Distanz zum Text vergrößern (etwa durch ein historisches Referat im Stil der Einleitungswissenschaft).

Auch die hörerbezogene Einleitung garantiert als solche noch keinen Motivationsschub. Hier gilt es, vor allem zwei Gefahren zu vermeiden. Zunächst: Wer die innere Befindlichkeit seiner Gemeinde zur Sprache bringen will, hüte sich vor unpassender *Verallgemeinerung*. Ich kann zwar sagen, daß der Reaktorunfall von Tschernobyl uns alle betrifft; problematisch ist aber die Aussage, daß »wir alle heute morgen von der Nachricht über den Reaktorunfall noch ganz gelähmt sind«. Denn man kann auf ein solches Ereignis sehr verschieden reagieren. Und wer weiß: Vielleicht prägt bei dem einen oder anderen gerade an diesem Morgen etwas ganz anderes die Stimmungslage. Dann wird er durch eine solche Einleitung ausgeschlossen; schlimmer noch: Womöglich bekommt er ein schlechtes Gewissen, weil er mit anderen Gefühlen (oder Gefühlsinhalten) dasitzt als den in der Predigt diagnostizierten.

Die andere Gefahr besteht – allgemein formuliert – in der Vermischung der theologischen mit der psychologischen Aussageebene. Sie tritt bisweilen dann auf, wenn ein Prediger zu Beginn einen Bezug zum Kirchenjahr herstellt:

»Wir stehen in der Erwartung der Weihnacht, wir sind voller Vorfreude auf das Ereignis des Kommens Gottes in unsere Welt.«

Theologisch ist es natürlich richtig, daß die Adventszeit eine Zeit der Erwartung ist und daß die Menschwerdung Gottes allen Grund zur Freude bietet. Nur hat der Prediger diese Aussagen auf die Ebene des Erlebens transponiert, und dadurch gerät er wie im ersten Fall auf die Schiene einer falschen Vereinnahmung. Er suggeriert seinen HörerInnen eine innere Befindlichkeit (Erwartung, Freude), die sie u.U. gar nicht mitgebracht haben.

Soviel zu den Blockaden, die die entscheidende Funktion der Einleitung, nämlich zum weiteren Zuhören zu motivieren, hemmen. Es gibt allerdings auch das andere, fast noch ärgere Phänomen, daß die Einleitung *übermotiviert*, im Bild gesprochen: daß das Hauptgericht nicht hält, was die Vorspeise verspricht. Wer mit einer packenden Geschichte, mit einer eindrucksvollen Szene oder womöglich mit einem überraschenden Gag einsetzt, frage sich, ob er das mit diesem Mittel erreichte Aufmerksamkeitsniveau im weiteren Verlauf der Predigt zumindest annähernd halten kann. Im anderen Fall werden seine HörerInnen je länger je mehr enttäuscht sein und in ihrer Aufmerksamkeit nachlassen. Es wäre besser, die besonderen inhaltlichen, sprachlichen oder methodischen ›Höhepunkte‹ über die Predigt hin zu verteilen. Jedenfalls nimmt sich nach einem Krabbencocktail ein Erbseneintopf eher dürftig aus. Theologisch bedenklich wird es dann, wenn in der Einleitung die Aufmerksamkeit erschlichen wird durch falsche Versprechungen. Damit meine ich den an anderer Stelle beschriebenen Fall, daß die Einleitung zwar Fragen aufwirft, in denen sich die HörerInnen wiederfinden, diese aber im Verlauf der Predigt unbeantwortet bleiben (vgl. Kapitel 4, III, 3).

Es dürfte deutlich geworden sein, daß Motivation zum Zuhören keine nur formale Bestimmung ist, sondern der inhaltlichen Füllung bedarf. Präzise formuliert lautet die funktionale Leitfrage an die Einleitung der Predigt: *Motiviert meine Einleitung die HörerInnen, auf meinem weiteren Predigtweg mitzugehen*? Dazu wäre es ratsam, wenn das Hauptziel meiner Predigt in der Einleitung ein erstes Mal aufleuchtete. Auf jeden Fall aber sollte der Übergang zum ersten Hauptteil formal stimmig und logisch zwingend sein.

Das letzte Wort zum Thema Einleitung soll dem *ersten Satz* der Predigt gelten. Was seine formale Seite betrifft, gelten die für die Einleitung als ganze herausgearbeiteten Kriterien der Präzision und der Motivation auch für ihn. Dazu *Josuttis*: »Der erste Satz soll auf jeden Fall kurz sein. Denn die Aufmerksamkeit des Hörers will erst erobert werden; er muß sich auf den Beginn der Predigt konzentrieren und auf die Art des Predigers einstellen. Das kann er nur, wenn ihm kurze Sätze zu Anfang das Mitgehen erleichtern. Als weiteres ist zu beachten: Der erste Satz sollte nach Möglichkeit inhaltlich offen sein. Damit ist gemeint: Er sollte zum Weiterhören anregen, er sollte neugierig, stutzig, nachdenklich machen. Das braucht nicht einmal durch einen besonderen Inhalt, sondern kann schon durch die Form des Satzes erreicht werden. Eine Frage, die nicht nur rhetorisch gestellt ist, verlockt dazu, auf die Antwort zu warten. Oder die Aussage kann so unbestimmt sein, daß sie nach Weiterführung und Auffüllung verlangt: ›Schlesien 1946‹ (was geschah damals?) bzw. ›da kommen sie gezogen‹ (wer? wo?). Natürlich paßt solch ein Kunstgriff nicht für jede Predigt, auch würde er durch ständige Wiederholung verbraucht. Aber ab und an kann er doch dazu dienen, die Spannung des Hörers zu wecken« (Rhetorik, 167f).

3   Schluß

Es gibt viele Möglichkeiten, eine Predigt zu schließen: Rückbezug auf die Einleitung, Bündelung der wichtigsten Gedanken, Verstärkung der Hauptaussage, Paränese, Gebet, Lobpreis . . ., um nur einige zu nennen. Die wichtigste Frage ist auch hier wieder, ob die Predigenden sich für *eine* Möglichkeit entschieden haben und ob es ihnen gelungen ist, sich kurz zu fassen; dabei sollte – wie am Anfang, so auch am Ende einer Predigt – der sprachlichen Gestaltung gesteigerte Aufmerksamkeit zukommen.

Sodann ist zu fragen, ob der Predigtschluß sich *organisch* in das bisher Gesagte einfügt oder ob er womöglich aufgesetzt erscheint. Vor allem ein hymnischer Schluß wird oft als gewollt, als zu dick aufgetragen empfunden werden. Wer eine eher sachlich-nüchterne Predigt mit einer emotional stark besetzten Liedstrophe beendet, setzt sich der entsprechenden Gefahr aus wie der, der einer solchen Predigt einen allzu aufreizenden Einstieg vorangestellt hatte.

Der Eindruck des Unorganischen kann aber auch am Inhalt des Predigtschlusses liegen. Nämlich dann, wenn ein Prediger im Schlußteil noch einiges von dem angesprochen hat, was seiner Meinung nach im Verlauf der übrigen Predigt zu kurz geraten ist oder gefehlt hat. Ich nenne als Beispiel nur den sogenannten ›christologischen Schwanz‹, der oft den Schlußteil alttestamentlicher Predigten bildet. Wer meint, den christologischen Bezug explizit herstellen zu müssen, mag ihn im Verlauf der Predigt entwickeln, anstatt ihn am Ende nachklappen zu lassen.

Geradezu verwerflich ist es, wenn das *Gebet nach der Predigt* dazu herhalten muß, der Gemeinde Gedanken, Einstellungen oder auch Handlungsanweisungen nachzuschieben, die in der Predigt selbst unberücksichtigt geblieben sind.

Die Struktur solchen Betens läßt sich an folgender Karikatur verdeutlichen:
»Herr, wir bitten dich auch um das Gelingen unseres Kirchenkonzertes am nächsten Donnerstag um 19.30 Uhr, für das im Anschluß an diesen Gottesdienst noch Karten zum Preis von 6, 8 und 12 DM zu erhalten sind.« Nur geht es in der Regel um alles andere als Banalitäten. Oft sind es ja gerade die ›heißen Eisen‹, etwa aus dem umstrittenen Bereich der politischen Ethik, die erst an dieser Stelle in die Form eindeutiger Aussagen gebracht werden.

Machen wir uns bewußt: *Ein gottesdienstliches Gebet ist öffentliche Anrufung Gottes.* »Öffentlich« will sagen: Das Gebet muß inhaltlich und formal so gestaltet sein, daß die Gemeinde es mitvollziehen kann. »Anrufung Gottes« erinnert daran, daß Er der einzig legitime Adressat des Gebets sein kann. Deshalb wehe dem, der die Dinge umkehrt und das Gebet mißbraucht als Anrufung der Gemeinde vor der Öffentlichkeit Gottes. Er macht sich gleichermaßen des Hochmuts und der Trägheit schuldig – des Hochmuts, weil der Prediger seine Position mit dem Heiligenschein eines besonderen liturgischen Aktes umgibt, der Trägheit, weil er das Strittige aus der angreifbaren Redesituation der Predigt herausnimmt und sich damit in den Schutzraum des Gebets zurückzieht – der darüber zum Bunker pervertiert.

Oft kommt es am Schluß einer Predigt faktisch zu einer Relativierung ihres bisherigen Aussageprofils. »Die Ansage des Gerichts wird durch den Zuspruch von Gnade relativiert, der Zuspruch von Gnade wird durch die Betonung ihres Anspruchs ergänzt, oder der Anspruch der Wirklichkeit durch christologische Aussagen transzendiert.« (*Josuttis*, Rhetorik, 205). Der oben schon einmal erwähnte Ausspruch Blumhardts über die Einseitigkeit einer Predigt ist hier noch einmal nachhaltig in Erinnerung zu bringen. Und die Prediger sollten nicht ausgewogener reden wollen als die biblischen Texte selbst. Im gerade zitierten Aufsatz ist *Josuttis* dieser Frage am Extremfall des Gerichtsschlusses nachgegangen. Er schreibt: »Viel spricht dafür, daß die Ansage des Gerichts am Predigtschluß heute häufiger notwendig ist als in früheren Zeiten. Gerade wenn die Predigt sich den Verdrängungstendenzen und ›Harmonisierungswünschen politischer Gruppen und kirchlicher Behörden verweigert, wird sie die realitätserschließende Kraft des Glaubens bis zum Ende durchhalten müssen . . . Der Glaube an das Evangelium bewährt sich gerade darin, daß er die Herrschaft des Gesetzes nicht verharmlosen oder beschwichtigen muß, um für sich selber Seinsgewißheit zu finden« (215). Deshalb warnt Josuttis davor, jeder Predigt ein Happy-End zu geben: »Weil der gute Schluß für das Ende der Zeit feststeht, kann er am Ende der Predigt fehlen« (214). Beim überladenen oder relativierenden Predigtschluß geht es also

um weit mehr als um ein handwerkliches Problem (wiewohl er auch
dieses einschließt). Im Kern stellt sich die Frage, ob die Predigenden die begrenzten Möglichkeiten einer einzelnen Predigt, mehr
noch, ob sie ihre eigene Begrenztheit bejahen können. Da eine Predigt die Fülle des biblischen Zeugnisses nicht fassen kann, ist Vollständigkeit kein anzustrebendes Predigtziel. Man lasse sich lieber
daran erinnern, daß der Schluß einer Predigt (noch) nicht der
Schluß eines Gottesdienstes ist, und vor allem, daß der Schluß eines
Gottesdienstes (beileibe) nicht das Ende der Wege Gottes ist.

4   Zusammenfassung

Zusammenfassend möchte ich die wichtigsten Kontrollfragen, die
sich an die Gliederung eines Predigtentwurfs stellen lassen, noch
einmal stichwortartig auflisten.
Zum Ganzen:
Fiel es mir leicht, meine Predigt im nachhinein zu gliedern? Welchen Gesamteindruck macht sie auf mich, wenn ich sie aus der Perspektive meiner HörerInnen betrachte?
Wo stelle ich Unstimmigkeiten fest, was ist ihr Grund?
Fehlen ›Regieanweisungen‹ oder wurden die gegebenen nicht ein-
gehalten? Gibt es logische Brüche, Doppelungen oder Auslassun-
gen? Muß ich Teile umstellen oder streichen?
Mögliche Zusatzfragen: Ist der Komplexitätsgrad, den die Gliede-
rung widerspiegelt, den HörerInnen angemessen? Stimmen die
Quantitäten?
Ist die Predigt konsistent (entspricht der Inhalt der Teile ihrer Funk-
tion)?
Was sagt mir die Aufbauanalyse über die Theologie meiner Pre-
digt?
Zur Predigteinleitung:
Hat die Predigt eine oder womöglich mehrere Einleitungen?
Steht die Einleitung an der richtigen Stelle?
Wie steht es um Kürze und Präzision?
Stimmen – stilistisch und inhaltlich – die Übergänge vom Text zur
Einleitung und von der Einleitung zum ersten Hauptteil?
Motiviert die Einleitung zum Mitgehen des weiteren Predigtweges?
Zum Predigtschluß:
Hat die Predigt einen oder womöglich mehrere Schlüsse?
Ist der Schluß organischer Teil des Ganzen, oder klappt etwas nach
bzw. wird das Vorherige relativiert?

Wer diese Liste überblickt, mag sich erschrocken oder auch unwillig
fragen, auf was man denn noch alles achten solle. In der Tat haben

Zusammenstellungen wie diese leicht etwas Erdrückendes an sich. Dennoch möchte ich nachdrücklich zu dem hier vorgeschlagenen Arbeitsgang ermutigen. Wer sich darauf einläßt, wird bald merken, daß im Einzelfall gerade nicht alles in Frage gestellt ist, sondern daß diese Checkliste hilft, schneller die zwei oder drei Stellen herauszufinden, an denen eine Überarbeitung der Predigt nötig und möglich ist. Nicht zuletzt sollen die Fragen samt den dazu gegebenen Hinweisen helfen, die Wahrnehmung zu schärfen. Denn je gezielter und konkreter sich ein Problem benennen und eingrenzen läßt, desto leichter wird es lösbar. Mit Hilfe der funktionalen Analyse etwa (vgl. das zum Stichwort Konsistenz Gesagte) läßt sich im gegebenen Fall präzise benennen, was in einem Predigtteil fehlt, wonach also jetzt noch zu suchen ist. Und – um es noch einmal zu betonen – das ist ein wesentlicher Fortschritt gegenüber dem unbestimmten Eindruck, daß da ›irgend etwas‹ nicht stimmt. Um realistisch zu bleiben: Ich kann mir gut vorstellen, daß jemand aus menschlich-allzumenschlichen Gründen beschließt, für diesmal am Predigtentwurf nichts mehr zu ändern. Selbst dann lohnt sich der hier vorgeschlagene Arbeitsgang. Denn auf jeden Fall vermag er die Aufmerksamkeit der Predigenden für diesen so zentralen Redeaspekt zu schärfen. Sie werden dabei auf ihre Eigenarten stoßen, an denen sie, wenn nicht dieses Mal, so eben bei der nächsten Predigt weiterarbeiten können.

Und: Bei der Verbesserung einer Predigt geht es nie um alles oder nichts. Ein geglätteter Übergang, eine sinnvolle Streichung oder eine hilfreiche Regieanweisung – das ist immerhin etwas!

Zum Stichwort »etwas« sei abschließend ein kleines Beispiel aus dem Gemeindealltag dokumentiert:
Meine Frau sollte anläßlich des Ergebnisses der Europawahl »eben noch schnell« einen kurzen Artikel für den Gemeindebrief verfassen (der Drucker wartete schon!). Sie schrieb folgendes:

Liebe LeserInnen,
Der Bezirk Opphof hat bei der Europawahl den höchsten Prozentsatz von Wählern der DVU und der Republikaner in Wuppertal.
Dieses Wahlergebnis gibt uns Anlaß zur Sorge!
Wir verstehen, daß viele Menschen empört sind, wenn sie die Folgen von Arbeitslosigkeit, Verarmung und Wohnungsnot in der eigenen Familie hautnah erleben und wenn sie erfahren, wie viele Menschen durch wirtschaftliche und technische Veränderungen rücksichtslos an den Rand gedrängt werden. Das Gefühl sozialer Verlassenheit halten wir in vieler Hinsicht für berechtigt.
Aber wir geben zu bedenken, daß diese Probleme nicht mit billigen Parolen lösbar sind. Die Bibel mahnt uns nicht nur als einzelne, sondern als Gemeinschaft: »Brich dem Hungrigen dein Brot, und die im Elend wohnen, führe ins Haus« (Jes 58,7).

Und sie erinnert uns daran, daß Gott den Menschen nach seinem Bild geschaffen
hat, und zwar jeden.
Wir bitten Sie, die Menschenwürde und die Menschenrechte aller bei uns lebenden
Ausländer zu respektieren und nicht zuzulassen, daß sie verteufelt, beleidigt und
verängstigt werden.
Politik darf nicht auf Feindbildern basieren.
Diskutieren Sie mit bei der Veranstaltung »Parteien vor der Wahl«
am . . . im . . .
Wir brauchen eine Bildungs-, Jugend- und Sozialpolitik, die es jedem Menschen in
unserem Staat ermöglicht, ein Leben in Würde zu führen – Deutschen und Ausländern!

Meine Frau war mit diesem Entwurf ›irgendwie‹ unzufrieden, und als ich ihn ge-
genlas, ging es mir genauso. Da aber die Zeit drängte, war an eine Neufassung nicht
zu denken. Also entschlossen wir uns für eine ›kleine Lösung‹: Ohne den Wortlaut
des Textes zu ändern, setzten wir seine Teile anders zusammen (vgl. oben auf S. 16
das zu »Schere und Klebstoff« Gesagte). Nach fünf Minuten las sich der Text wie
folgt:

Liebe LeserInnen,
Der Bezirk Opphof hat bei der Europawahl den höchsten Prozentsatz von Wählern
der DVU und der Republikaner in Wuppertal.
Dieses Wahlergebnis gibt uns Anlaß zur Sorge!
Wir verstehen, daß viele Menschen empört sind, wenn sie die Folgen von Arbeits-
losigkeit, Verarmung uns Wohnungsnot in der eigenen Familie hautnah erleben
und wenn sie erfahren, wie viele Menschen durch wirtschaftliche und technische
Veränderungen rücksichtslos an den Rand gedrängt werden.
Das Gefühl sozialer Verlassenheit halten wir in vieler Hinsicht für berechtigt. Aber
wir geben zu bedenken, daß diese Probleme nicht mit billigen Parolen lösbar sind:
Politik darf nicht auf Feindbildern basieren! Wir brauchen eine Bildungs-, Jugend-
und Sozialpolitik, die es jedem Menschen in unserem Staat ermöglicht, ein Leben in
Würde zu führen – Deutschen und Ausländern.
Die Bibel mahnt uns nicht nur als einzelne, sondern als Gemeinschaft: »Brich dem
Hungrigen dein Brot, und die im Elend wohnen, führe ins Haus« (Jes 58,7). Und
sie erinnert uns daran, daß Gott den Menschen nach seinem Bild geschaffen hat,
und zwar jeden.
Wir bitten Sie, die Menschenwürde und die Menschenrechte aller bei uns lebenden
Ausländer zu respektieren und nicht zuzulassen, daß sie verteufelt, beleidigt und
verängstigt werden.
Diskutieren Sie mit bei der Veranstaltung »Parteien vor der Wahl«
am . . . im . . .

Dieser Arbeitsgang hat gewiß kein Wunder vollbracht, aber *etwas* besser fanden
wir den zweiten Text schon – insofern haben sich die fünf Minuten gelohnt.

Exkurs 1
Das lernpsychologische Aufbaumodell

I Hinführung

Freitag, 13.00 Uhr. Gerade habe ich das »Amen« unter die Predigt
für den kommenden Sonntag gesetzt. Ich bin froh, daß ich so zeitig
fertig geworden bin. Die nächsten Stunden gehören mir. Ich werde
Zeitung lesen, noch einige Telefonate führen – aber alles in Ruhe,
den nächsten festen Termin, einen Mitarbeiterabend, habe ich erst
um 18.00 Uhr. Oder war es 19.00 Uhr? Ich werde den Küster fragen, denn ich erinnere mich: Als wir das Treffen vor einiger Zeit
ausmachten, hatte ich gerade meinen Terminkalender nicht dabei
. . . Immerhin, den Tag habe ich mir ja gemerkt.
Anruf beim Küster: Das Treffen beginnt um 18.00 Uhr. Der Küster
fügt noch hinzu: »Und, Herr Pastor, Sie denken doch daran, daß
wir diesmal mit einer Andacht beginnen wollen?« »Ach«, sage ich,
»natürlich, ich erinnere mich; also dann bis später.« Der letzte Satz
war übrigens nur halb gelogen; ich erinnere mich jetzt tatsächlich:
Wir wollten heute abend einmal darüber sprechen, daß sich manche
überfordert und ihren Aufgaben oft nicht gewachsen fühlen. Der
Vorschlag, dieses Thema in einer Andacht aufzugreifen, war von
der Leiterin des Besuchsdienstes gekommen. Ich war über diese
Anregung froh gewesen und hatte gerne zugesagt. Froh bin ich jetzt
gar nicht mehr: Wie soll ich auf die Schnelle eine Andacht zu Papier
bringen, zumal schon gewisse Erwartungen bestehen und nachher
auch noch darüber geredet werden soll?
Ich denke, die BerufskollegInnen können sich gut in meine Lage
hineinversetzen. Manche werden ähnliches schon erlebt haben,
und das Problem werden die meisten kennen: Wie fertige ich eine
Andacht (oder eine Predigt), wenn mir für die Vorbereitung – aus
welchen Gründen auch immer – nur eine sehr begrenzte Zeit zur
Verfügung steht?
Manchmal stellt sich dann ja der berühmte Geistesblitz ein – aber
eben nur manchmal. Mich selbst macht Zeitdruck eher konfus; die
Gedanken setzen an zu vielen Enden gleichzeitig ein: Ich vergegen-
wärtige mir die Tageslosung, aber ausgerechnet heute paßt sie nicht.
Ich blättere in der Bibel, um nach einiger Zeit zu merken, daß ich
nicht einmal genau weiß, wonach ich suche. Denn auf den ersten

Blick und mit dem Zeitdruck im Nacken erscheint jeder Text
schwierig. Soll ich auf Eigenes oder Fremdes zurückgreifen? Nicht,
daß ich prinzipiell etwas dagegen hätte, aber im eingangs berichte-
ten Fall etwa ist auch das schwierig, weil die Situation, in die hinein
ich sprechen soll, schon relativ klar konturiert ist.

Der Prediger in Zeitnot. Es wäre ja schon viel gewonnen, wenn
man die begrenzte Zeit so ökonomisch wie möglich nutzen könnte!
Gerade dazu vermag das lernpsychologische Predigtmodell den
Predigenden Hilfestellung zu geben. Es begreift den Predigtaufbau
als einen von den Gesetzen der Lernpsychologie her strukturierten
Spannungsbogen, der sich in fünf Phasen gliedert: Die Phase der
Motivation (1) mündet in die Darstellung eines Problems (2);
nachdem verschiedene Lösungsmöglichkeiten genannt, erörtert
und relativiert bzw. verworfen worden sind (3), folgt die Phase des
›eigentlichen‹ Lösungsangebots (4), das schließlich (5) in seiner
Bedeutung für die HörerInnen aktualisiert und verstärkt wird
(Weiteres siehe unter II). Der Gewinn eines solchen Modells im
Blick auf unser Problem liegt für mich darin, daß es mir hilft, meine
Arbeit zu strukturieren und mir zu einer klareren Suchhaltung zu
verhelfen. Am Eingangsbeispiel verdeutlicht: Das Problem (Phase
2) ist durch die Frage der MitarbeiterInnen im Grunde vorgege-
ben. Also werde ich mit meinen Überlegungen hier einsetzen und
es zunächst noch einmal klarer auf den Punkt bringen. Ich kann
dann fragen, ob es zu dieser Problematik biblische Bezüge gibt. Je
deutlicher ich das Problem vor Augen habe, desto gezielter kann
ich jetzt danach suchen, welche Antwort (Lösung) die Bibel bereit-
hält (Schluß also mit dem ziellosen Herumblättern!). Es bleiben
dann noch drei Fragen: 1. Welche anderen möglichen Lösungen
sind zu nennen und aus der Sicht der biblischen Antwort kritisch zu
beleuchten (Phase 3)? 2. Finde ich als Hinführung zum Problem
einen motivierenden Einstieg (Phase 1)? 3. Wie kann ich im
Schlußteil die biblische Aussage noch einmal auf die HörerInnen
zugespitzt verstärken (Phase 5)?

Ich möchte dazu ermutigen, dieses Verfahren selbst einmal auszuprobieren. Dazu noch zwei Hinweise: 1. Wie für jedes Aufbaumodell gilt auch für das lernpsychologische: Man kann und soll es fle-
xibel handhaben. Seine Kernpunkte sind die Phasen 2 (Problem)
und 4 (Lösungsangebot). Es könnte z.B. durchaus sein, daß sich eine der anderen Phasen in der Praxis einmal erübrigt. 2. In meinem
Fall setzte ich bei der zweiten Phase an, weil mir das Problem vor-
gegeben war. Oft, vor allem dann, wenn ein biblischer Text vorge-
geben ist, wird sich das Augenmerk zuerst auf die Phase 4, also das
Lösungsangebot richten, um von da aus den Problemhintergrund

zu entwickeln (Phase 2), auf dem das ›lösende Wort‹ als Antwort zu vernehmen ist.

II   Darstellung

Ich setze noch einmal neu ein und beginne mit einer Klarstellung: Sosehr das lernpsychologische Modell auch eine Hilfe sein kann, die Predigtarbeit ökonomischer zu gestalten, sowenig stellt dieser Aspekt das Hauptanliegen derer dar, die das Modell entwickelt haben. Ihnen ging es vielmehr um die Frage, wie mit Hilfe lernpsychologischer Erkenntnisse das Predigtziel im Blick auf die HörerInnen verständlicher, behaltbarer und nicht zuletzt effektiver verfolgt werden kann. Sehen wir uns daraufhin die einzelnen Aufbauphasen des Modells noch einmal genauer an. Zur Illustration kann uns der vorangegangene Abschnitt (I) dienen, denn ich habe ihn bewußt – nach eben jenem Modell konstruiert!

1   *Motivationsphase*
Lernen setzt Motivation voraus. Deshalb gilt es in der ersten Phase, das Interesse der HörerInnen zu wecken und sie gleichzeitig an die anstehende Problematik heranzuführen. Dazu kann ein Beispiel dienen, ein Bild oder ein Erlebnis, das aus dem Lebenszusammenhang der HörerInnen genommen ist. Es sollte so ›breit‹ angelegt sein, daß möglichst viele einen direkten Zugang zur Thematik erhalten. Ich selbst begann meine Ausführungen unter I mit einer Erzählung (»Freitag, 13.00 Uhr . . .«), von der ich hoffe, daß sie meine AdressatInnen (also Sie, die LeserInnen) anspricht und ihr Interesse daran weckt, wie es weitergeht. Diese Phase endete mit dem Satz: »Froh bin ich jetzt gar nicht mehr.« Man beachte: Die Thematik, auf die ich hinaus will, ist zwar schon angeklungen, aber die Einleitung ist breiter angelegt. Es könnte auch anders weitergehen, etwa mit der Frage, ob ich zu meinem Vergessen stehen kann . . . Deshalb bedarf es zur Orientierung der LeserInnen (HörerInnen) jetzt der

2   *Problemabgrenzung*
Hier muß das Problem, um das es im weiteren gehen soll, möglichst präzise benannt und eingegrenzt werden. Diffusionen in dieser Phase (durch Unklarheit der Problemstellung oder durch eine Anhäufung verschiedener Probleme) werden den Fortgang der Rede als Störfaktoren begleiten. Oben lautete der entscheidende Satz dieser Phase: »Wie fertige ich eine Andacht, wenn mir . . . nur eine

sehr begrenzte Zeit zur Verfügung steht?« Ich hätte daraufhin sofort meinen Lösungsvorschlag einbringen können, aber Sie, die LeserInnen (bzw. die HörerInnen einer Predigt) haben ja schon Ihre eigenen Erfahrungen im Umgang mit dem angezeigten Problem, ganz abgesehen davon, daß es wohl kaum ein Problem gibt, zu dessen Bewältigung nicht verschiedene Lösungswege denkbar wären. Deshalb folgt als dritte Phase zunächst:

3 Versuch und Irrtum (englisch: trial and error)

Diese Phase »will dem Hörer Zeit lassen, sich selber an der Suche nach einer Lösung bzw. an der Prüfung verschiedener Lösungsmöglichkeiten zu beteiligen. Sieht der Hörer auf diese Weise sich selbst und das Problem . . . ernst genommen, wird er auch (das) Lösungsangebot leichter anerkennen und ernst nehmen können« (*Zerfaß*, Grundkurs, 98). In meinem Fall reichte diese Phase von der Erwähnung des ›Geistesblitzes‹ bis zur Überlegung, auf altes Material zurückzugreifen. Um es noch einmal zu unterstreichen: In dieser Phase hängt viel davon ab, daß ein Hörer den Eindruck gewinnt, dem Redner sei es mit der Erörterung der verschiedenen Lösungswege ernst. Werden hier naheliegende Lösungen unterschlagen und statt dessen Pappkameraden abgeschossen, wird der Hörer zu Recht an der Redlichkeit des Redners zweifeln (auch an mein eigenes Beispiel ließen sich hier kritische Rückfragen stellen!).

4 Lösungsangebot

Auf dem Hintergrund von Versuch und Irrtum kommt es in dieser Phase zur Entfaltung des eigenen Lösungsvorschlags. Seine Plausibilität hängt entscheidend davon ab, wie stimmig er sich zum in Phase 2 benannten Problem verhält. Daß ein Lösungsangebot noch lange kein Patentrezept ist, sollte dabei nicht verschwiegen werden. Deshalb begann ich diese Phase mit dem Satz: »Es wäre ja schon viel gewonnen . . .«; es folgte das Einbringen des lernpsychologischen Modells als Orientierungs- und Strukturierungshilfe angesichts einer zu knapp bemessenen Vorbereitungszeit. (Im ›Ernstfall‹, wenn ich also tatsächlich nur diesen Teil hätte schreiben wollen, hätte die Darstellung des Modells natürlich ausführlicher erfolgen müssen.)

5 Lösungsverstärkung

Hier geht es – allgemein formuliert – darum, die angebotene Lösung auf die Lebenspraxis der HörerInnen zu übertragen. Ich selbst schloß deshalb mit einer Ermutigung an die LeserInnen, das Verfahren in einer ähnlich problematischen Situation selbst auszuprobieren, und fügte dazu noch zwei Hinweise zu seiner Anwendung an.

Es dürfte deutlich geworden sein: Das lernpsychologische Aufbaumodell stellt ein klar durchdachtes didaktisch-methodisches Kon-
zept dar. Nicht umsonst lassen sich die meisten Lernvorgänge mit
Hilfe dieses Phasenschemas transparent machen; und so findet es
sich in der Struktur von Unterrichtseinheiten ebenso wieder wie – in
der Werbung (worauf noch einzugehen sein wird). Außerdem wurde verschiedentlich darauf hingewiesen, daß dieses Modell eine gewisse Parallelität zum seit der Antike bekannten rhetorischen Fünf-
satz aufweist (der seinerseits schon von Melanchthon für die evangelische Predigtlehre fruchtbar gemacht wurde). Ich stelle die beiden Modelle noch einmal nebeneinander:

a) Motivation – Einleitung (*exordium*)
b) Problemabgrenzung – Präzisierung eines Sachverhalts (*pro-
    positio*)
c) Versuch und Irrtum – Positiver Beweis (*confirmatio*)
d) Lösungsangebot – Negativer Beweis (*refutatio*)
e) Lösungsverstärkung – Schluß (*peroratio*)

Wir sehen, die Dynamik ist eine ähnliche, nur sind die Phasen c
und d vertauscht. Bevor ich zu einer kritischen Würdigung dieses Aufbaumodells als Predigtschema komme, zunächst noch
einige Bemerkungen zu seiner Anwendung in der Predigtarbeit.

Ich wies schon darauf hin, daß im Zentrum dieses Aufbauvor-
schlags nicht die – von mir aus methodischen Gründen zuerst
behandelte – Effektivität der Predigtvorbereitung, sondern die
Effektivität der Predigt selbst steht; genauer müßte man sagen:
die Effektivität einer themaorientierten Predigt. Woraus sich sogleich erhellt, daß dieses Modell (wie alle anderen) nicht mehr
ist, auch nicht mehr sein will, als eine Aufbauform unter anderen.

Wer dieses Modell auf die Predigt anwendet, sollte vor allem darauf
achten, daß der Predigttext nicht erst in der Phase d (einem *deus ex
machina* gleich) auftaucht, sondern möglichst schon in der Phase
der Problemabgrenzung zur Sprache kommt. Zur theologischen
Frage nach der ›problemorientierten Predigt‹ verweise ich auf den
entsprechenden Abschnitt im Kapitel über die indikativische Predigt (die Hauptfrage lautet: Kommt ein solches Problem zur Sprache, auf das der christliche Glaube überhaupt eine Antwort bereit-
hält? [vgl. Kapitel 4, III, 3]).

Zur Illustration skizziere ich den Aufbau jener Mitarbeiterandacht,
um die es in Abschnitt I ging. Text: Ex 3,11.12a; 4,10–17 (die Abschnitte werden im Verlauf der Andacht zitiert, am Ende wird der
Text noch einmal als ganzer verlesen).

Motivation: Ich erzähle von unserem Vorbereitungsgespräch; Stichworte wie »sich überfordert fühlen« und »der Aufgabe nicht gewachsen sein« tauchen ein erstes Mal auf.

Problemabgrenzung: In dem, was wir damals besprochen haben, geht es um zwei (miteinander zusammenhängende) Probleme, die ich an der Person des Mose verdeutliche, denn auch er war angesichts des von Gott erhaltenen Auftrags von Selbstzweifeln geplagt. Seine grundsätzliche Frage lautete: »Wer bin ich, daß ich . . .?« (Ex 3,11); heute: »Wer bin ich, daß ich als MitarbeiterIn in der Gemeinde mittun kann . . .?« Die spezielle Frage betrifft die persönlichen Begrenzungen und Schwächen. Im Fall des Mose ist es die Ungeschicklichkeit zur öffentlichen Rede (Ex 4,10).

Versuch und Irrtum: Eine Möglichkeit, die nur allzuoft wahrgenommen wird und die auch Mose erwogen hat, besteht darin, nicht mitzumachen, den Auftrag zurückzugeben, also vor den Zweifeln zu kapitulieren. Es gibt andere, die sind anscheinend nie von Zweifeln geplagt: Sie strotzen nur so von Selbstbewußtsein, aber damit entmutigen sie die Zweifelnden, und oft entpuppt sich die vermeintliche Stärke als mangelnde Fähigkeit zur Selbstkritik. Wieder andere banalisieren das Problem nach dem Motto: »Schwierigkeiten gibt's überall« – »Man kann sich auch zu wichtig nehmen« – »Da muß man halt durch« – »Streng Dich halt etwas mehr an« . . .

Lösungsangebot: Gott gibt keine allgemeinen Lebensweisheiten zum Besten, erst recht läßt er Mose nicht einfach gehen, sondern nimmt ihn mit seinen Schwierigkeiten und Zweifeln in Dienst. Dabei sagt Gott dem an sich selbst zweifelnden Mose seine helfende Begleitung zu: »Ich werde mit dir sein« (Ex 3,12a). Und Gottes Beistand bewährt sich sofort darin, wie er auf den speziellen Einwand des Mose (ich kann nicht reden) eingeht: Er verspricht Mose, ihn die rechten Worte zu lehren, und er verweist ihn an den Bruder Aaron, der mit seiner Gabe die Schwäche des anderen auszugleichen vermag.

Lösungsverstärkung: Wenn uns der Zweifel plagt, ob wir die Richtigen sind und ob wir's recht machen, dann laßt uns auf das achten, was wir von Gott zur Erfüllung unseres Auftrags mitbekommen haben. Das, was uns fehlt, ist für Gott kein Hindernis, uns in Dienst zu nehmen . . . Er sagt uns zu, mit uns auf dem Weg zu sein . . . Er hat uns Geschwister an die Seite gestellt, damit wir einander ergänzen: Die Schwäche des Mose ist für den Bruder Aaron die Chance, die eigene besondere Gabe zu entdecken und einzubringen . . .

III Würdigung

Wer auf dem Hintergrund der bisherigen Darstellung seine eigene Predigtpraxis überdenkt – zumal die ›kleine Form‹ der Andachten, Kurzpredigten, Kasualansprachen, Gemeindebriefgrußworte etc. –, wird feststellen können, daß er/sie das lernpsychologische Aufbaumodell faktisch selbst schon angewendet hat, auch dann, wenn es ihm/ihr theoretisch bisher nicht bekannt war. Gerade wenn sich die Verkündigung auf einen zentralen Gedanken konzentriert (bzw. aufgrund der gebotenen Kürze konzentrieren muß), werden der Predigenden bisweilen intuitiv zu diesem Aufbaumodell greifen. Das lernpsychologische Predigtschema ist eben nicht am grünen Tisch entworfen. Eher wird man sagen können, daß es die theoretische Reflexion und die didaktisch-methodische Aufarbeitung einer Aufbaumöglichkeit darstellt, die es immer schon gab und die faktisch immer schon wahrgenommen wurde. In dieser Beziehung hilft das Modell den Predigenden zur Bewußtwerdung eines bestimmten Predigtweges, zur Entdeckung seiner Stärken und Schwächen und nicht zuletzt auch seiner Gefahren. Denn ein Verständnis für die Funktion der verschiedenen Phasen schärft die Wahrnehmung und leitet zur Überprüfung eines entsprechenden Predigtentwurfs an.

Wer sich nun dazu entschließt, dieses Aufbaumodell einer Andacht oder Predigt planvoll zugrunde zu legen, hüte sich vor Schablonenhaftigkeit. Auch dieses Modell ist kein starrer Bauplan. Seine Anwendung legt sich nicht in jedem Fall nahe, und wer es anwendet, nutze die Spielräume, die ihm/ihr zur Variation bleiben. So ist beispielsweise zu fragen, ob die Predigt, die im Kontext eines Gottesdienstes steht, unbedingt einer eigenen Motivationsphase bedarf – so, als müsse ein Prediger im Augenblick des Predigtbeginns noch einmal bei null anfangen! Ich vermute übrigens, daß sich das lernpsychologische Predigtschema für viele nicht zuletzt wegen seiner stereotypen Verwendung vor allem im Bereich der Rundfunk- und Fernsehandachten abgenutzt hat.

Die theologischen Fragen, die an eine problemorientierte Predigt zu stellen sind, werde ich in einem anderen Zusammenhang erörtern (vgl. Kapitel 4, III, 3). Hier muß aber schon einmal vorweg betont werden: Wenn in der Phase der Problemabgrenzung allgemeine Lebensfragen angesprochen werden, *etsi deus non daretur*, wenn dann in der Folge die Lebensfragen und die Antworten des Glaubens nicht zueinander passen, wenn womöglich die Bibel immer erst im Lösungsteil zu Wort kommt, die Botschaft also tendenziell funktionalisiert wird – dann ist das nicht dem lernpsychologischen Modell anzulasten, sondern seiner mißbräuchlichen Verwendung! Dabei will ich nicht übersehen, daß die Befürworter dieses Modells in manchen ihrer eigenen Praxisbeispiele solchem Mißbrauch Vorschub geleistet haben (vgl. etwa *Arens u.a., Predigt,* 60ff).

Schwere Vorwürfe hat *Werner Schütz* gegen die Predigt als Lernprozeß erhoben. Er schreibt: »Formalistisch wirkt diese graue Theorie. Die Predigt will nicht Probleme lösen und einen Lernprozeß durchführen, hoffentlich nicht! Sie will in den Glauben rufen und Leben austeilen« (Probleme, 215). Ich erwähne diese Kritik, weil sie nicht untypisch ist für die Art und Weise, in der bisweilen auf die Übernahme humanwissenschaftlicher Erkenntnisse und Methoden in den Bereich der Praktischen Theologie reagiert wird (vgl. zum Folgenden *Bukowski,* Ich werde mit dir sein, 426ff). Natürlich wäre es verhängnisvoll, Homiletik und Didaktik kurzerhand zu identifizieren; zu fordern ist eine *differenzierte Verhältnisbestimmung* beider Größen, um die seit dem Einbringen des lernpsychologischen Predigtschemas auch gerungen worden ist (vgl. *Bizer,* Homiletik, 80ff und *Mertens,* Kommentierung, 82ff). Dazu vermögen die Scheinalternativen, mit denen Schütz operiert, aber nichts beizutragen. Der Gegensatz, den er aufmacht, ist zu klar, um wahr zu sein. In den Briefen des Paulus (um nur diese zu nennen) erweist sich der Ruf in den Glauben durchaus auch als Lösungspotential für Probleme, die seinen Gemeinden zu schaffen machen, und Paulus entfaltet seine Botschaft über weite Passagen problemorientiert (vgl. Kapitel 4, III, 3). Und wenn »Leben austeilen« und »Lernprozeß« schlechterdings nur Gegensätze sind, wie kommt dann der Heidelberger Katechismus in Frage 103 dazu, die sonntägliche Predigt als »Lernen des Wortes Gottes« zu umschreiben? *Schütz* hat hingegen recht mit seinem Hinweis, daß die Predigt »viele Ziele (hat), die in eine Methodik und Didaktik des Unterrichts nicht eingehen« (Probleme, 216). Und einem Predigtverständnis, das Verkündigung auf Lernen reduziert, wäre entschieden zu wehren. Ich sehe aber von der zu predigenden Sache her keinen Grund, Predigt nicht auch als Lernprozeß verstehen zu können und mir dazu dann auch Hilfe bei der Wissenschaft vom Lernen zu holen. Sach- und Methodengefälle (Gehalt und Gestalt) stehen eben in einem differenzierten Zusammenhang; diastatische Modelle einer Zuordnung führen hier ebensowenig weiter wie vorschnelle Identifikationen. Konkret gesagt: Wer methodisch bei einem Problem aus der Lebens- und Erfahrungswelt seiner Hörer einsetzt, hat sich damit sachlich noch nicht zwangsläufig einer Theologie des Anknüpfungspunktes verschrieben (vgl. 1Thess 4,13ff), so wie andererseits die strenge Homilie nicht ›ex opere operato‹ Sachgemäßheit garantiert. Die Frage ist nicht, ob, sondern *wie* das hier besprochene Aufbauschema zur Anwendung kommt. Deshalb sei ein entscheidendes Kriterium für eine sachgemäße Anwendung noch einmal betont herausgestellt: Schon die Erhebung und Darstellung des Problems hat im Horizont der biblischen Botschaft zu erfolgen. Und: Eine saubere Exegese sowie ein geduldiges Hinhören auf die Eigenaussage des Textes sind hier ebenso vonnöten wie bei einer Homilie.

Schließlich ist an das lernpsychologische Modell die Frage gestellt worden, ob es nicht zur *Manipulation* der Gemeinde anleite: »Ist

die Gefahr nicht doch groß, den Hörer durch die ›zwingende Lo-
gik‹ des lernpsychologischen Arrangements zu überlisten, zu mani-
pulieren und zu verführen? Können wir uns dieser Mittel in der Predigt bedienen? Dient es der Mündigkeit und Subjektwerdung des
Hörers, wenn ich ihn geschickt über die programmierten Lern-
schritte dahin führe, wo ich ihn haben will?« (*Zerfaß*, Grundkurs,
98). Wer sich einmal bewußtgemacht hat, daß gerade auch die Werbung auf lernpsychologische Erkenntnisse rekurriert und sie sich
dienstbar macht, wird diese Frage nicht leichtfertig abtun können.
Aber auch hier gilt es, zwischen Methode und inhaltlicher Füllung
zu unterscheiden. Denn, wie Zerfaß zu Recht weiter ausführt, ist
nicht jede Wirkung, die ich mit einer Rede erziele, nicht jeder Einfluß, den ich auf meine Gemeinde ausüben will (und wer unter den
Predigenden wollte das nicht!), gleichzusetzen mit dem, was wir
Manipulation nennen. Manipulation der HörerInnen, das ist *Einflußnahme mit unlauteren Mitteln,* »Beeinflussung des anderen gegen dessen Wissen und gegen seine eigenen Interessen« (ebd., 98).
Dazu ein bekanntes Beispiel aus der Werbung:

Motivation: Ein kleines Männlein taucht auf dem Bildschirm auf; die Zuschauer
wissen: Jetzt wird's lustig.
Problem: Das Männlein versucht verzweifelt, seinen Wagen in eine zu enge Park-
lücke zu setzen (ein Problem, das wir alle kennen, zumal wenn wir so unter Zeitdruck stehen und so in Hektik geraten wie unser kleiner sympathischer Held).
Versuch und Irrtum: Es folgen eine Reihe von Parkmanövern, die zu nichts führen.
Das Männlein versucht es verbissen weiter (auch das kennen wir), bis die parken-
den Autos und das eigene verbeult sind und das arme Kerlchen völlig entnervt – in
die Luft geht.
Lösungsangebot: Eine Stimme tönt von oben (!): »Halt, mein Freund, wer wird
denn gleich in die Luft gehen? Greife lieber zur HB, dann geht alles wie von selbst.«
Lösungsverstärkung: Musik setzt ein, uns ZuschauerInnen wird gesagt: »HB rauchen heißt: frohen Herzens genießen« – gleichzeitig sehen wir, wie das Parkpro-
blem jetzt mühelos bewältigt wird.

Diese Werbung ist methodisch zweifellos gut gemacht, nicht umsonst erfreut sie sich großer Beliebtheit: Von den witzigen Zeich-
nungen über die von Anfang bis Ende durchlaufende Story bis hin
zu der angenehmen Stimme der Sprecherin und dem geschickten
Einsatz der Musik stimmt hier alles. So sehr stimmt methodisch alles, daß man für einen Augenblick vergißt: Sachlich stimmt gar
nichts. Und eben dies ist Manipulation im hier verstandenen Sinne.
Nun hilft aber gerade die Kenntnis des lernpsychologischen Aufbaumodells, um der sachlichen Unstimmigkeit auf den Grund zu
kommen. Denn wenn ich das Schema im Sinne einer funktionalen
Aufbauanalyse an den Werbespot anlege, werde ich sofort feststel-

len, daß das Lösungsangebot (»greife zur HB«) alles andere als eine
Lösung des Parkproblems darstellt. Statt dessen kaschiert das me-
thodische Know-how die sachliche Unstimmigkeit, sprich: die Lüge.
Natürlich bedarf es nicht eigens der Aufbauanalyse, um die Verlo-
genheit jenes ›Lernprozesses‹ zu entlarven. Aber das, was hier für
jeden wachen Zeitgenossen offensichtlich ist, findet sich leider auch
– in Predigten. Und da hilft das lernpsychologische Aufbaumodell,
als Analyseinstrument angewandt, in der Tat, die Wahrnehmung
für sachliche Brüche, Unstimmigkeiten und Erschleichungen zu
schärfen.
M.a.W.: Daß das lernpsychologische Aufbaumodell auch manipu-
lativ einsetzbar und also mißbrauchbar ist, spricht nicht gegen seine
Verwendung in der Predigtarbeit, wohl aber sollte man einen entsprechenden Entwurf daraufhin prüfen, ob man es verantwortungsvoll in den Dienst der Sache gestellt hat oder im Begriff steht,
seine Gemeinde mit unlauteren Mitteln zu verführen.

Kapitel 2
Das Ziel der Predigt
Zum Zusammenhang von Inhalt und Intention

Predigt als Rede zielt auf Verständigung eines Sprechers mit seinen HörerInnen. Was aber heißt Verständigung, und welches sind die für ihr Gelingen notwendigen Bedingungen?

Um eine erste Antwort zu geben, untersuche ich zwei Beispiele mißlungener Verständigung. Sie entstammen der Alltagskommunikation, haben aber modellhaften Charakter und sind insofern übertragbar.

Stellen wir uns also vor, ich stünde in unserer Seminarbibliothek vor der Reihe der Lexika und suche Bauers Wörterbuch zum Neuen Testament. Ich höre jemanden im Nebenraum und rufe: »Haben Sie den Bauer gesehen?« Die Person – es ist unsere Hausmutter – steckt den Kopf durch die Tür und antwortet: »Aber wir haben im Kurs doch gar keinen Herrn Bauer.« Der Grund für dieses Mißverständnis liegt auf der Hand: Die Hörerin hat den *Inhalt* meiner Frage anders verstanden, als ich ihn meinte; sie konnte die Chiffre »Bauer« nicht im von mir gemeinten Sinn entschlüsseln. Eine wesentliche Bedingung für das Gelingen von Verständigung besteht also darin, daß die HörerIn den Inhalt einer Mitteilung adäquat – also im Sinne des Sprechers – erfaßt. In der Sprachwissenschaft ist dies die Frage der Semantik. Sie bemüht sich um die Abklärung der Bedeutung von Worten und Sätzen. Die Frage nach dem Inhalt und seiner hörergerechten Übersetzung hat in der Homiletik lange Zeit im Vordergrund gestanden (unter dem Stichwort »Konkretheit« werde ich sie im nächsten Kapitel weiterverfolgen). Aber so notwendig die Verständigung bezüglich des Inhalts einer Mitteilung ist, sowenig hinreichend ist sie, damit Kommunikation gelingt.

Dazu das zweite Beispiel. Die Situation sei die gleiche, nur befindet sich diesmal unsere Bibliothekarin mit mir im Raum. Ich frage: »Haben Sie den Bauer gesehen?« Sie antwortet (mit Erregung in der Stimme): »Wenn hier Bücher herumliegen, stelle ich sie sofort wieder an den richtigen Platz!« Sie denkt: »Der hat aber auch immer was zu meckern.« Ich denke: »Was die nur wieder hat, man wird doch wohl noch mal fragen dürfen.« Das (vorläufige) Scheitern dieser Kommunikation läßt sich zweifellos nicht auf der Ebene des Inhalts festmachen. Die Angesprochene hat durchaus verstanden, daß es mir um jenes Wörterbuch ging. Die Dissonanz lag vielmehr auf der Ebene unserer *Beziehung*: Meine Redeabsicht, meine *Intention* war eine andere als die, die bei der Hörerin ankam: Ich wollte die Hörerin tatsächlich etwas fragen; allenfalls schwang in meiner Frage die Bitte mit, mir bei der Suche behilflich zu sein. Die Angesprochene hingegen vermutete, daß ich mit meiner Frage indirekt einen Vorwurf intendierte – und reagierte entsprechend. Dies ist von ihrem Standpunkt aus betrachtet übrigens gar nicht weit hergeholt, denn oft genug fassen wir den Tadel in die Form einer Frage: »Hast Du schon mal auf die Uhr gesehen?« fragen wir den zu spät Kommenden und meinen: »Du solltest gefälligst pünktlicher sein.«

Verständigung gelingt also nur dann, wenn zwischen SprecherIn und HörerIn sowohl die Inhalts- als auch die Beziehungsebene ›klar‹ ist, d.h. die HörerIn muß auch (und wie wir noch sehen werden: vor allem) die Intention meiner Mitteilung adäquat erfassen. In der Sprachwissenschaft ist dies die Frage nach der Pragmatik. Pragmatik fragt – vorläufig formuliert – danach, was ich meinem Gegenüber mit dem, was ich ihm mitteile, ›antue‹. Denn Kommunikation als sprachliches Geschehen zwischen (mindestens) zwei Menschen ist eine Form von *Verhalten*.

Gleich zu Beginn sei deshalb noch einmal betont, daß jede sprachliche Mitteilung prinzipiell auf beiden Ebenen verläuft: auf der Ebene des Inhalts und auf der Ebene der Beziehung. *Jürgen Habermas* hat in diesem Zusammenhang von der »Doppelstruktur umgangssprachlicher Kommunikation« gesprochen (Bemerkungen, 208ff). Dabei hat der Beziehungsaspekt als der übergeordnete zu gelten, denn erst er gibt an, wie der Inhalt konkret aufzufassen ist, ob ich ihn als Drohung verstehen soll oder als Bitte, als Warnung oder als Klage.

Der für das Gelingen von Verständigung so grundlegende Beziehungsaspekt sowie das komplizierte Geflecht von Beziehungs- und Inhaltsebene soll uns in diesem Kapitel beschäftigen. Dazu wird es zunächst notwendig sein, jene Doppelstruktur sprachlicher Kommunikation des näheren zu beleuchten (I). Dabei werden uns neben kommunikationspsychologischen Erkenntnissen (Watzlawick, Schulz von Thun) vor allem die für die Homiletik seit Anfang der 70er Jahre fruchtbar gemachten Ergebnisse der Sprechakttheorie (Austin, Searle) bzw. der Theorie der Sprachhandlungen (Maas, Wunderlich) hilfreich sein. Sodann werde ich zeigen, wie die Einsicht in die Doppelstruktur sprachlicher Kommunikation unsere Verständigungsbemühung als Predigende sowohl im Blick auf die Predigt als ganze (II) als auch im Blick auf einzelne Passagen und Sätze (III) zu fördern vermag, indem sie für das eigene sprachliche

Verhalten sensibilisiert und Störungen wahrzunehmen und zu beheben hilft.

I   Kleine Einführung in die Sprechakttheorie

1   Die Doppelstruktur einzelner Sprechakte

Um das Inhalt/Beziehungsgeflecht eingehender zu beleuchten, gehe ich (in den folgenden vier Abschnitten) zunächst von einzelnen Sprechakten aus. Ein *Sprechakt* (von anderen *Sprechhandlung* genannt) bezeichnet die kleinste Einheit sprachlicher Kommunikation, etwa: eine Frage stellen, etwas behaupten, einen Befehl erteilen usw. Ich wähle im folgenden als Beispiele einzelne Sätze, möchte aber darauf hinweisen, daß ein Sprechakt nicht aus einem vollständigen Satz bestehen muß. Auch ein Ausruf wie: »Achtung!« oder: »Weg hier!« kann im passenden Kontext ein vollständiger Sprechakt sein.

Sehen wir uns nun die folgenden vier Sätze an (die Beispiele sowie die sich unmittelbar daran anschließenden Erläuterungen entnehme ich *Dannowski*, Sprachbefähigung, 163ff):

1.   Christen glauben an die Auferstehung.
2.   Ob Christen an die Auferstehung glauben?
3.   Ihr Christen, glaubt an die Auferstehung!
4.   Ach, wenn die Christen doch an die Auferstehung glauben würden!

Inhaltlich geht es in allen vier Mitteilungen um das gleiche. In linguistischer Terminologie ausgedrückt: Der Referenz (Christen) wird die Prädikation (glauben an die Auferstehung) zugeordnet. Die Sprechakttheorie nennt dies den propositionalen Akt: die *Ebene des Inhalts,* über den man sich verständigt. Die Mitteilungen unterscheiden sich dagegen hinsichtlich ihrer *Intention*: In der 1. wird eine Behauptung aufgestellt bzw. eine Feststellung getroffen, in der 2. eine Frage gestellt, in der 3. eine Aufforderung ausgesprochen und in der 4. ein Wunsch ausgedrückt. Die Sprechakttheorie nennt dies den illokutionären Akt: Er klärt die Beziehungsebene, sagt also dem Hörer, wie er den Inhalt verstehen soll (als Behauptung, Frage, Aufforderung . . .). Anders ausgedrückt: Der illokutionäre Akt vermittelt die Intention, mit der ich den Inhalt auf die Reise schicke.

Ich sagte schon in der Einleitung, daß mit jeder sprachlichen Mitteilung prinzipiell beide Ebenen betreten werden. Dies mag auf den ersten Blick nicht einleuchten. Man könnte einwenden, daß etwa im 1. Satz die Beziehungsebene sprachlich gar nicht ausgedrückt ist. Die Beobachtung ist zwar richtig, nicht aber die Schlußfolgerung. Denn in der Tat wird der illokutionäre Akt (Beziehungsebene) oft nicht explizit gemacht. Das heißt aber gerade nicht, daß er nicht implizit immer vorhanden wäre und vom Hörer faktisch auch mitgehört würde. Dieser wichtige Sachverhalt wird uns gleich noch ausführlich beschäftigen; hier nur ein Beispiel:

Wenn jemand meinen Raum betritt und die Tür offenstehen läßt und ich dann sage: »Es zieht«, wird der Angesprochene die auf der Beziehungsebene implizit mitgesendete Aufforderung sehr wohl mithören und diesen Satz nicht nur als Aussage über die Luftbewegungen im Raum verstehen.

Daß jede sprachliche Mitteilung immer schon eine Intention enthält, können wir uns auch daran deutlich machen, daß diese in jedem Fall explizit ausgesprochen werden *kann.* Dazu dient die Gruppe der sogenannten performativen Verben. Auf die vier Beispielsätze bezogen:

1. Ich behaupte: Christen glauben . . .
2. Ich frage: Ob . . .
3. Ich fordere Euch auf: Ihr Christen . . .
4. Ich wünsche mir sehnlichst: Ach, wenn . . .

Um uns in diesen Sachverhalt hineinzufinden, bedarf also unser umgangssprachlicher Gebrauch des Wortes »Inhalt« einer Korrektur. Denn wenn wir im Alltag vom »Inhalt eines Satzes« reden, meinen wir oft das Geflecht von Inhalt (im engeren Sinne) und Intention.
Anmerkungsweise sei noch darauf hingewiesen, daß es auch Situationen gibt, in denen nur die Beziehungsebene sprachlich ausgedrückt wird, während die Inhaltsebene implizit mitgesendet wird. Wenn ich im Streit die Fäuste balle, reicht es zu sagen: »Ich warne Dich!« Der Inhalt der Warnung, die Tracht Prügel, ist durch die Situation kenntlich genug.

2 Wie die Intention mitgeteilt wird

Es wurde soeben deutlich, daß die Beziehungsebene (Intention) einer Mitteilung, wiewohl immer vorhanden, auf sehr unterschiedliche Weise gesendet werden kann. Die häufigsten Möglichkeiten sollen jetzt noch einmal zusammengestellt werden:

a)   Wie schon gezeigt, kann jede Sprechintention durch ein *performatives Verb* explizit zum Ausdruck kommen: Ich behaupte . . ., ich frage . . ., ich befehle . . ., ich verspreche . . ., ich schwöre . . . usw.

b)   Oft wird die Intention aber auch durch die Art der *Betonung* übermittelt: Wird in dem Satz »Christus ist auferstanden« das »ist« betont, handelt es sich um eine Behauptung oder, falls vorher das Gegenteil behauptet worden ist, um einen Widerspruch. Wird beim Wort »auferstanden« die Stimme gehoben, handelt es sich um eine Frage usw.

c)   Der wohl häufigste Fall ist jedoch der, daß die Intention einer Mitteilung – wiewohl sie doch für deren Verständnis von zentraler Bedeutung ist! – unausgesprochen bleibt. Der Hörer muß die Intention aus dem sprachlichen oder situativen Kontext erschließen, in den die explizite Mitteilung eingebunden ist.

Das oben genannte Beispiel mit dem Satz: »Es zieht« war ein solcher Fall. Ein weiteres Beispiel: Wenn jemand an die Tür meines Pfarrhauses kommt und mir sagt: »Ich habe Hunger, Herr Pastor!«, so sagt mir die Situation, daß ich diese Äußerung nicht etwa nur als Information verstehen soll, sondern als die implizit geäußerte Bitte um Hilfe. Man stelle sich nur vor, ich würde den Satz ›für sich‹ nehmen und etwa antworten: »Interessant« oder: »Ich nicht«!

Deshalb bekommt auch ein und dieselbe Äußerung, in verschiedenen Kontexten gesprochen, eine unterschiedliche Intention. Fragt mich jemand nach der Uhrzeit, will meine Antwort: »Es ist 9.10 Uhr« als Information verstanden werden. Betritt ein Schüler zehn Minuten zu spät das Klassenzimmer, wird derselbe Satz aus dem Mund des Lehrers als Tadel zu verstehen sein (zur Gegenprobe stelle man sich nur vor, der Schüler würde antworten: »Danach habe ich Sie doch gar nicht gefragt« oder: »Da haben Sie Unrecht, auf meiner Uhr ist es schon 9.12 Uhr«).

Natürlich stehen Kontext und sprachliche Mitteilung in einem wechselseitigen Verhältnis: So, wie der Kontext immer – und in den genannten Fällen entscheidend – ›mitredet‹, so ändert jeder neue Sprechakt die situativen Verhältnisse. Das wechselvolle Zusammenspiel von explizit Mitgeteiltem und implizit Intendiertem macht die Lebendigkeit und den besonderen Reiz menschlicher Kommunikation aus und ist doch (gerade weil das Unausgesprochene oft das Entscheidende ist) zugleich die Quelle vielfältiger Verständigungsschwierigkeiten.

Zwei Probleme seien hier im Vorblick auf die homiletische Vertiefung schon einmal genannt:

Zum einen: Die Kommunikation wird immer dann gestört sein, wenn SprecherIn und HörerIn den Kontext einer Mitteilung (und damit eben auch deren Intention) verschieden einschätzen. Dies geschah in meinem zweiten Eingangsbeispiel zwischen mir und der Bibliothekarin.

Man kann bei Watzlawick und Schulz von Thun schön nachlesen, wie vieles, was in wildem Streit endet, mit einer solchen Störung begann und sich deshalb immer weiter hochschaukelte, weil den Gesprächspartnern die Ausgangsstörung nicht bewußt war. Was hier hilft, ist – theoretisch gesprochen – Metakommunikation, also ein Austausch über die augenblickliche Gesprächslage (»Wie hast Du das, was Du gerade gesagt hast, gemeint?«). Das setzt aber voraus, daß bei den Redenden ein Wissen um diese Störmöglichkeit vorhanden ist; ansonsten werden Auseinandersetzungen gerade dadurch perpetuiert, daß sich beide Seiten zu sicher sind, ihr Gegenüber ›richtig‹ zu verstehen.

Zum anderen: Das Zusammenspiel von Kontext und expliziter Mitteilung gibt uns nicht nur die Möglichkeit, die ›eigentliche‹ Intention unausgesprochen zu lassen, sondern auch, sie im expliziten Teil unserer Mitteilung in ein fremdes Gewand zu kleiden. Tadel, Bitte, Aufforderung, Drohung, all dies können wir als Behauptungen, Informationen oder Fragen tarnen (was oft als Ausweis von Sachlichkeit gilt). Wir setzen ein mit: »Ich würde fragen wollen...« und lassen womöglich eine Kanonade von Anschuldigungen oder Vorwürfen folgen. Viele solcher Sprachspiele beruhen auf Konvention, was aber nicht bedeutet, daß sie in jedem Fall dienlich wären. Denn oft genug bleibt die Intention allzu unklar, und das stiftet bei unserem Gegenüber Verwirrung und schafft Mißverständnisse. Übrigens: Daß Mißverständnisse häufig die intentionale Ebene der Mitteilung betreffen, können wir der entsprechenden Rückfrage entnehmen, die wir dann zu hören bekommen: Sie lautet: »Was willst Du mir damit (sprich: mit dem Inhalt, den ich verstanden habe) eigentlich sagen?«

3 Regelsysteme für Sprechakte

Wir haben uns bisher darum bemüht, den Doppelcharakter sprachlicher Kommunikation zu verstehen und die Beziehungsebene (Intention) des näheren zu beleuchten. Wir müssen nun noch eine weitere Scharfeinstellung vornehmen, ohne die das Verständnis eines Sprechakts unvollkommen bliebe. Dazu vorab wieder ein Beispiel. Wenn mir jemand sagen würde: »Ich lade Dich ein, mir beim Hausputz zu helfen«, würde ich stutzen, obwohl ich die Intention (Einladung) und den Inhalt (Teilnahme beim Hausputz) verstanden hätte. Aber ich würde mich doch fragen, was das soll; man wird zu einem Fest eingeladen, aber zu einem Hausputz? Und: Wenn ich schon helfen soll, dann soll der andere mich gefälligst darum bitten und nicht darum herumreden.

Das Phänomen, auf das uns dieses – zugegebenerweise arg konstruierte, aber, wie sich noch zeigen wird, für die Predigt nicht einmal untypische – Beispiel hinweisen soll, ist folgendes: Jeder Typ von Sprechakt (wie Einladung, Frage, Bitte, Behauptung usw.) unterliegt einem eigenen *Regelsystem,* das befolgt sein will, damit der Sprechakt gelingt. So gehört etwa zum Sprechakt der Einladung, daß das, wozu ich einlade, etwas für mein Gegenüber Angenehmes sein muß. Um einen Einblick in die Struktur solcher Regelsysteme zu geben, nenne ich im folgenden die wichtigsten Regeln, die für den Sprechakt des *Versprechens* gelten.

Nehmen wir an, ein Sprecher (S) gibt dem Hörer (H) folgendes Versprechen (V): »Ich verspreche Dir, während Du im Urlaub bist, Deine Blumen zu gießen.« Damit dieser Sprechakt gelingt, müssen folgende 5 Regeln beachtet sein:

1. V muß sich auf eine zukünftige Handlung (abgekürzt: Z) beziehen.

Die Mitteilung etwa: »Ich verspreche Dir, daß ich Deine Blumen gegossen habe« ist kein Versprechen, sondern ein Versichern.

2. Z muß für H von Vorteil sein, und S muß glauben, daß Z für H von Vorteil ist.

»Ich verspreche, Dir eine runterzuhauen« ist kein Versprechen, sondern eine Drohung. Ein Versprechen beinhaltet immer, in Zukunft etwas *für* jemanden zu unternehmen (oder zu unterlassen), nicht gegen ihn.

3. Für S und H ist nicht offensichtlich, daß S Z bei normalem Verlauf der Ereignisse tun würde.

Diese Regel besagt, daß man etwas Selbstverständliches nicht verspricht. Wer seiner Frau verspricht, sie auf der Dienstreise nicht zu betrügen, gibt damit zu erkennen, daß dies für ihn eben nicht selbstverständlich ist, oder er unterstellt seiner Frau, sie meine, eheliche Treue sei für ihn nicht selbstverständlich.

4. S muß die Ausführung von Z beabsichtigen, und H muß diese Absicht glauben. Man nennt das die Aufrichtigkeitsregel: Ich darf nichts versprechen, was ich nicht zu halten beabsichtige. Falls ich das doch tue, gebe ich in Wahrheit kein Versprechen, sondern begehe eine Täuschung.

In diesem Zusammenhang ein kurzes Wort zur Lüge: Klar ist, daß es einen Sprechakt der Lüge in diesem Sinne nicht gibt. Ich kann gerade nicht sagen: »Ich belüge Dich hiermit, daß . . .« Die Lüge besteht vielmehr darin, daß Sprechakte wie Versprechen, Behauptung, Zusicherung usw. unter Mißachtung der Aufrichtigkeitsregel ausgeführt werden.

Die zweite Hälfte der Regel 4 besagt, daß mir der Hörer zum Gelingen eines Versprechens meine Aufrichtigkeit abnehmen muß.

5. S übernimmt die Verpflichtung, Z auszuführen, H glaubt, daß S diese Verpflichtung übernimmt.

Diese Regel macht deutlich, daß ein Versprechen nicht nur die momentane Aufrichtigkeit erfordert, sondern daß es eine ›Nachgeschichte‹ hat. S geht mit V eine Verpflichtung für die Zukunft ein, erklärt sich also auch bereit, sein künftiges Verhalten an V messen zu lassen. Auf eine Formel gebracht ließe sich sagen: Bei Verletzung der Regel 4 wird der Hörer getäuscht, bei Verletzung der Regel 5 wird er enttäuscht sein. Und wieder: Nimmt H dem S die Selbstverpflichtung nicht ab (etwa aufgrund schlechter Vorerfahrungen: »Der hat schon viel versprochen, ohne es zu halten«), wird der ganze Sprechakt mißlingen.

Mancher Leser wird sich vielleicht inzwischen fragen, wozu die Kenntnis solcher Regeln gut sein soll; ob es einem am Ende nicht wie jenem Tausendfüßler gehe, der, bewußt auf seinen Gang achtend, ins Stolpern gerät. Dazu ist zu sagen: Natürlich müssen wir uns in der alltäglichen Unterhaltung der Regeln sprachlicher Pragmatik ebensowenig bewußt sein wie der grammatischen. Wir befolgen sie intuitiv, und ebenso intuitiv erfassen wir, wenn sie verletzt werden. Aber wenn wir Kommunikationsstörungen auf die Spur kommen und lernen wollen, sie möglichst zu vermeiden, dann ist es gut, solche Regeln zu kennen, oder sagen wir bescheidener: zu wissen, daß es sie gibt. Sie geben uns im Zweifelsfall Orientierung, ähnlich wie wir bisweilen in der Spielanleitung für ein Gesellschaftsspiel nachschauen. Dazu ist es nicht notwendig, die Regelsysteme der verschiedenen Sprechakte allesamt präsent zu haben – ganz abgesehen davon, daß nur einige exemplarische wissenschaftlich erforscht sind und die Ergebnisse der Forschung in Detailfragen durchaus unterschiedlich ausfallen. Für unseren Gebrauch reicht es, wenn wir diese Regeln im Bedarfsfall selbst entwickeln können. Dazu müssen wir aber wissen, *daß* es sie gibt und *wonach* wir bei ihrer Suche *zu fragen* haben.

Einige der wichtigsten *Fragerichtungen* möchte ich im Anschluß an das vorgestellte Regelsystem nennen:

– Die Regeln 1–3 bezogen sich auf die Inhaltebene des Versprechens. Nur eine klar zu umreißende Gruppe von Inhalten läßt sich mit der Intention des Versprechens sinnvollerweise verbinden. Ich muß mich deshalb stets fragen, ob sich mein *Redeinhalt mit meiner Redeintention verträgt* oder nicht. Wir werden in Teil III diese Frage an einige predigttypische Sprechakte (Behauptung, Einladung, Erlaubnis) stellen.

– Auch die Frage nach der Aufrichtigkeit (Regel 4) und nach der Übernahme von Verantwortung (Regel 5) läßt sich mutatis mutandis auf andere Sprechakte übertragen. Einige Beispiele: Glaube ich, daß meine *Behauptung* der Wahrheit entspricht? Bin ich mit meiner *Frage* an einer Antwort interessiert? Bin ich bereit, die mit einer *Einladung* implizierte Verpflichtung zu übernehmen? Aber auch: Bringe ich beim Sprechakt der *Einladung* oder der *Bitte* die Bereitschaft mit, ein Nein des Gegenübers zu akzeptieren – wenn nicht, sollte ich besser gleich befehlen oder fordern.

– Eine weitere Fragestellung, die zwar nicht unmittelbar beim

Versprechen, wohl aber bei anderen Sprechakten von größter Bedeutung (und von besonderem homiletischen Belang) ist, betrifft schließlich die strukturelle Beziehung zwischen SprecherIn und HörerIn. Wer etwas befehlen will, muß sich in einer übergeordneten Position befinden, sonst macht er sich lächerlich. Andererseits: Wenn Machthaber um etwas bitten, schöpfen die Untergebenen zu Recht Verdacht nach dem Motto: Im Zweifelsfall kann der ja auch noch ganz anders. Dies gilt übrigens unbeschadet der subjektiven Aufrichtigkeit, mit der Machthaber ihre Bitte als Bitte äußern mögen: Das Strukturelle überwiegt in der Regel vor dem Individuellen. Im Blick auf die Predigt: Wer ›ex cathedra‹ redet, darf sich (und anderen) nicht vormachen, sein Wort sei ein Diskussionsbeitrag unter gleichberechtigten PartnerInnen.

Soviel zu den ›Spielregeln‹, deren Einhaltung sinnvolle Sprechakte allererst ermöglicht und deren Verletzung zum Mißlingen von Verständigung wesentlich beiträgt. Dazu noch ein wichtiger Hinweis: Der theologischen Unterscheidung zwischen Auftrag und Verheißung der Verkündigung entspricht auf der Ebene der Kommunikation die Unterscheidung zwischen dem *Gelingen* und dem *Erfolg* einer Verständigungsbemühung (Ernst Lange unterscheidet zwischen Verständigung und Einverständnis). Wir fragen hier nach den Bedingungen für ein *Gelingen* der Kommunikation: Mein Gegenüber soll verstehen, daß ich ihm etwas verspreche und was, daß ich es um etwas bitte und worum, daß ich nach etwas frage und wonach. Auf einem ganz anderen Blatt steht die Frage nach dem *Erfolg* der Kommunikation: Ob der oder die Angeredete mein Versprechen annimmt, meine Bitte erfüllt, meine Frage beantwortet – das entzieht sich meiner Verfügung. Und darüber darf ich auch nicht verfügen wollen. Würde ich den Erfolg ins Werk setzen wollen, verkäme das Versprechen zum Zwang, die Bitte zur Verführung, die Frage zum Verhör – die Predigt zur Propagandarede.

Diese Selbstbeschränkung auf den Aspekt des *Gelingens* von Kommunikation (= Verständigung) bedarf ihrerseits noch einer Präzision: Auch die Verständigung ist – so sehr ihr all unser Bemühen zu gelten hat – von uns als Predigenden *nicht machbar*. Theoretisch ist hier auf den »Paradigmenwechsel« innerhalb der Kommunikationsforschung hinzuweisen, der darin bestand, die verhaltenstheoretisch orientierte Forschungsperspektive um die handlungstheoretische zu erweitern, d.h.: Ein Hörer wird nicht länger nur »als System beschrieben, das auf Reize reagiert«, sondern als ein selbständiges Subjekt, das »Stimuli je situationsadäquat aufnimmt und interpretiert« (*Daiber*, Predigen, 62; dort auch ein guter Überblick zur Forschungsgeschichte). Diese Sichtweise ist in doppeltem Sinne entlastend: Wir brauchen nicht länger das, was auf dem Weg zum Hörer ›verlorengeht‹, einseitig unserer kommunikativen Inkompetenz zuzuschreiben, und gleichzeitig entdecken wir den *aktiven Part* des Hörers am Kommunikationsvorgang als *Chance*: Im Akt seiner Interpretation des Gehörten geht eben nicht nur etwas verloren, sondern erfahren unsere Mitteilungen auch einen Bedeutungszuwachs (vgl. Teil III, 1; *Martin,* Predigt hat diesen Aspekt im Anschluß an die Rezeptionsästhetik Umberto Ecos stark gemacht; zur kritischen Auseinandersetzung mit Martin vgl. *Beutel,* Predigt). Allerdings bleibt zu beachten, daß es sich hier um eine Perspektiven*erweiterung* und nicht um eine Alternative handelt. Was der frühere – für die Homiletik etwa von Dahm, Schneider und Stählin (vgl. Literaturverzeichnis) aufbereitete – Ansatz über die Gefährdung von Verständigung zu sagen wußte, bleibt in Kraft. Ganz verfehlt wäre es deshalb, im Bemühen um den Abbau von Verständigungsbarrieren nachzulassen mit dem Hinweis, der Hörer werde es schon richten. Diesem Bemühen gelten auch die weiteren Ausführungen.

4   Die Bandbreite der Sprechakte

Um die Bandbreite möglicher Sprechakte aufzuzeigen, sei auf eine Klassifizierung hingewiesen, die Habermas vorgenommen hat. Sie ist zwar nicht unumstritten, hat sich aber bei der großangelegten Hannoverschen Predigtuntersuchung zu Beginn der 80er Jahre als brauchbares Analyseraster erwiesen (vgl. *Daiber,* Predigen). *Habermas* unterscheidet »vier Klassen von Sprechakten« (Bemerkungen, 214f):

–   Die Klasse der »Kommunikativa . . . dient dazu, den pragmatischen Sinn der Rede überhaupt anzusprechen« (214). Verben, die solche Sprechakte anzeigen, sind u.a.: sagen, fragen, antworten, erwidern, entgegnen, zustimmen, widersprechen, einwenden, zugeben, erwähnen, wiedergeben, zitieren.
–   Die Klasse der »Konstativa . . . dient dazu, den Sinn der kognitiven Verwendung von Sätzen auszudrücken« (214). Das beherrschende Verb dieser Gruppe ist: behaupten. Weitere Verben sind: berichten, mitteilen, erzählen, erläutern, bemerken, erklären, deuten, versichern, beteuern, bejahen, verneinen, bestreiten, bezweifeln.
–   Die Klasse der »Repräsentativa . . . dient dazu, den pragmatischen Sinn der Selbstdarstellung eines Sprechers vor seinen Hörern auszusprechen« (214). Entsprechende Verben sind: wissen, meinen, hoffen, fürchten, wünschen, gestehen, bekennen, glauben, loben, danken, klagen.
–   Die Klasse der »Regulativa . . . dient dazu, den Sinn der praktischen Verwendung von Sätzen auszudrücken. Sie expliziert den Sinn des Verhältnisses, das Sprecher/Hörer zu Regeln einnehmen, die sie befolgen oder verletzen können« (215). Beispiele sind: befehlen, erlauben, auffordern, bitten, einladen, ermahnen, versprechen, empfehlen, raten, warnen, ermuntern.

Diese Liste sollte uns nicht vergessen lassen, daß, wie unter Abschnitt 3 gezeigt, die meisten der hier angeführten Sprechakte auch implizit, also ohne das performative Verb eigens zu nennen, erfolgen können. Die entscheidende *homiletische Frage* wird die sein, ob und wie wir den hier angedeuteten Reichtum sprachlichen Verhal-

tens nutzen, wo die Präferenzen auszumachen sind, wo Chancen
brachliegen.

5 Die Doppelstruktur größerer Redeeinheiten. Die *genera dicendi*

Wir sind zur Untersuchung des Doppelcharakters sprachlicher
Kommunikation aus methodischen Gründen bisher vom einzelnen
Sprechakt ausgegangen. Es liegt nun noch vor uns, das bisher Erar-
beitete auf größere Redeeinheiten zu übertragen. Schon das alltägliche Gespräch verläuft ja selten als ein Hin und Her einzelner Äußerungen. Ein Gesprächs- oder Redebeitrag besteht meist aus der
Verknüpfung mehrerer Sprechakte.

Beispiel: »Ich hab' da mal eine Bitte: Du weißt ja, daß ich morgen in Urlaub fahre.
Und jetzt ist die Frage, was solange aus meinen Blumen wird. Bisher hab' ich den
Schlüssel immer der Nachbarin gegeben. Aber stell Dir vor, letztes Jahr hat die doch
. . . (es folgt eine kleine Erzählung). Denk nicht, ich sei kleinlich, aber das geht doch
einfach zu weit! Kurzum, ich könnte viel beruhigter in Urlaub fahren, wenn ich
wüßte, daß keiner bei mir rumschnüffelt. Könnte ich Dir vielleicht den Schlüssel geben? Es ist auch gar nicht viel Zeitaufwand, ich habe nämlich Hydrokultur.«

Dieses Redestück besteht im einzelnen aus verschiedenen Sprechakten wie Mitteilung, Information, Aufforderung, Erzählung, Wi-
derlegung, Frage, Beruhigung . . . Gleich einer Melodie ist es als
Ganzes aber doch noch einmal mehr als die Summe seiner einzelnen Elemente. Denn diese sind auf eine vorherrschende Intention
hin organisiert, die dem Passus allererst einen einheitlichen Richtungssinn verleiht: eben die Bitte, den Blumendienst zu übernehmen.
Wir werden deshalb sowohl die einzelnen Teile einer Predigt wie
auch die Predigt als ganze auf ihre Hauptintention hin befragen
können – und auch befragen müssen! Denn soviel macht das Beispiel schon deutlich: Würde dem Sprecher die Gesamtintention aus
dem Blick geraten (und im Beispiel war er auf dem besten Wege dazu), dann bliebe dem Hörer nichts anderes übrig, als den einzelnen
Elementen nach eigenem Gutdünken einen Gesamtsinn beizule-
gen – und der könnte anders aussehen als das, was der Sprecher ›eigentlich‹ hatte sagen wollen.
Schon die antike Rhetorik hat der Frage nach der vorherrschenden
Intention einer Rede ihre besondere Aufmerksamkeit zugewandt.
Aristoteles findet die Vielfalt der Möglichkeiten in drei Grundty-
pen (*genera dicendi*) repräsentiert (vgl. *Lausberg*, Elemente, 18ff).

Seine Typenlehre blieb für die gesamte Schulrhetorik verbindlich und ist auch in der Homiletik von Augustin an bis in unsere Tage immer wieder aufgegriffen worden:
- Das *genus iudiciale* hat als Modellfall die Gerichtsrede. Angesichts des zur Verhandlung stehenden Falls will die Rede dem Richter zu einer angemessenen Beurteilung verhelfen. Ihre vorherrschende Intention ist die Information bzw. die Belehrung. Sie wendet sich also hauptsächlich an den Verstand der Angeredeten, und dementsprechend hat der Redner seine Mittel zu wählen: nüchternen Stil, präzise Argumentation usw.
- Das *genus deliberativum* hat als Modellfall die Rede auf der Volksversammlung. Die Rede zielt auf Beeinflussung der Angeredeten im Blick auf eine noch zu treffende politische Entscheidung. Ihre vorherrschende Intention ist deshalb der Appell. Sie wendet sich primär an den Willen. Auch hier wird der Redner sich entsprechender Mittel zu bedienen haben: Er darf Eindeutigkeit ebensowenig scheuen wie Eindringlichkeit, er wird in scharfen Kontrasten reden usw.   .
- Das *genus demonstrativum* schließlich hat als Modellfall die Festrede, in der eine anwesende Person geehrt werden soll. Ihre vorherrschende Intention ist die Vergewisserung der Versammelten hinsichtlich der Qualitäten des zu Ehrenden. Angesprochen wird hier vor allem der Gefühlsbereich, und dem entspricht ein persönlicher und ein bildhaft-poetischer Stil.

Wie jede Typisierung arbeitet auch diese notwendigerweise schematisch, und man wird es in der Praxis meist mit Mischformen zu tun haben. Aber um sie als solche zu erkennen und, erst recht, um sie handhaben zu können, ist zur Orientierung eine genaue Kenntnis möglicher Grundformen unerläßlich. Daß die aristotelischen *genera dicendi* diese Grundformen tatsächlich repräsentieren, dürfte offensichtlich sein. Man kann sich der Genialität dieser Typenlehre nicht leicht entziehen: In den Empfangsbereichen Verstand, Wille und Gefühl sind die drei Grundkräfte der menschlichen Seele repräsentiert. Die Intentionen Information, Appell und Vergewisserung zielen auf menschliche Grundbedürfnisse nach Erkenntnis, Richtungsangabe (Handlungsorientierung) und Bestätigung. Mehr noch: Auch die Dimensionen der Zeit sind in der Typenlehre eingefangen. Wird in der Gerichtsrede Vergangenheit aufgearbeitet, so wird in der politischen Rede Zukunft erschlossen und in der Gesellschaftsrede in ein rechtes Erleben der Gegenwart eingewiesen.

Kein Wunder, daß sich diese Typenlehre über die Zeiten hinweg als hilfreich erwies bis hin zu ihrer Transposition in eine Typenlehre pu-

blizistischer Gattungen (Information, Kommentar, Unterhaltung).
Im Kontext unserer Fragestellung entnehmen wir ihr noch folgende
(die homiletische Betrachtung vorbereitende) Hinweise:
Zunächst bekräftigt sie im Blick auf die Rede als ganze noch einmal
nachdrücklich das Gewicht des Zusammenhangs von Inhalt und
Intention. Was ›die Alten‹ über den differenzierten Zusammenhang von *res* und *voluntas* zu sagen wußten, liest sich wie eine frühe
Vorwegnahme heutiger sprach- und kommunikationswissenschaftlicher Erkenntnisse. *Jörg Rothermundt* spricht zu Recht von
einer »antiken ›Sprechakttheorie‹« (Geist, 22).
Dabei zeigt die Typenlehre, daß – analog zu den Regelsystemen
einzelner Sprechakte – Intentionen und Inhalte nicht beliebig kom-
binierbar sind. Beide bedingen einander, und zwar so, daß der Redner angesichts der Situation und dessen, was ›Sache‹ ist, zu seiner
Intention findet, um dann von dorther unter Einbeziehung seiner
individuellen Fähigkeiten über die Auswahl und Anordnung einzelner Inhalte sowie deren sprachlicher Ausgestaltung zu entscheiden. Hier spielt dann die Frage nach dem *aptum* (= dem Angemessenen) eine Schlüsselrolle.
Schließlich sei – analog zur Vielfalt einzelner Sprechakte – noch einmal unterstrichen, wie breit der Fächer möglicher Redeintentionen
hier gespannt ist – Anregungen genug, die Frage nach Inhalt und
Intention nun an die Predigt selbst zu richten.

II   Die Intention der Predigt

1   Die Notwendigkeit der Frage: Was will ich?

Ich knüpfe an eine Überlegung an, die ich im Zusammenhang mit
der Aufbauproblematik anstellte. Dort hieß es, daß der notwendige
Schritt zwischen der Erarbeitung des Textes und dem Predigtentwurf die Festlegung des Predigtziels sei, wobei Ziel eben beides um-
faßte, den Inhalt und die Intention. Die Unverzichtbarkeit gerade
der intentionalen Klarheit für jede Verständigungsbemühung dürfte inzwischen hinlänglich deutlich geworden sein. Um so bedauerli-
cher ist es, daß gerade diesem Aspekt in der Predigtvorbereitung oft
zuwenig (oder gar keine) Aufmerksamkeit zukommt. *Friedrich
Mildenberger* schreibt – sicher in beabsichtigter Zuspitzung – dazu
folgendes: »Wird die Frage (sc. Was will ich erreichen?) gestellt, ist
schon viel gewonnen. In der Regel sieht die Frage anders aus. Für
den Studenten etwa so: Am kommenden Donnerstag muß ich meine Predigt für das homiletische Seminar abliefern; wenn mir doch

endlich etwas einfiele! Und im Pfarramt kann es so heißen: Jetzt
ist schon Freitagnachmittag, oder auch Samstagabend, und ich
weiß immer noch nicht, was ich am Sonntag predigen soll« (Predigtlehre, 135). Mit anderen Worten: Die Predigenden sind so
sehr auf sich und die Bewältigung der vor ihnen liegenden Aufgabe fixiert, daß sie darüber die Frage, was sie, ausgehend vom biblischen Text, im Blick auf ihre Gemeinde *wollen*, vergessen. Solches Vergessen mag, wie im Aufbaukapitel ausgeführt, auch ein
unbewußtes Vermeiden von Entscheidungssituationen sein, die
mit der Frage: Was will ich? (im Unterschied zur Frage: Was muß
ich?) unweigerlich auftreten würden. Hinzu kommt, daß die akademische Ausbildung nicht unbedingt dazu angetan ist, gerade
für diese Fragestellung zu sensibilisieren, weil sie ein einseitiges
Schwergewicht auf die Erarbeitung und Reflexion theologischer
Inhalte legt – bei tendenzieller Vernachlässigung ihres Bezugs zur
Person der Lernenden und deren (zukünftigen) AdressatInnen.
Zwar wird die Bedeutung der Beziehungsebene für menschliche
Kommunikation im Bereich der Seelsorge thematisiert, aber es
scheint vielen schwerzufallen, die dort erworbenen Einsichten in
angemessener Weise in das homiletische Arbeitsfeld zu transfe-
rieren (zumindest dann, wenn sie diesen Transfer eigenständig
vollziehen sollen). Und so werden der Gemeinde als Predigten oft
exegetische, dogmatische oder ethische Referate oder gar The-
senreihen zugemutet, wo sie auf Zuspruch und Anspruch dringend angewiesen wäre.

2   Der Ort der Frage im Kontext der Predigtvorbereitung

Ich möchte nun zunächst mit Hilfe eines Schemas die *Frage nach
der Predigtintention* im Kontext der Predigtvorbereitung präziser
lokalisieren.
Wenn wir den Predigttext (im folgenden kurz: Text) einmal in Beziehung zur homiletischen Trias (Sache – PredigerIn – HörerIn)
stellen, so erhalten wir drei Relationen, die zugleich drei unterschiedliche Arbeitsgänge bzw. Zugänge zum Text markieren
(auch dieses Schema ist idealtypisch zu verstehen, d.h. es blendet
Übergänge und Mischformen zunächst bewußt aus):

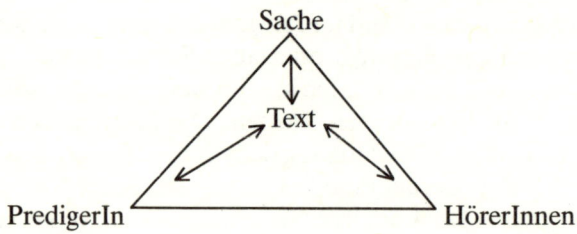

a)   Die erste Relation Text – Sache nenne ich mit einem Schlagwort
› *Text für sich*‹. Hier wird der Text um seines Verständnisses willen in
Beziehung zu seinem eigenen Umfeld gestellt: zum biblischen und
zeitgeschichtlichen Kontext, zur Auslegungsgeschichte, zur Theologie. Auf der Ebene dieser Relation bewegt sich die Exegese, im weiteren Sinne die Textauslegung überhaupt. Unter den gemeindlichen
Handlungsfeldern wäre hier etwa die klassische Bibelstunde anzusie-
deln.
Wenn sich aber die Predigt primär in dieser Relation vollzieht, dann
drohen die eben erwähnten exegetischen Referate oder theologischen
Abhandlungen.
b)   Die zweite Relation Text – PredigerIn nenne ich › *Text für mich*‹.
Hier frage ich nach der Bedeutung der Textaussagen für mich und
meinen Lebenskontext. Auf dieser Ebene sind etwa persönliche Text-
meditation, Andacht und Gebet angesiedelt.
Wenn sich die Predigt primär (oder gar ausschließlich) auf dieser
Ebene bewegt, so ist auch dies nicht unbedenklich. Zum persönlichen
Glaubensvollzug gehört die ihm eigene Intimität. Und nicht alles, was
der ›Text für mich‹ bedeutet, gehört in eine öffentliche Rede. Es gibt
eine Art, in der Predigt von eigenen Glaubenserfahrungen (Bekeh-
rungserlebnis, Gebetserhörung), aber auch von eigenen Zweifeln
und Anfechtungen zu reden, die die Gemeinde – unbeschadet der
subjektiven Aufrichtigkeit des Predigenden – peinlich berührt. Außerdem wirken gerade außergewöhnliche Erfahrungen auf die HörerInnen, die sie selbst nicht nachvollziehen können, oft nicht ermuti-
gend, sondern als Aufweis der eigenen Defizite. In diesem Zusammenhang wäre auch ein bestimmter Gebrauch des ›Psychojargons‹
einzuordnen, der in den letzten Jahren auf mancher Kanzel Einzug
gehalten hat, wo jeder neue Abschnitt mit: »Ich denke . . .« beginnt
und wo eine biblische Erkenntnis mit: »Ich für mich verstehe Jesus so,
daß . . .« eingeleitet wird. Daß Sachlichkeit ebenso wie Authentizität
wichtige Kriterien für eine Predigt sind, wird uns gleich noch beschäftigen. Aber das spezielle Proprium der Predigt liegt weder in der Relation ›Text für sich‹ noch in der Relation ›Text für mich‹, sondern

c) in der Relation Text – HörerIn, dem › *Text für dich*‹. Und eben hier hat die Frage nach der Predigtintention ihren *zentralen Ort*. Mit ihrer Beantwortung steht und fällt die Entscheidung darüber, ob die Predigt zu einer zielgerichteten Rede wird, andersherum: ob die Gemeinde die Predigt als eine sie betreffende Anrede wird verstehen können. Um dieses spezielle Proprium der Predigt nicht zu verfehlen, stellen sich manche Prediger jeweils einige konkrete Gemeindeglieder vor, an die diese Predigt besonders gerichtet sein soll.

Daß auf der Ebene ›Text für dich‹ das spezielle Proprium der Predigt und damit die Frage nach deren Intention verortet ist, darf allerdings nicht mißverstanden werden. Die Gemeinde als Adressatin ist der *Zielpunkt,* auf den sich die Predigtintention richtet, damit aber beileibe *nicht deren einziges Kriterium*! Schon bei der Besprechung der antiken Redetypologie wurde ja auf den unlösbaren Zusammenhang von Inhalt und Intention sowie beider Einbindung in die Situation hingewiesen. Analog gilt es jetzt festzuhalten: So, wie im Zuge der Predigtvorbereitung alle drei genannten Ebenen durchschritten werden müssen, so haben der ›Text für sich‹ und der ›Text für mich‹ bei der Festlegung der Intention des ›Textes für dich‹ mitzureden. *Die Angemessenheit (aptum) der Predigt hat sich vor allen drei Bezugsgrößen auszuweisen.* Dies soll in den folgenden Abschnitten, die jeweils eine der drei Ebenen in den Blick nehmen, weiter ausgeführt werden.

3 Text und Intention

Eine große Hilfe auf dem Weg zur Predigtintention ist es, schon den Bibeltext selbst unter dem Doppelaspekt von Inhalt und Intention in den Blick zu nehmen, also die Frage: »Was sagt der Text?« um die Frage: »Was will der Text?« zu erweitern.

In dem Auferstehungstext 1Kor 15,1–19 wird man die Belehrung als vorherrschende Intention ausmachen können. Dem entspricht es, daß Paulus hier erinnert, zitiert, argumentiert. Ziel dieses Abschnitts ist es, bei den LeserInnen *Verständnis* für die Abwegigkeit einer Leugnung der Auferstehung der Toten zu wecken.

Auch in dem Schlußabschnitt (V. 50–58) geht es inhaltlich um die Auferstehung der Toten. Aber hier dient das Auferstehungszeugnis (zumindest auch) zur Begründung eines *Appells*: »Darum, meine lieben Brüder, seid fest, unerschütterlich und nehmt immer zu in dem Werk des Herrn, weil ihr wißt, daß eure Arbeit nicht vergeblich ist in dem Herrn.«

V. 51 findet sich fast wörtlich in 1Thess 4,13–18 wieder. Aber die Intention dieses Textes ist eine andere. 1Thess 4,13–18 ist primär *gewißmachende Rede*. Mit den Worten des Paulus: »So tröstet euch mit diesen Worten untereinander« (V. 18).

Ich habe mich in diesen Beispielen bewußt an die genera dicendi angelehnt. Tatsächlich repräsentieren die biblischen Texte das ganze Spektrum möglicher Redeintentionen. Diese Einsicht mag uns davor bewahren, einseitig nur belehrend oder nur appellativ zu reden. Außerdem zeigt die Zusammenstellung der Paulustexte, daß ein und derselbe theologische Topos (hier: Auferstehung) für verschiedene Intentionen offen ist.

Im Kapitel über den Predigtaufbau wies ich schon darauf hin, daß ein Prediger die im Text dominierende Intention nicht zwangsweise übernehmen muß. Das schließt aber nicht aus, daß die (vorherrschende) Textintention die Predigtintention durchaus verstärken oder auch behindern kann: Ps 23 legt eine gewißmachende Predigt näher als eine appellative; anhand von Gal 6,1-10 zu trösten dürfte sich ebensowenig nahelegen wie dies, in einer Predigt über 1Joh 4,18 primär zu belehren - auch deshalb empfiehlt es sich, nach der Intention eines Textes eigens zu fragen.

Nun gibt es eine Gattung von Texten, die ich in besonderer Weise als *intentional offen* bezeichnen möchte. Sie lassen uns die Freiheit, selbst zu wählen, welche Intention wir als die vorherrschende heraushören möchten, oder anders ausgedrückt: in welcher Richtung wir uns besonders angesprochen fühlen. Die Rede ist von *der Erzählung,* und als Beispiel wähle ich Lk 7,36-50. Ich kann diese Geschichte als *Lehrstück* hören, das meine Erkenntnis vertieft, sei es die Erkenntnis der Person Jesu (vgl. V. 49b), sei es die Erkenntnis dessen, was Vergebung bedeutet. Ich kann sie primär als *gewißmachende Rede* hören, als Trost oder als Zuspruch: So wie der Sünderin vergibt Jesus auch mir. Ich kann sie aber auch als *Aufforderung* hören: »Orientiere Dich in Deinem Umgang mit Gestrauchelten am Verhalten Jesu« oder als *Mahnung*: »Sei nicht selbstgerecht wie Simon!«

Man kann sich das für die Predigtarbeit zunutze machen, indem man ausgehend von den verschiedenen möglichen Intentionen eines Textes weiterfragt und sie versuchsweise ›durchspielt‹.

Etwa so: Welche der vier Intentionen (unseres Textes Lk 7) spricht mich am unmittelbarsten an und warum? Welche könnte der Gemeinde angemessen sein und warum?

Nehmen wir an, ich entscheide mich vorläufig für die gewißmachende: Welche inhaltlichen Elemente des Textes treten dann in den Vordergrund, welche sind sperrig? Kann ich die sperrigen integrieren, oder muß ich sie vielleicht unberücksichtigt lassen? Oder gibt es die Möglichkeit, die gewißmachende Intention mit einer anderen, etwa der belehrenden, zu kombinieren? Weiter: Wo erlebe ich mich, wo sind Glieder meiner Gemeinde des Zuspruchs der Sündenvergebung bedürftig? Vielleicht fällt mir, indem ich die Frage so stelle, ein, daß heute viele Menschen da, wo die Bibel von Vergebung redet, von Akzeptanz reden; ist das etwa dasselbe? Stimmt es, daß heute viele mit Sündenvergebung – wie es so heißt – »nichts mehr anfangen können«? Aber wenn dies die Ausgangslage meiner Gemeinde wäre, ist dann die gewißmachende Rede aufgrund eines Tatbestandes, der vielen zumindest so nichts mehr sagt, überhaupt angebracht? Ist es dann nicht besser, doch die Intention zu wechseln, um die Gemeinde über diesen Sachverhalt zunächst einmal zu belehren?

Also spiele ich jetzt diese Intention durch: Treten dadurch andere Textinhalte in den Vordergrund? Wie könnte ich die Tatsache fruchtbar machen, daß der Text mir etwas in Form einer Erzählung beibringt . . .?

So könnte ich jetzt immer weiterfragen, aber der Anfang soll genügen, um zu zeigen, wie ein solches sich an den verschiedenen Intentionen eines Textes Entlangfragen eine gute Hilfe ist, sowohl um dessen inhaltliche (und formale) Elemente in je unterschiedlicher Gewichtung wahrzunehmen als auch um zu erkennen, welche Textintention mich und/oder die Gemeinde wie trifft. Insofern bildet ein solcher Arbeitsgang den Brückenschlag zur Frage nach dem ›Text für mich‹ und dem ›Text für dich‹. Ein solches Entlangfragen kann natürlich auch von der Inhaltsseite her aufgezäumt werden: Ich kann inhaltliche Schwerpunkte eines Textes danach befragen, wie sie auf der intentionalen Ebene jeweils bei mir ankommen: als Trost, Mahnung, Belehrung, Drohung . . .

4   PredigerIn und Intention

Ich habe schon im Kapitel über den Predigtaufbau betont, daß wir die Verantwortung für die Wahl unseres Predigtziels tragen. Und soeben wurde deutlich, daß wir als Predigende schon im Hören auf den ›Text für sich‹ weder von der eigenen Person noch von der Gemeinde absehen können (es sei denn um den Preis der Verdrängung). Dennoch liegen hier theologische Probleme, die zumindest als solche kenntlich gemacht sein müssen, bevor die Frage PredigerIn – Intention in praktischer Hinsicht erörtert werden kann.

Dies wird sofort ersichtlich, wenn ich die Frage, um die es jetzt geht, einmal so stelle: Ist meine Predigtintention *meiner Person angemessen*? Man mag sofort entgegenhalten, diese Frage sei nicht legitim, denn schließlich verkündigten wir nicht uns selbst, sondern Christus. Und wenn das Neue Testament den Dienst der Verkündigung mit Begriffen wie Apostel, Herold, Zeuge umschreibe, dann doch eben deshalb, um zu unterstreichen, daß hier nicht freischwebende, selbstverantwortliche religiöse Virtuosen das Wort nähmen, sondern solche, die in fremdem Auftrag und in fremder Bevollmächtigung redeten.

Allein, wie an anderer Stelle von Gehalt und Gestalt der Predigt als einem differenzierten Zusammenhang geredet wurde, so gilt das auch für das Verhältnis des Zeugen zu seinem Zeugnis. Sowenig der Zeuge mit seiner Person die Wahrheit seines Zeugnisses abdecken kann und soll, sowenig kann das Zeugnis von der Person des Zeugen abgetrennt werden.

Man erinnere sich an die Geschichte von Paulus und der Bauchrednerin in Apg 16,16ff. Diese Frau »folgte allenthalben Paulus und uns nach, schrie und sprach: Diese Menschen sind Knechte des allerhöchsten Gottes, die euch den Weg des Heils verkündigen« (V. 17). Man wird gegen den Inhalt ihres Zeugnisses theologisch nichts einwenden können. Eher schon könnte man ihren ›pastoralen‹ Eifer bewundern, denn immerhin: »Solches tat sie manchen Tag« (V. 18). Und doch sieht Paulus sich gezwungen, dieser Frau um Christi Willen Einhalt zu gebieten, genauer gesagt: der Macht, die sie antreibt: »Paulus aber tat das wehe, und er wandte sich um und sprach zu dem Geist: Ich gebiete dir in dem Namen Jesu Christi, daß du von ihr ausfahrest« (V. 18). Denn »der Herr ist der Geist; wo aber der Geist des Herrn ist, da ist Freiheit« (2Kor 3,17). Und dem Geist des Herrn widerspricht es, von ›Besessenen‹, von selbst- und willenlosen Medien, bezeugt zu werden!

Hingegen ist der Verkündiger dazu berufen, als »sündiger Mensch« »mündiger Zeuge« zu sein (*Josuttis*, Praxis, 70). Anders gesagt: Er ist dazu berufen, das ihm anvertraute Evangelium unter den Bedingungen der ihm verliehenen Gnadengaben weiterzusagen. Und in dieser Beziehung darf und muß gefragt werden können, wie sich meine Predigtintention zu meiner Person verhält, ob ich das, was ich sage, authentisch sagen kann. Nun ist für viele Authentizität, in diesem Zusammenhang gefordert, ebenfalls ein Reizwort; deshalb möchte ich deutlich darlegen, was ich damit meine und was nicht. Dazu knüpfe ich an das Regelsystem der Sprechakte an und konzentriere mich auf die – im Blick auf die Predigtarbeit heikle und mißverständliche – Wahrhaftigkeitsregel.
Diese Regel ist in Sätzen der Verkündigung nicht etwa außer Kraft gesetzt, wohl aber muß sie um ein entscheidendes Moment erweitert werden: Wenn ich im Namen Gottes etwas behaupte, etwas zuspreche, zu etwas auffordere, dann delegiere ich die Frage nach der Wahrhaftigkeit gleichsam an den, in dessen Namen ich rede: Gott ist der Garant für die Wahrheit meiner Verkündigung, nicht ich. Damit ist meine Person nun aber nicht gänzlich ausgeschaltet. Denn die Sätze meiner Predigt bleiben doch auch meine Sätze, ich bin also dafür haftbar zu machen, ob sie dem Anspruch, rechtmäßige Verkündigung des Wortes Gottes zu sein, genügen oder nicht. Stünde in diesem Sinn meine Wahrhaftigkeit nicht auf dem Spiel, würde mein Predigtwerk nicht der Rechtfertigung bedürfen, brauchte es auch nicht das Amt der prüfenden Gemeinde.

Schwieriger ist ein zweiter Punkt, der aber mit dem ersten zusammengehört. Nehmen wir den Satz: »Christus ist auferstanden«. Die Wahrhaftigkeitsregel für den Sprechakt der Behauptung lautet lapidar: Der Sprecher glaubt den Inhalt seiner Behauptung. Was sollen wir dazu sagen? Darf ich den Satz »Christus ist auferstanden« nur sagen, wenn ich fest im Glauben stehe, und muß ich ihn mir verbieten, wenn mich Anfechtung und Zweifel plagen? Authentizität, so verstanden (und bisweilen wird sie so verstanden), führt zu einer heillosen Überforderung der Predigenden, an der sie entweder zerbrechen oder der sie sich beugen, indem sie die Verkündigung heillos reduzieren auf das, was sie zum Zeitpunkt der Predigt mit ihrem Glauben – wie es unschön genug heißt – ›abdecken‹ können. So verstanden könnte ich selbst oft gar nicht predigen. Aber wieder ist die Wahrhaftigkeitsregel damit nicht für ungültig erklärt, sofern sie in zweierlei Hinsicht *präzisiert* wird. Zum einen (ich knüpfe an den vorigen Gedanken an): Ich muß die Aussage für berechtigt halten; ich muß also von der sachlichen *Stimmigkeit* dieses Satzes mit der biblischen Botschaft überzeugt sein. In unserem Beispiel ist diese Frage klar entschieden, bei einer Behauptung wie: »Gott will die 35-Stunden-Woche« bedarf sie sorgfältiger Prüfung. Zum anderen: Ich muß von der Glaub*würdigkeit* einer Behauptung überzeugt sein. Das meint: Ich muß mich als Prediger nach dem Glauben (hier im Sinne von fides) des von mir Behaupteten *sehnen*. Beide Präzisierungen gehören zusammen und bilden meinen Anteil an der Wahrhaftigkeitsregel: Weder darf ich Sätze als biblisch begründete ausgeben, die ich selbst für unbegründet halte, noch darf ich etwas biblisch Begründetes (oder Begründbares) behaupten, was ich selbst nicht nur nicht glauben kann, sondern nicht für des Glaubens wert halte. In diesem Sinne kann ich von mir selbst sagen, daß ich authentisch predige, wenn ich (trotz aller mich immer wieder befallenden Zweifel) die Präsenz des Auferstandenen ansage. Ich wäre aber unauthentisch und würde meine Wahrhaftigkeit aufs Spiel setzen, wenn ich etwa die endgültige Verwerfung eines Teils der Menschen behaupten würde, weil ich bis auf weitere Belehrung dies nicht nur nicht glauben kann, sondern auch nicht zu glauben anstrebe.

Ich habe das Problem der Authentizität am Beispiel der Behauptung erörtert. Natürlich ließe es sich entsprechend auch an anderen Sprechakten entwickeln. Es sei aber darauf hingewiesen, daß man im Einzelfall genau zusehen muß, wie groß der menschliche Anteil an der Wahrhaftigkeitsregel ist. Wer etwa von *sich* bekennt, wieviel Jesus *ihm* in seinem Alltag bedeutet, damit also bei genauem Hinsehen eine Aussage zur eigenen Person macht, auf dem lastet das

ganze Gewicht der Wahrhaftigkeitsregel; er muß dazu stehen oder
– diese Aussage unterlassen. Soviel zunächst zum theologischen
Problem der Authentizität. Die Frage: Wie verhält sich meine Predigtintention zu meiner Person? hat aber auch eine mehr hand-
werkliche Seite, der wir uns nun zuwenden können.

Die Frage bezieht sich dann zunächst allgemein auf die *persönlichen Gaben,* die die Predigenden in ihre Arbeit einzubringen haben und die über die Wahl der Predigtintention (auch des zu wäh-
lenden Genus) mitentscheiden (vgl. dazu *Denecke,* Persönlich predigen). Wessen Stärke die intellektuelle Durchdringung und Darbietung des biblischen Zeugnisses ist, der soll sich nicht scheuen,
seine Gemeinde zu belehren. Andere mögen die Gabe des Erzählens haben, andere die Fähigkeit, mit der Gemeinde auch von der
Kanzel aus über den Text ins Gespräch zu kommen, wieder andere,
mit Entschiedenheit in die Nachfolge zu rufen . . . Es darf nicht geschehen, daß über der Frage, wie ›man predigen sollte‹ (erzählend,
auslegend, seelsorglich [und wie die Stichworte heute alle heißen
mögen]), die Frage, wie jede(r) selbst predigen *kann,* zu vergessen.
Und so reizvoll und förderlich es ist, sich an dem zu versuchen, was
einem eher fremd und schwierig ist, so schade wäre es, das Licht der
besonderen Gabe, die jede(r) von uns bekommen hat, unter den
Scheffel zu stellen.

Außerdem gilt es im Blick auf die einzelne Predigt zu fragen, in welcher Weise man sich persönlich vom Text am meisten angesprochen
fühlt. Die Relation ›Text für mich‹ darf nicht zugunsten der Relation ›Text für dich‹ vorschnell verlassen werden. Denn das, wovon
ein Prediger *selbst* am meisten *angesprochen* ist, wird er auch seiner
Gemeinde am ansprechendsten vermitteln können.

Zur Authentizität gehört weiterhin die Frage danach, ob die Intention, mit der ich meine Predigt schließlich halten werde, meinem
persönlichen Verhältnis zu meiner Gemeinde entspricht. Von jungen Predigenden höre ich bisweilen, daß es ihnen ›komisch‹ vor-
komme, ihrer oftmals beträchtlich älteren Hörerschaft Ratschläge
zu erteilen, sie zu etwas aufzufordern oder sie zu ermahnen. Natürlich ist ihnen wohl bewußt, daß die Frage nach der Autorität der
Verkündigung und des Verkündigers theologisch gesehen keine
Frage des Lebensalters ist. Allein, diese Einsicht nimmt ihnen das
Gefühl der Unstimmigkeit nicht weg, und ich fände es auch problematisch, solche Gefühle mit theologischen Urteilen schlichtweg zu-
zudecken. Statt dessen wäre zu prüfen, ob angesichts dieser Lage
der Anspruch des Evangeliums nicht auch anders, d.h. der eigenen
Beziehung zur Gemeinde adäquater zur Sprache gebracht werden
kann, etwa in Form einer Erzählung, die der Gemeinde Raum gibt,

die Applikation selbst zu vollziehen, oder dadurch, daß ein Prediger zum gemeinsamen Gespräch darüber anregt, welches die ethischen Konsequenzen der biblischen Botschaft heute seien. Auch kann der Prediger an seiner eigenen Person den Anspruch des Evangeliums exemplarisch machen, indem er der Gemeinde mitteilt, in welcher Weise er sich ihm ausgesetzt sieht. Eines sollte hier in jedem Fall beachtet werden: Wenn jemand die appellative Rede aufgrund seiner Beziehung zur Gemeinde (vorerst) für unangemessen hält, dann sollte er sie auch wirklich meiden, anstatt sich hinter versteckte Appelle zurückzuziehen (z.B. indem er Appelle als Fragen kaschiert; siehe dazu ausführlich unter III, 2).

Zu den Überlegungen PredigerIn – Intention gehört schließlich noch ein ganzes Faktorenbündel, das sich aus der Tatsache ergibt, daß die Predigt eine institutionell eingebundene Rede ist und also die Predigenden neben ihrem individuellen Persönlichkeitsprofil auch ein bestimmtes *Rollenprofil* mitbringen (ob ihnen das nun paßt oder nicht). Dieses Rollenprofil ist ebenfalls nicht statisch; der Rolleninhaber ebenso wie sein soziales Feld (Gemeinde und Kirche) halten es ständig im Fluß. Und doch lassen sich einige Konstanten ausmachen, die im Blick auf die Predigt mitzubedenken sind (vgl. dazu Abschnitt I, 3). Im Blick auf einzelne Sprechakte werden wir darauf in Teil III zurückkommen; hier gebe ich zunächst wenige Hinweise, um die Aufmerksamkeit für diesen Aspekt zu schärfen.

Wer die Kanzel betritt, redet und wird gehört als *Amtsperson.* Äußerlich wird dies durch die Amtstracht symbolisiert, die ihn aus der Gemeinde heraushebt, sowie durch das ›Setting‹: Er hat das Redemonopol inne – übrigens auch dann, wenn er es sich zeitweise mit anderen teilt oder an andere delegiert. Man wird dieses Phänomen in seiner Ambivalenz sehen müssen. Einerseits wird der Amtsperson ein großer Vertrauensbonus entgegengebracht, der sich nicht zuletzt eben darin äußert, daß sie das, was sie zu sagen hat, ungestört sagen kann (empirische Untersuchungen haben uns deutlich gezeigt, daß die Institution Predigt als ein Element des gottesdienstlichen Rituals im Erleben der Hörer einen Gesamteindruck hinterläßt, der nicht einfach mit dem spezifischen Profil der je gehörten Predigt verrechenbar ist; vgl. *Daiber u.a., Predigen*). Andererseits wird durch die institutionelle Einbindung der persönliche Spielraum der Predigenden aber auch eingeschränkt. Um es zunächst allgemein zu sagen: Ein Kanzelredner ist qua Amt kein Gemeindeglied wie jedes andere, auch dann nicht, wenn er das aufgrund seiner persönlichen Neigung und/oder seiner ekklesiologischen Option nach gerne wäre. »Der Pfarrer ist anders« (Josuttis) – unbeschadet dessen, wie er den ›Spielraum‹, den ihm sein Amt setzt, im Einzelfall nutzt.

Dieser Tatsache müssen sich die Predigenden bewußt sein. Aufgrund der Machtstellung und der Autorität, die durch das Amt gesetzt sind, wird etwa eine politische Stellungnahme, die von der Kanzel geäußert wird, von den Gemeindegliedern oft mit dem autoritativen Gewicht eines Dekrets belegt werden, auch wenn das so nicht beabsichtigt war (dieselbe Äußerung aus dem Mund eines Gemeindeglieds könnte dagegen durchaus als ein Redebeitrag unter anderen verstanden werden). Welche Konsequenzen der einzelne daraus für seine Predigtpraxis zieht, ist eine offene Frage. *Helmut Gollwitzer* hat aus dem hier erörterten Grund im Nachwort zu seinen ›Politischen Predigten‹ zwischen der politischen Predigt *auf* der Kanzel (die Richtung und Linie anzuzeigen habe) und *unter* der Kanzel (wo im Gespräch mit der Gemeinde um die praktischen Konkretionen zu ringen ist) unterscheiden wollen (180f). *Manfred Josuttis* hat für das »Ich auf der Kanzel« plädiert: Es macht die (persönliche) Positionalität des Gesagten kenntlich und wahrt so den »demokratischen und dialogischen Charakter der Predigt« (Praxis, 83). Wie immer man sich entscheidet – es sollte eine bewußte Entscheidung sein, die den institutionellen Aspekt samt den daraus resultierenden Konsequenzen mitbedacht hat. Naiv wäre es, diese Fragestellung auszublenden nach dem Motto, daß faktisch nicht sein kann, was ekklesiologisch nicht sein darf.

Das Problem verschärft sich übrigens noch einmal, wenn man mitbedenkt, daß ein Prediger, indem er sein Amt wahrnimmt, sogleich auch die Kirche, die ihn berufen hat, repräsentiert. Auch dies ist ambivalent. Zum einen liegt darin Entlastung und Hilfe: Daß etwa eine durchweg belehrende oder behauptende Predigt als Wort des Trostes vernommen werden kann, hat damit zu tun, daß der kirchliche Kontext Intentionen mitsendet, die der Prediger explizit unter Umständen vernachlässigt hat (dazu mehr unter Teil III, 1). Andererseits wird ein Prediger nicht nur für das, was er persönlich glaubt, denkt, redet und tut haftbar gemacht, sondern auch für Reden und Handeln ›seiner‹ Kirche. Die pastoralpsychologischen Konsequenzen, die sich daraus für die Predigenden ergeben, kann ich hier nicht einmal andeuten. Nur ein Wort im Blick auf die Predigt: In all den Fällen, in denen die Verkündigung in Spannung zu Lehre und Handeln der Kirche steht (bzw. wenn zu erwarten ist, daß die Hörerschaft eine solche Spannung aus ihrer Optik der Kirche heraus vermutet), muß ein Prediger besonders achtsam sein. Macht er die von ihm aufgemachte Spannung nicht explizit kenntlich, besteht die Gefahr, daß sie schlicht überhört bzw. im Sinne des Gewohnten umgedeutet wird. Oder die Aussagen werden als exotisches Einzelvotum abgetan, wobei sich die Gemeinde insgeheim oder offen fragt (hoffentlich den Prediger selbst), warum sich so einer denn von der Kirche bezahlen lasse, wenn er doch gegen sie rede. Handwerklich folgt daraus, daß entsprechende Äußerungen jedenfalls nicht in Form von ›Seitenhieben‹ getan werden können. Statt dessen muß die kritische Auseinandersetzung mit der kirchlichen Tradition oder Situation explizit und gründlich geführt werden. Die ›Kirchlichkeit‹ des kirchenkritisch Redenden muß vor der Gemeinde argumentativ vertreten werden, denn die Gemeinde hat ein Recht auf Orientierung bezüglich der Frage, wo der Prediger und (falls sie seinen Worten folgt) wo sie in der Kirche ihren legitimen Ort einnehmen kann.

5   HörerInnen und Intention

Daß die Ebene ›Text für dich‹ der Ort ist, an dem die Frage nach der Intention der Predigt (unter Aufnahme der beiden anderen Relationen) schließlich entschieden werden muß, habe ich bereits in Abschnitt II, 2 festgestellt. Daran anknüpfend frage ich jetzt nach der *Angemessenheit* der Predigtintention im Blick auf ihre AdressatInnen. Wie dort geht es mir auch hier nicht um Vollständigkeit, sondern darum, anhand exemplarischer Beispiele die Aufmerksamkeit für diese Fragerichtung zu schärfen.

Ich beginne mit einigen Abgrenzungen, die den theologischen Horizont des jetzt zu behandelnden Aspektes kenntlich machen sollen.

a)   Die HörerInnen sind mehr als die Summe dessen, was man aus soziologischer, psychologischer und sonstiger Sichtweise an Fakten über sie zusammentragen kann. Dies ist zunächst noch gar kein theologischer Satz, sondern eine schlichte menschliche Anstandsregel, weshalb die in Examenspredigten zur Charakterisierung der Gemeinde leider immer wieder anzutreffenden Kurzsoziogramme nicht nur nicht hilfreich, sondern Symptom einer bedenklichen Kontaktstörung sind.

b)   Wir können die empirische Wirklichkeit unserer HörerInnen von der geglaubten nicht isolieren. Die Menschen, denen wir predigen, sind laut Aussage der Heiligen Schrift Geschöpfe Gottes, in Jesus Christus erwählte und zur Gemeinde berufene Menschen.

c)   Wenn ich von dieser geglaubten Wirklichkeit absehe, wenn ich also meine HörerInnen so betrachte, etsi deus non daretur, arbeite ich ebenso auf der Grundlage einer unerlaubten Abstraktion wie dann, wenn ich ihre Empirie dem theologischen Begriff ›des Hörers‹ opferte. *Rudolf Bohren* hält beide Seiten zusammen, wenn er die Predigenden ermutigt, ihre Hörer zu »erfinden«: »Des Hörers Möglichkeit will entdeckt, er will nicht nur in seiner Gegenwart und in seinem Herkommen entdeckt werden. Er will in seiner Möglichkeit, im Potential seiner Zukunft erkannt, das heißt eben ›erfunden‹ werden . . . Den Hörer erfinden heißt, den Vorgefundenen als vor Gott befindlich finden . . .« (Predigtlehre, 466f).

d) Welche Theologie der PredigthörerInnen die sachgemäße ist, soll hier nicht entschieden werden. Ich will nur unterstreichen, daß hier von den Predigenden eine grundsätzliche *theologische Vorklärung* verlangt ist. Denn es schafft natürlich völlig andere Voraussetzungen, ob ich meine HörerInnen als in Christus schon Versöhnte anspreche oder als solche, deren Schritt zum Glauben die Möglichkeit der Versöhnung allererst zur Wirklichkeit werden läßt, oder ob ich sie gar als massa perditionis ansehe. Diese Vorentscheidung kann auch nicht von Predigt zu Predigt neu vollzogen werden, sosehr der einzelne Text ihr eine je neue Kontur geben mag. Hat ein Prediger diese Frage aber gar nicht bedacht und entschieden, wird er in der Frage nach der Predigtintention bei noch soviel rhetorischem Know-how heillos ins Schwimmen geraten.

Über die *Empirie* unserer HörerInnen, damit auch über die Frage, was sie sich von der Verkündigung erhoffen, woran sie leiden und wonach sie sich sehnen, ist seit Beginn der 60er Jahre, spätestens seit Ernst Lange 1968 den Focus der homiletischen Bemühung auf die HörerInnen verlagerte, unendlich viel geforscht und geschrieben worden. Für unseren Zusammenhang mag ein Rückverweis auf die *genera dicendi* genügen, denn sie sind für die Predigenden an dieser Stelle von heuristischem Wert: *Vergewisserung, Erkenntnis, Wegweisung* – damit ist das Spektrum dessen umrissen, wonach die Gemeinde (zu Recht) verlangt. Und so überlege man sich, ob man einen dieser Bereiche bisher einseitig favorisiert und dafür einen anderen notorisch ausgeblendet hat. Sodann frage man sich, in welcher konkreten Ausprägung einem diese Grundbedürfnisse in der Gemeinde begegnen, ebenso, in welche Richtung die Gemeinde angesichts ihrer geistlichen Lage, angesichts einer besonderen Konfliktsituation oder eines prägenden politischen Ereignisses in besonderer Weise der Ansprache bedarf. Mehr als zur Entwicklung einer präziseren Suchhaltung werden solche Aufstellungen aber nicht beitragen können. Die für die Predigt unerläßliche Wahrnehmung der HörerInnen vollzieht sich nie anders als im gelebten Kontakt mit der Gemeinde.

Die Grundfrage bei der Festlegung des Predigtziels wird stets die sein, ob ich bei seiner Festlegung tatsächlich meine konkrete Hörer-

schaft vor Augen habe oder ob sie mir womöglich bei der Arbeit am
›Text für sich‹ und seiner Meditation ›für mich‹ (und der diesen Arbeitsgängen eigenen Dynamik) aus dem Blick geraten ist. Die folgenden Beispiele eines verfehlten Predigtziels mögen manchem allzu banal erscheinen, beruhen aber auf eigenen, schmerzhaften Erfahrungen als Predigthörer.

So bedeutet Angemessenheit im Blick auf die Gemeinde für eine
primär appellative Predigt, daß das, wozu ich auffordere oder auch
rate, von ihr bisher nicht getan wird. Einer in Sachen Frieden aktiven Gemeinde (immer) noch einmal laut und deutlich zu sagen, daß
Christen gegen das Wettrüsten ihre Stimme zu erheben haben, mag
für Prediger oder Gemeinde von psychohygienischem Wert sein
(im Sinne der Vergewisserung; eher aber wird sich Langeweile
breitmachen), ist aber als appellative Rede verfehlt. Ebenso werden
solche Appelle an der Gemeinde vorbeigehen, denen nachzukommen sie gar nicht in der Lage ist (dazu mehr im nächsten Kapitel).
Wer eine Trauergemeinde über den ›differenzierten Zusammenhang‹ von Kreuz und Auferstehung belehrt, hat sich die Frage nach
der Intention wahrscheinlich gar nicht erst gestellt. Das bedeutet
aber nicht, daß die Hauptintention jeder Beerdigungsansprache
das Trösten sein müsse. Gerade die Kasualien verleiten leicht dazu,
in Schubladendenken zu verfallen, also vor lauter Konzentration
auf ›die Kasualie‹ die Wahrnehmung des (je) einzelnen Kasus zu
überspringen. Nicht jede Trauergemeinde trauert, und nicht jede
Hochzeitsgemeinde ist dankbar und fröhlich. Das angemessene
Predigtziel will deshalb in jedem Einzelfall sorgsam erwogen sein.
Das beginnt schon mit der Frage, welche Zielgruppe ich mit meiner
Predigt primär ansprechen will: Das werden nicht unbedingt immer
die direkt Betroffenen, das können auch einmal die Freunde oder
der Kollegenkreis sein. Und dann: Welche Stimmung ist bei der anzusprechenden Zielgruppe zu erwarten? Man wird etwa bei den direkten Angehörigen eines Verstorbenen nicht ohne weiteres Trauer
voraussetzen dürfen. Ich habe ganz andere Fälle erlebt, die von
Dankbarkeit über Aufatmen bis hin zu Verbitterung und Ärger
reichten. Nicht, als ob es diese Stimmungslagen von der Kanzel herab zu diagnostizieren oder auch nur auszusprechen gelte; aber sie
wollen im Zuge der Vorbereitung möglichst präzise und ungeschminkt wahrgenommen sein, als wichtige Voraussetzung dafür,
ein dieser konkreten Hörerschaft angemessenes Predigtziel zu finden und zu verfolgen.

Auf eine Formel gebracht bedeutet Angemessenheit im Blick auf
die Hörerschaft: *Die Predigt muß für die Angeredeten interessant
und relevant sein.*

6   Mehrere Intentionen

Es ging in Teil II um die Frage nach der vorherrschenden Intention einer Predigt als ganzer. Das Wort »vorherrschend« macht deutlich, daß eine Predigt nicht auf eine (einzige) Intention reduziert zu werden braucht. Sie wird sich oft aus mehreren, intentional unterschiedlichen Blöcken zusammensetzen, die erst gemeinsam das Gesamtziel – vielleicht auch: die Gesamtziele – ergeben: Oft werden Belehrung und Appell miteinander kombiniert, ebenso Belehrung und Trost.

Man muß sich aber hüten, Intentionen miteinander zu verbinden, die sich gegenseitig ausschließen. Solche *mißglückten Kombinationen* werden selten bewußt gewählt, sie können sich aber faktisch ergeben, wenn ein Prediger selbst von einander widersprechenden Impulsen bestimmt ist und es versäumt hat, sich dies klarzumachen und sich für eine der beiden Seiten zu entscheiden.

Die innere Gespaltenheit mag ausgelöst sein durch einen *inhomogenen Adressatenkreis.* Nehmen wir den Konfirmationsgottesdienst: Zur Gruppe der zu Konfirmierenden hat der Prediger eine positive Beziehung, und so möchte er ihnen an diesem Tag gern etwas Tröstliches, Gewißmachendes mit auf den Weg geben: den Zuspruch des Segens Gottes, die Zusage Seiner Begleitung. Da sind aber auch die Eltern, die seine Mühe um die Jugendlichen in den vergangenen zwei Jahren nur allzuoft sabotiert haben. Auch jetzt sind sie samt den kamerabestückten Verwandten vor allem am äußeren Vollzug des Ritus interessiert und daran, daß der Pastor das Ganze schnell genug ›über die Bühne bringt‹, weil man für 12.00 Uhr den Tisch bestellt hat. Am liebsten möchte er den Erwachsenen einmal ordentlich den Marsch blasen; jedenfalls wird gegen eine ordentliche Portion prophetischer Schelte theologisch kaum etwas einzuwenden sein. Aber Vorsicht! Beides zusammen geht nicht. Auch dann nicht, wenn die Intention des Trostes zwar deutlich vorherrscht, daneben aber die Schelte in Form von Seitenhieben, von kleinen kritischen Nebenbemerkungen, mitläuft. Trost und Schelte schließen – in einer Sprechhandlung kombiniert – einander aus. Dabei kommt es nicht nur zu einer gegenseitigen Behinderung der Intentionen, das Gegenüber wird auch verwirrt.

Watzlawick und andere nennen eine Botschaft mit zwei einander widersprechenden Intentionen eine Doppelbindung (vgl. etwa *Watzlawick,* Kommunikation). Im Alltag sind die Intentionen oft auf verbalen Ausdruck und mitlaufende Mimik verteilt: die lächelnd vorgetragene Schelte, der mit griesgrämigem Gesicht abgestattete Dank etc. Im Extremfall, d.h. wenn solche Doppelbindungen zur festen Struktur werden (wenn etwa die Mutter dem ungewollten Kind verbal ihre Liebe beteuert und doch gleichzeitig in ihrem Körperausdruck das Gefühl der Ablehnung nicht verbergen kann), können sie geradezu verrückt machen.

Zu einer Doppelbindung kann ein Prediger auch dadurch verleitet werden, daß er einer homogenen Hörerschaft gegenüber *widerstreitende Gefühle* hat (bzw. zwischen Gefühl und Pflichtbewußtsein hin- und hergerissen ist). Wer kennt nicht das Gefühl der Ablehnung, das sich gegen jene volkskirchliche Hörerschaft aufbauen kann, von der man sich als Zeremonienmeister mißbraucht fühlt? Ich erinnere nur an manche Amtshandlung oder an manche Heiligabendgemeinde. Gleichzeitig fühlt man sich beauftragt, die Frohbotschaft auch diesen – und seien es Ignoranten – auszurichten. Wer hier nicht zuerst ehrlich Bilanz zieht und sich dann bewußt entscheidet, welche der beiden Regungen sein Predigtziel bestimmen soll, läuft ebenfalls Gefahr, sich mit seiner Gemeinde in einer Doppelbindung zu verstricken. Das wäre im Zweifelsfall schlimmer, als (einmal) eine kräftige ›Publikumsbeschimpfung‹ zu wagen – die freilich dann auch verantwortet sein will.

Anmerkungsweise sei noch hinzugefügt: Was in den letzten Überlegungen als predigtinternes Problem dargestellt wurde, findet sich faktisch auch im Verhältnis der Predigt zu ihrem Kontext, sei dies nun die Gottesdienstordnung, der Gottesdienstraum oder schließlich die Gestalt der Gemeinde. Es gibt freudlos heruntergespulte Gottesdienstabläufe, die der Predigt des Evangeliums in einer Weise Hohn sprechen, daß man geneigt ist, von einer in Szene gesetzten Doppelbindung zu reden. Und es gibt Gottesdienststätten, die im Blick auf die dort gehaltenen Predigten nur eben als ›mitlaufende Gegenkommunikation‹ angesehen werden können. Deshalb wird eine Bemühung um die Predigt sich letztlich nicht auf diese beschränken können, sondern die Frage nach Gottesdienst und Gemeindeaufbau mit einbeziehen müssen. An dieser Stelle ist mir der eng gesteckte Rahmen dieser Arbeit besonders bewußt.

III   Einige predigttypische Störungen

Auch im Blick auf einzelne Sätze oder Passagen der Predigt hilft die Einsicht in die ›Doppelstruktur‹ sprachlicher Kommunikation, Störungen präziser zu benennen und Alternativen zu entwickeln. Denn vieles, was wir schon immer als ›irgendwie‹ nicht gelungen empfanden, entpuppt sich bei näherem Hinsehen als Störung auf der Beziehungsebene bzw. als Ungereimtheit von Inhalt und Intention. Dies werde ich im folgenden an einigen ausgewählten Beispielen aufzeigen und erörtern.

1   Behauptungen

Dannowski (Sprachbefähigung, 163f; vgl. auch *ders.*, Kompendium, 119ff) hat mit Recht darauf hingewiesen, daß in der gegenwärtigen Predigt (zumindest unserer Region) die bei weitem bevorzugte Klasse der Sprechakte die der Konstativa (vgl. I, 4) ist, und unter diesen nimmt der Sprechakt der Behauptung (Information) eine deutliche Vorrangstellung ein. Zunächst ein typisches Beispiel:

»Christus ist der Mittler, er bürgt dafür, er hält diesen neuen Bund in Kraft, sein Blut der Versöhnung redet kräftiger als das Blut der Rache, er wird zum Heil erscheinen allen, die auf ihn warten. Die in diesen Bund berufen sind, können sich darauf verlassen, daß Christus den neuen Bund in Kraft hält und zum Ziel führt. Er tritt fürbittend für sie ein vor Gott, er spendet ihnen die von ihm geschaffene Versöhnung.«

Zugegeben, dieses Zitat ist aus dem Zusammenhang gerissen, aber die Predigt, der es entnommen ist, redet fast durchgängig in dieser ›Tonart‹. Und darin werden sich viele Predigende (ich zähle mich durchaus dazu) wiedererkennen: Ob es um dogmatische oder ethische Zusammenhänge geht, um die Vermittlung biblischer Einsichten oder um deren Aktualisierung – oft, allzuoft präsentieren wir das, was wir zu sagen haben, in der Art solcher Behauptungssätze. Das stimmt bedenklich. Denn »Sprechakte der Behauptung setzen ihrer inneren Struktur nach entsprechende Fragen bei den Hörern voraus. Im Sprechakt repräsentiert der Prediger an Antwort, was ich als Hörer an Frage habe« (*Dannowski*, Sprachbefähigung, 174; vgl. das oben in Abschnitt I, 3 zum Regelsystem der Sprechakte Gesagte). Dannowski wagt von daher die Vermutung: »Ist etwa die Dominanz von Sprechakten der Behauptung ein Symptom oder gar die Ursache der Beziehungsstörung zwischen Pfarrer und Gemeinde, zwischen Kirche und Welt?« Denn: »Ich habe . . . den Eindruck: Je weniger Fragen die Gemeindeglieder an die Verkündigung haben, um so mehr behauptet die Predigt. Behauptung aber wird dann zur Selbstbehauptung« (174).
Ich meine, daß Dannowski mit der zuletzt zitierten Äußerung den Bogen seiner Kritik an der behauptenden Predigtweise überspannt hat; sie wurde in der Weiterentwicklung und Rezeption der Sprechakttheorie für die Homiletik in dieser Weise dann auch nicht wiederholt. Schon *Helmut Scheler* hat daran erinnert, daß bei der Bestimmung von Sprechakten der situative Kontext mitbedacht sein will (vgl. die Abschnitte I, 3 und II, 4 dieses Kapitels), also im Blick auf die Predigt die Institution Gottesdienst, die einen entsprechen-

den Erwartungshorizont der Gemeinde impliziert. Das führt ihn zu der Einschränkung: »Innerhalb des Erwartungshorizonts der gläubigen Gemeinde kann aber auch ein Sprechakt der Behauptung durchaus Trost, Hoffnung oder Vergewisserung vermitteln« (Kommentierung, 214; vgl. auch meine Schlußbemerkung in I, 3 [S. 44f]). Durch diese differenziertere Sichtweise sind nun allerdings die Bedenken gegen ein Übermaß an Behauptungssätzen keineswegs schlichtweg ausgeräumt. Ich möchte folgende vier Punkte zu bedenken geben:

a)   Wie später noch zu zeigen sein wird, verführt der Modus der Behauptungsrede in besonderer Weise dazu, in allgemeinen Formulierungen, im schlimmsten Fall im Aneinanderreihen altbekannter Richtigkeiten steckenzubleiben. Vorab möchte ich deshalb unterstreichen, daß ich die Kontrollfrage hilfreich finde, ob den HörerInnen das, was ich in behauptender Rede sage, überhaupt fraglich ist. Sonst laufe ich Gefahr, sie mit ›fraglosen Wahrheiten‹ zu überfüttern. Auch für die einzelnen Passagen der Predigt gilt, daß sie für die Angeredeten interessant und relevant sein müssen.

b)   Nun sieht sich ein Prediger oft genötigt, seiner Gemeinde Informationen zu geben, die *er* für unerläßlich hält; man denke etwa an Hinweise zum zeitgeschichtlichen Kontext einer Perikope (Beispiel: die Situation des Volkes Israel im babylonischen Exil im Rahmen einer Predigt über Jes 40). Dagegen ist natürlich nichts einzuwenden. Im Gegenteil, im Sinne der oben genannten Regel für Behauptungen könnte man argumentieren, daß es sich in diesem Fall nicht um ›fraglose Wahrheiten‹ handele, schlicht deshalb, weil man davon ausgehen könne, daß die Gemeinde die entsprechenden historischen Informationen bisher nicht habe. Aber Vorsicht: Daß ich etwas nicht weiß, bedeutet nicht automatisch, daß ich danach frage. Deshalb kann eine Information/Behauptung unbeschadet ihrer Neuheit für mich disparat erscheinen, eben weil ich nicht danach gefragt habe und also nicht weiß, was diese Information jetzt soll, genauer: was der Sprecher mit ihr *bezweckt*. Die Folge ist, daß solche Passagen auf die HörerInnen oft abständig und langweilig wirken oder nicht einzuordnen sind. Dies läßt sich ändern, wenn man der Gemeinde eine der im Aufbaukapitel erwähnten *Hörhilfen* gibt, ihr also mitteilt, warum die entsprechenden Informationen für das weitere Verständnis der Predigt wichtig sind.

Beispiel: »Liebe Gemeinde, mancher der damaligen Hörer wird, als er diese Worte (Jes 40,1–8) vernahm, bei sich gedacht haben: Das ist zu schön, um wahr zu sein; so kann nur einer reden, der jeden Blick für die Realität verloren hat. Was ich damit meine, werden Sie besser verstehen, wenn ich Ihnen kurz die äußere Situation schildere, in die hinein diese Worte damals gesprochen sind . . .«

Oder: »Wenn Paulus dieses Wort (2Kor 4,5) sagt, steht ihm ein konkreter Gemein-
dekonflikt vor Augen (Frage: Welcher?). Deshalb möchte ich Ihnen zunächst berichten, was in Korinth vorgefallen ist . . .«

Natürlich sind Hörhilfen nur ein erster, allerdings wichtiger Schritt,
um solche Passagen verständlicher zu machen. Auf einem anderen
Blatt steht die Anschaulichkeit und Lebendigkeit, in der sie gestaltet werden; dazu verweise ich auf Kapitel 3.

c)   Wenn man den Reichtum biblischer Redeweise betrachtet,
wird man die Präferenz der Behauptungsrede nicht zuletzt als
sprachliche Verarmung bezeichnen müssen. In der Schrift wird explizit ermahnt, gebeten, geklagt, gelobt, getröstet . . ., und in den
Predigten erscheinen diese Sprechakte eingeschmolzen in behauptende, erklärende, informierende Rede: »Die Auferstehung Jesu
gibt Hoffnung auf neues Leben . . .« – »Die Versöhnung will auch
angenommen sein . . .« – »Jesus fragt auch heute nach dem Tun der
Gerechtigkeit . . .« usw. Der Hinweis Schelers mag da trösten, in
Ruhe lassen sollte er uns vor allem deshalb nicht, weil uns die behauptende Rede oft dazu verführt, im Allgemeinen, Unkonkreten
steckenzubleiben.

Um dies zu verdeutlichen, kehre ich noch einmal zu unserem Aus-
gangsbeispiel zurück. Von Christus als dem Mittler wird da geredet,
der Versöhnung bringt und Heil verheißt. Auch die weiteren Sätze
sind Behauptungssätze. Sie informieren über die Bedeutung des
Mittlers für die Berufenen: Sie können sich auf ihn verlassen, er tritt
fürbittend für sie ein, er spendet ihnen Versöhnung. Man kann diese Sätze natürlich als implizite Sprechakte des Zuspruchs oder des
Versprechens verstehen. Nehmen wir aber einmal an, der Prediger
hätte (zumindest in seiner Predigtvorbereitung) diese impliziten Intentionen einmal explizit formuliert, also etwa: »Ihr, die Gemeinde,
könnt Euch darauf verlassen . . .« oder: »Verlaßt Euch darauf, Er
spendet Euch die . . . Versöhnung.« Durch die direkten Sprechakte
wären dem Prediger seine HörerInnen in den Blick gekommen –
und damit deren Fragen: »Kann ich mich wirklich darauf verlassen? Wo erlebe ich die Kraft des neuen Bundes? Wie spendet er
Versöhnung? Wie macht er das, fürbittend für mich eintreten?«
Dem Prediger würde dann schlagartig deutlich, was er im Modus
der Behauptungsrede leicht übersehen kann: daß hier viel Gewich-
tiges ungeklärt, unausgeführt, nur eben angetippt bleibt. Insofern
hat Dannowski mit seinem Vorwurf einer Beziehungsstörung recht:
Weil der Prediger die Ebene ›Text für dich‹ ausgeblendet hat, hat er
die Beziehungsaufnahme zu seinen HörerInnen, die ihn dann auch
sofort zu einem tieferen Eindringen in die Sache genötigt hätte, ver-

säumt. Statt dessen kann er Topos an Topos reihen und wird sich dessen vielleicht nicht einmal bewußt. Die Behauptungsrede erweist sich oft als das Krisenmanagement für einen Prediger, der die Ebene ›Text für sich‹ nie verlassen hat. Ich betone noch einmal: Nicht darum geht es, in der Predigt jede Intention explizit zum Ausdruck zu bringen; aber das Umwandeln impliziter Sprechakte in explizite (zumindest bei zentralen Aussagen) hilft im Stadium der Predigtvorbereitung, das Geflecht Sache – PredigerIn – HörerInnen deutlicher wahrzunehmen, dadurch die Aussagen auch inhaltlich noch einmal neu auszuloten und sich ihrer möglichen Abstraktheit bewußt zu werden, um so regulierend und bereichernd auf die weitere Predigtarbeit einzuwirken.

d)   Eine Folge, die sich aus der Dominanz der Konstativa ergibt, besteht schließlich darin, daß die HörerInnen einseitig auf dem Empfangsbereich ›Verstand‹ angesprochen werden, unter tendenzieller Vernachlässigung des Willens und des Gefühls. Dazu noch einmal *Dannowski*: »Die oft beschriebene Verkopfung des evangelischen Gottesdienstes hat hier einen ihrer Bezüge, diese steht in Relation zum Bildungsbürgertum. Von der Predigt werden keine Handlungsimpulse mehr erwartet, sondern Wissensimpulse, und diese sind schichtenspezifisch. Die Intellektualisierung der Predigt schließt praktisch die Unterschicht aus der Kirche aus« (Kompendium, 123).

2   Indirekte Appelle

Dem Schlußzitat des vorigen Abschnitts scheint die Tatsache zu widersprechen, daß viele Predigten ethisch ausgerichtet sind. Die Predigenden möchten durch die Verkündigung das Verhalten ihrer Gemeinde beeinflussen, sie also sehr wohl auf ihren Willen (und ihr Handeln) hin ansprechen. Man sollte daher erwarten, daß sich in paränetischen Predigten gehäuft Regulativa wie Appell, Ermahnung, Aufforderung usw. finden. Das ist aber nicht der Fall. Es wird zwar ermahnt und aufgefordert, aber eben nur indirekt. Faktisch *überwiegt* auch in appellativ ›gemeinten‹ Passagen die *Behauptungsrede*.

Beispiel: »Eine Gemeinde, die dieses Wort (Gal 3,28) ernst nimmt, wird in der Frage der Apartheid nicht neutral bleiben können, mehr noch, sie wird alles in ihrer Macht Stehende tun, um den unterdrückten Schwestern und Brüdern im südlichen Afrika zu ihrem Recht zu verhelfen . . .«

Wenn man PredigerInnen fragt, warum sie eine Aufforderung in dieser Weise ›verpacken‹, äußern sie die Befürchtung, mit einem

direkt geäußerten Appell der Gemeinde zu nahe zu treten; man
wolle sie nicht mit Aufforderungen ›erschlagen‹, sondern ihnen die
Freiheit lassen, das Konstatierte selbst in einen Handlungsimpuls
umzusetzen. Ob eine explizite Aufforderung (wie sie im Neuen Testament gang und gäbe ist) tatsächlich ein Zu-nahe-Treten oder eine Freiheitsberaubung ist, scheint mir fraglich. Ich halte solche Befürchtungen eher für eine Katastrophenphantasie, die die Wirkung
der Predigt überschätzt. Aber nehmen wir einmal an, es verhielte
sich so, und eine direkt vorgebrachte Aufforderung hätte tatsächlich einmal eine so ›durchschlagende‹ Wirkung wie Jesu Wort an
den reichen Jüngling: Ist das denn nun schlimmer als eine indirekt
herbeigeführte ›Katastrophe‹ (wenn anders doch auch der versteckte Appell Wirkung erzielen will)? Für die Gemeinde sicher
nicht, wohl aber für die Predigenden: Durch einen explizit geäußerten Appell machen sie sich nämlich viel angreifbarer als dadurch,
daß sie nur ›etwas in den Raum stellen‹, hoffend, die Gemeinde
werde es schon in der beabsichtigten Weise auf ihr Handeln beziehen. Letztlich geht es auch hier um die Frage, ob die Predigenden
bereit sind, für das, was sie erreichen wollen, ihren Teil an Verantwortung zu übernehmen. Im anderen Fall verhalten sie sich wie jemand, der in die Luft schießt in der Hoffnung, es möge schon eine
Taube herunterfallen, die sich dann allerdings selbst zuzuschreiben
hat, daß sie die Flugbahn der Kugel kreuzte. Wer will, mag sich
dann damit trösten, daß – so ein Ergebnis der Hannoverschen Pre-
digtanalyse – eine indirekte Aufforderung ohnehin oft nicht gehört
wird, weil die eingesetzten konstativen Mittel das ›eigentlich‹ Intendierte ohnehin überdecken (vgl. *Daiber,* Predigen, 184). Nur:
Wozu dann der ganze Aufwand? Oder betreibt man ihn deshalb,
um das gute Gewissen zu behalten, die ethischen Konsequenzen zumindest ›angesprochen‹ zu haben?
Für diese Vermutung spricht eine andere, ebenfalls weitverbreitete
Art des indirekten Appells: die *rhetorische Frage.*

Beispiel: »Müßten wir nicht alle viel mehr dafür tun, um den Hunger in der Welt zu
bekämpfen?!«

Mit diesem Satz hält sich der Prediger alle Türen offen. Sollte ihm
nachher ein Gemeindeglied vorwerfen, er traue sich nicht, ethisch
eindeutig zu reden, dann kann er darauf verweisen, daß er doch
deutlich herausgestellt habe, daß wir viel zuwenig für die Hungern-
den tun (Tadel) und uns viel mehr anstrengen müßten (Aufforderung); der Hörer ist selbst schuld, wenn er das nicht herausgehört
hat. Sollte aber jemand gegen die Aussage des Predigers Einspruch

erheben, etwa unter Verweis darauf, daß die Gemeinde doch schon
soviel unternehme, spendefreudig sei usw., dann kann der Prediger
erwidern: »Man wird doch zumindest noch die *Frage* stellen dürfen«; der Hörer ist selbst schuld, wenn er die feinen sprachlichen
Nuancen überhört. So gesehen ist der Appell in Form der rhetorischen Frage auch eine Art der Doppelbindung. Er verbindet das
Drängende mit dem Tastenden und sollte vor allem an den Stellen,
auf die es einem Prediger ankommt, möglichst vermieden werden.
Etwas anderes kommt nämlich noch hinzu: Eine rhetorische Frage
wie die unseres Beispiels kann man so stehenlassen. Sie hat etwas in
sich Abgeschlossenes, Fertiges; der Hörer mag sie mit ja oder nein
beantworten, aber sie drängt nicht notwendig nach inhaltlicher
Fortführung. Deshalb kann man – und es geschieht faktisch – ein
ganzes Bündel ethischer Forderungen in dieser Form aneinanderreihen:

> »Müßten wir nicht unsere Stimme erheben, wo die Fremden in unserer Stadt be-
> nachteiligt, angefeindet, ja sogar tätlich angegriffen werden? Kann es uns gleichgül-
> tig sein, daß über Behinderte Witze gemacht werden, daß sie zwar versorgt, nicht
> aber als gleichberechtigte Partner ernst genommen werden? Und müssen wir als
> christliche Gemeinde nicht Einhalt gebieten, wenn gestrauchelte Menschen, wie
> unsere Stadtstreicher, von der Polizei vertrieben werden? Wäre es nicht viel nötiger
> zu fragen, was diese Menschen in ihre ausweglose Situation gebracht hat? Und
> müßten nicht kurzfristig Unterkünfte geschaffen werden, die ein menschenwürdi-
> ges Leben gewährleisten . . .?«

Was oben als eine Gefahr der Behauptungsrede herausgestellt wurde, wiederholt sich beim indirekten Appell: Weil ihm der Hörerbe-
zug fehlt, *verführt* er dazu, *im Allgemeinen zu verbleiben.* Auch hier
stelle man sich einmal vor, der Prediger hätte zumindest bei seiner
Vorbereitung den Appell direkt geäußert. Etwa: »Wir als Gemeinde müssen uns vor die Stadtstreicher stellen« oder noch gezielter:
»Ihr müßt Euch vor die Stadtstreicher stellen . . .« Dann kämen unweigerlich die HörerInnen und ihre möglichen Reaktionen auf diesen Satz in den Blick. Und diese Reaktionen wären sicher kein blo-
ßes Ja oder Nein, sondern zunächst einmal eine ganze Reihe von
Rückfragen: »Müssen wir das wirklich? – Wieso gerade wir? – Wieso gerade vor diese Leute? – Haben die das verdient? – Wollen die
denn etwas anderes? – Und wenn wir für sie eintreten, wie soll das
denn gehen? . . .« Oder ganz kurz: »Nun werden Sie aber mal konkret, Herr Pastor!« Dem Prediger würde so deutlich, daß und in
welche Richtung er seine Aufforderung zu präzisieren hätte.
Vieles von dem, was wir in Predigten als pauschal, als vollmundig,
als Rundumschlag kritisieren, ist dadurch zustande gekommen, daß

sich die unklare oder ungeklärte Intention in inhaltlicher Allge-
meinheit fortsetzte.

Es geht nicht darum, sich die rhetorische Frage zu verbieten; das
geht auch gar nicht, denn sie gehört auch in der Umgangssprache
zum stehenden Repertoire (»Könnt Ihr nicht mal etwas leiser
sein?« – ›befiehlt‹ der Vater). Aber gerade weil sie uns so leicht
über die Lippen geht, sollten wir ihre Gefahren kennen und kritisch prüfen, ob wir ihnen erlegen sind.

3   Probleme mit der Anrede

Eine die Predigenden durchgängig beschäftigende Frage betrifft
die Form der Anrede ihrer Gemeinde (zum theologischen Problem vgl. *Josuttis*, Praxis, 70ff).

Klar ist, daß die Frage nach der Anrede nicht pauschal beantwortet werden kann. Aber wer für den Beziehungsaspekt bzw. für das
Inhalt/Beziehungsgeflecht von Rede erst einmal sensibilisiert ist,
braucht im Grunde nur eine Regel zu befolgen, um sich in jedem
Einzelfall sicher entscheiden zu können: *Die Form der Anrede
muß stimmen.* Diese Regel lautet einfach, bei ihrer Anwendung
will aber bedacht sein, daß im Blick auf die Stimmigkeit alle für
die Predigt relevanten Bezugsgrößen mitbedacht sein wollen, wobei mal die eine, mal die andere von besonderem Gewicht ist.

So steht bei der Überlegung, ob ich meine Gemeinde generell
›per *du(ihr)*‹ oder ›per *sie*‹ anrede, die Frage im Vordergrund, ob
dies mit meinem sonstigen Verhältnis zur Gemeinde überein-
stimmt. Das Ergebnis wird für einen Studentenpfarrer anders
ausfallen als für die Predigerin in einer Großstadtgemeinde, und
hier wiederum wird die Frage des Alters eine Rolle spielen.

Ein Prediger, der eigene Erfahrungen, ein persönliches Bekenntnis oder ein Stück der eigenen Biographie in die Predigt einbringt,
verhält sich stimmig zum Inhalt seiner Aussagen, wenn er in diesen Passagen das »*Ich*« nicht scheut:

»Als ich mich fragte, welche Erfahrungen und Erlebnisse ich mit diesem Wort
(Ps 139,5) verbinde, da stiegen nicht nur gute und tröstliche Erinnerungen in mir
auf. Es war vielmehr so, daß ich mich zunächst an Situationen erinnerte, in denen
dieses und ähnliche Worte mir Angst gemacht haben. ›Gott sieht Dich überall‹ –
›Vor Gott kannst Du nichts verbergen‹ – ›Vor Gott kannst Du Dich nicht verstecken‹ – das waren Sätze, die ich in meiner Kindheit als Bedrohung empfand.
Es war schlimm, sich ständig beobachtet zu fühlen, und das nicht nur bei allem,
was ich tat; sogar meine geheimsten Gedanken lagen vor Gott ja offen zutage
. . .«

Ebenso wird ein Prediger »ich« sagen, wenn er der Gemeinde eine
dezidiert eigene Meinung oder Lagebeurteilung mitteilt:

»Mancher mag das anders sehen, aber ich finde die Einführung dieses Tages (sc.
des ausländischen Mitbürgers) nicht nur begrüßenswert. Ebenso deutlich wie seine
Chance sehe ich nämlich auch die Gefahr, die darin liegt, daß eine Frage, die uns
täglich beschäftigen sollte, auf diesen Tag beschränkt bleibt . . .«

Im ersten wie im zweiten Fall hätte der Prediger das »Ich« umgehen
können durch eine allgemein konstatierende Aussage: »Der Text
hat auch etwas Bedrohliches . . .« oder durch ein vereinnahmendes
»Wir«: »Wir alle erleben diesen Tag mit gemischten Gefühlen . . .«,
aber das würde der Klarheit der Kommunikation und also auch der
Orientierung der HörerInnen Abbruch getan haben.
Sind dagegen PredigerInnen und HörerInnen vom Inhalt einer
Aussage in gleicher Weise betroffen, gibt es keinen Grund, das
» Wir« zu meiden:

»Wir wären schlecht beraten, wenn wir die Warnung, die in diesen Worten liegt,
überhören würden . . .«

Im Einzelfall bedarf aber gerade *das » Wir« in der Predigt* einer
Kontrolle. Ich nenne drei Gefahren:
a)   Amos 3, 6b: »Ist etwa ein Unglück in der Stadt, das der Herr
nicht tut?«

Dazu der Prediger: »Wir tun uns schwer, das auch nur in Ruhe zu bedenken. Alles
in uns wehrt sich dagegen, geschehenes Unglück auf Gottes Handeln zurückzufüh-
ren . . .«

Ich halte dieses »Wir« für problematisch, weil der Prediger seine
Hörer damit vereinnahmt: Als gäbe es nicht genug Christen, die in
der angeschnittenen Frage ganz anders denken.
b)   Es gibt aber auch das Gegenteil. In der Predigt eines allseits ge-
achteten und im missionarischen Gemeindeaufbau engagierten
Kirchenmannes lese ich den Satz:

»Sind wir nicht in Wirklichkeit längst drauf und dran, miteinander den Glauben zu
verlernen?«

Dieses »wir« nehme ich ihm nicht ab. Mag er wie jeder Christ eigene Zweifel und Anfechtungen kennen, so sind sie doch von anderer
Qualität als der zunehmende Säkularismus, um den es in der hier zi-

tierten Passage geht. Es geschieht oft, daß sich Prediger aus falsch verstandener Solidarität in Mahnung, Appell oder Kritik, die im Grunde genommen anderen gelten, mit einbeziehen. Das stiftet Verwirrung, verwischt die Konturen einer Aussage und – erhöht womöglich noch den Druck. Denn wenn sich schon dieser in meinen Augen geachtete und in seinem Glaubensleben vorbildliche Prediger um den eigenen Glauben sorgt, wie besorgniserregend muß dann erst meine Lage sein!?

Psychologisch betrachtet stellen die unter den Punkten a und b besprochenen Formen des »Wir« zwei komplementäre Arten von *unklaren Ich-Grenzen* dar. Im Fall a wurde das eigene Denken nach außen projiziert, d.h. mit der Andersartigkeit der anderen wurde zu wenig gerechnet. Im Fall b gab der Prediger seine eigene Andersartigkeit auf und ging mit den anderen in Konfluenz. Beides schafft unklare Verhältnisse.

c)   Ehe ein Prediger »Wir alle« sagt, sollte er noch einmal innehalten: Wie »nie« und »immer« stimmt auch »alle« nur in ganz seltenen Fällen. Ansonsten verführt es zur Pauschalisierung, und von da ist es nur noch ein Schritt zu jenem salbungsvoll-›uneigentlichen‹ Kanzelton, dem der Komiker Otto (Waalkes) in seinem Wort zum Sonntag ein allen Predigenden zur Warnung aufgerichtetes Denkmal gesetzt hat. Damit komme ich zu einem letzten Punkt.

4   Einladung und Erlaubnis

Bisweilen bekommt man den Eindruck, die Predigenden würden mit Beginn der gottesdienstlichen Redesituation einen Teil ihrer sprachlichen Kompetenz verlieren. Ich denke dabei an jene seltsam gewundenen, ›unnatürlichen‹ Sprechakte, die nicht erst in der Predigt, sondern oft schon in der Begrüßung der Gemeinde auftauchen:

> »Ich begrüße uns alle ganz herzlich zu diesem Gottesdienst . . .«; »Ich lade Sie ein, Lied 288 aufzuschlagen . . .«; »Ich darf Sie bitten, beim Orgelnachspiel noch sitzen zu bleiben . . .«

Ich vermute, daß solche Töne in bester Absicht angeschlagen werden. Die Predigenden wollen signalisieren, daß sie sich als Teil der Gemeinde verstehen, deshalb sagen sie: »Ich begrüße uns . . .«; sie wollen nicht autoritär, nicht von oben herab wirken, deshalb mildern sie Aufforderung und Bitte ab. Ich glaube aber, daß die dazu eingesetzten Mittel dies nicht zu leisten vermögen. Was ›ankommt‹, ist nicht die gute Absicht, sondern der Eindruck, daß hier

in seltsamer Weise anders geredet wird als sonst, und das schafft bei
vielen Fremdheit und Distanz:»Hier redet eine(r) typisch kirch-
lich.« Dem *betont* Feierlichen, Höflichen, Zurückgenommenen
gegenüber ist dem Natürlichen allemal der Vorzug zu geben. Das
gilt erst recht für das *betont* Verbindliche!

Was nun im Blick auf die eben zitierten Beispiele allenfalls als An-
gewohnheit oder ›Marotte‹ durchgehen mag, wird in der Predigt
selbst schnell zum ernsthaften Problem sprachlicher Verschleierung. Dies möchte ich an zwei Sprechakten verdeutlichen.

a)   Die *Einladung.* Statt eines einzelnen Predigtzitats nenne ich
einige Themenbereiche, von denen oft im Modus der Einladung
geredet wird: Einladende Gemeinde, Einladung zur Umkehr, Einladung zur Neubesinnung, Einladung zur Aufgabe falscher Sicherheiten.

Nun gehört zum Regelsystem einer Einladung, daß sie dem Gegenüber prinzipiell die *Freiheit* einräumt, *diese anzunehmen oder
auch auszuschlagen.* Darin unterscheidet sie sich vom Sprechakt
der Vorladung, aber auch des Aufrufs oder des Befehls, die auf je
eigene Weise die Angeredeten deutlicher in Pflicht nehmen. Aus
diesem Grund halte ich die oben genannten Kombinationen für eine tendenzielle Verharmlosung. Wenn »einladende Gemeinde«
mehr meint als die Einladung zu bestimmten Veranstaltungen,
wenn sie sich auf den Herrn der Gemeinde selbst bezieht, dann
verschleiert das Wort »Einladung« die Unbedingtheit seines Ru-
fes. Das gilt erst recht für »Einladung zur Umkehr« und »Einladung zur Nachfolge«: Daß Buße und Nachfolge faktisch verweigert werden können, ist eines, ein anderes, ob ich im Sprechakt der
Einladung solche Verweigerung als eine von zwei akzeptablen
Möglichkeiten ausdrücklich zubillige.

Etwas zweites kommt hinzu: Der Sprechakt der Einladung setzt
seiner inneren Struktur nach voraus, daß das, wozu eingeladen
wird, dem Angeredeten Freude bereitet: ein Fest, ein Essen, eine
Vernissage, ein Konzert. Auch in dieser Hinsicht ist die »Einladung zur Umkehr« eine tendenzielle Verharmlosung. Zwar ist
Umkehr nach biblischem Verständnis etwas für den Menschen
Gutes, etwas, was ihn einer ganz neuen Qualität von Freude entge-
genführt, aber der Schritt als solcher macht auch Mühe, fordert
Selbstbeschränkung und Verzicht – nicht umsonst zieht der »reiche Jüngling« betrübt von dannen. Wer zur Umkehr einlädt, blendet durch die Wahl seines Sprechaktes diese den Menschen belastende Seite der Umkehr aus. Würde ein Arzt den Patienten zu einer unumgänglichen Operation einladen, so würde sich dieser, was
das Belastende dieses Schrittes angeht, nicht ernst genommen füh-

len, unbeschadet seiner Einsicht, daß die Operation ›eigentlich‹ gut
für ihn ist.

Für die Predigt bedeutet das: Entweder nimmt der Angeredete die
geäußerte Intention beim Wort, dann muß er den Inhalt verharmlosen, oder er nimmt den Inhalt in seiner ganzen Konsequenz ernst,
dann ärgert er sich über die verschleiernde Intention – oder aber er
hört überhaupt auf, ganz genau hinzuhören und nachzufragen,
»weil in der Kirche halt so geredet wird . . .«

b)　　Ähnlich steht es mit dem Sprechakt der *Erlaubnis,* angezeigt
durch das Wort *dürfen:*

> »Weil wir in Christus versöhnt sind, dürfen wir Gott unsere Schuld bekennen.«
> »Ihr dürft einander vergeben!«
> »Vor Gott dürfen wir unsere selbstgebastelten Sicherheiten fallenlassen.«

Solche Sprechakte der Erlaubnis finden sich oft in paränetisch aus-
gerichteten Predigtteilen. Nach seiner inneren Struktur räumt auch
der Sprechakt der Erlaubnis dem Gegenüber prinzipiell die Freiheit ein, »Nein, danke« zu sagen. Und was den Inhalt betrifft, setzt
der, der eine Erlaubnis erteilt, voraus, daß er damit einem Wunsch
seines Gegenübers nachkommt (»Du darfst heute ins Kino gehen«
– »Du darfst noch etwas mit Deinen Freunden spielen«). Das gleiche gilt auch für eine Variante der Erlaubnis, nämlich für die *Entlastung*: »Du brauchst heute nicht beim Abwasch zu helfen« – »Ihr
braucht Euch keine Sorgen zu machen.« Diese in sich stimmigen
Alltagsbeispiele lassen die doppelte Unstimmigkeit der zitierten
Predigtsätze leicht erkennen. Wo es um Schuldbekenntnis, Verge-
bungsbereitschaft etc. geht, kann es nicht unser Interesse sein, den
HörerInnen ein »Nein, danke« prinzipiell einzuräumen, und ebensowenig werden wir davon ausgehen können, daß die HörerInnen
sich nach jenen Dingen gesehnt hätten, so daß es nur noch der Erlaubnis bedürfte, sie ins Werk zu setzen. Ein Appell oder eine deutliche Mahnung wären hier angemessener.

Um es noch einmal deutlich zu betonen: Ich weiß sehr wohl, daß
auch eine verdeckte Intention, hier also die als Erlaubnis kaschierte
Mahnung, von der Gemeinde ›irgendwie‹ verstanden wird. Warum
ich solche Art zu reden aber problematisiere, hängt nicht zuletzt mit
einer Beobachtung zusammen, auf die wir in diesem Kapitel immer
wieder gestoßen sind, daß nämlich Unklarheit auf der Beziehungsebene sich oft in einer Verkürzung der Inhalte fortsetzt, ja den Prediger hierzu geradewegs verführt. Das läßt sich im hier besprochenen Fall noch einmal gut zeigen. Weil der Sprechakt der Erlaubnis
im Regelfall einen (ausgesprochenen, zumindest aber unterstell-

ten) Wunsch des Gegenübers voraussetzt, ist mit dem Erteilen der Erlaubnis die Sinnsequenz *geschlossen*. Der Satz »Ich erlaube Dir, ins Kino zu gehen« nötigt zu keiner Fortsetzung: Besteht der unterstellte Wunsch, freut sich der Angeredete und geht, besteht er nicht, lehnt er dankend ab. Anders verhält es sich mit einer Mahnung. Der Satz: »Sieh Dir endlich einmal einen guten Film an!« eröffnet eine Sequenz, sofern sich der Sprecher mit Reaktionen des Ermahnten auseinanderzusetzen hat wie: »Muß das sein?«, »Was Du schon gut nennst!«, »Immer willst Du mir vorschreiben, wie ich meine Freizeit zu verbringen habe!« etc. Auf unser Predigtbeispiel bezogen nötigt der Satz: »Wir dürfen unsere . . . Sicherheiten fallenlassen« zu keiner weiteren Ausführung, weil er voraussetzt, die positive Antwort auf ein Verlangen der Gemeinde zu sein. Schon die Behauptung: »Wir sind imstande . . .« und erst recht die Aufforderung: »Lassen Sie uns . . .« ändert die Lage erheblich, denn jetzt geraten die möglichen Widerstände der Angeredeten in den Blick, die u.U. aufgegriffen und bearbeitet werden müssen.

Wenn ich Predigende auf ihre ›uneigentlichen‹ Einladungen oder Erlaubnissätze angesprochen habe, bekam ich bisweilen die Antwort, eine direkt geäußerte Mahnung oder Aufforderung klinge ihnen zu ›gesetzlich‹. Nur: ›Gesetzlichkeit‹ wird nicht durch ihre sprachliche Verschleierung vermieden.

IV   Zwei Leitfragen zum Schluß

Ausgehend von der Frage, welche Bedingungen erfüllt sein müssen, damit Verständigung gelingen kann, erwies sich die Einsicht in die Doppelstruktur sprachlicher Kommunikation als hilfreicher Ansatz, eine Fülle von Verständigungsbarrieren klarer zu durchschauen und zu ihrer Überwindung beizutragen. Anstatt die Einzelbeobachtungen und Hinweise nun noch einmal aufzulisten, schließe ich mit zwei Leitfragen, die den Predigenden helfen mögen, den hier erarbeiteten Aspekt von Rede fortan deutlicher in die eigene Predigtarbeit einzubeziehen.

1.   Ein Sprichwort, das diesem Kapitel als Motto hätte voranstehen können, lautet: »Wer etwas können will, muß etwas wollen können.« Wie hilfreich dieses Wort für die Predigenden ist, wurde mir deutlich, sooft in Predigtbesprechungen die Intention einer Predigt problematisiert wurde. Eine häufig geäußerte Reaktion der VerfasserInnen lautete: »Mir wird klar, daß ich mir die Frage, was ich eigentlich wollte, gar nicht bewußt gestellt habe.« Von daher lautet die erste Leitfrage: *Was will ich?*

Diese Frage kann sich auf die Predigt als ganze, aber auch auf einzelne Passagen oder Sätze beziehen. Im Zweifelsfall wird sich ihr die Kontrollfrage anschließen, ob die beabsichtigte Intention angemessen gewählt ist.

2. Eine andere typische Reaktion konnte ich feststellen, wenn im Gespräch auf unklare oder verdeckte Intentionen einer Predigt eingegangen wurde. Da wird ein Prediger zum Beispiel gefragt: »Warum hast Du denn nur *über* den Trost geredet, anstatt ihn der Gemeinde direkt zuzusprechen?« Oder: »Warum hast Du am Schluß eigentlich nur Fragen gestellt, anstatt Deine Gemeinde einmal direkt mit dem Anspruch des Evangeliums zu konfrontieren?« Antwort: »Aber das habe ich doch gemeint!«

Von daher lautet die zweite Leitfrage: *Sage ich, was ich meine?*

Es wäre für die Verständigung schon viel gewonnen, wenn unsere Gemeinde uns beim Wort nehmen könnte, anstatt das Gemeinte irgendwo ›in, mit und unter‹ dem Gesagten erschließen zu müssen.

Kapitel 3
Die Konkretheit der Predigt

I Die Ebene der Sprache

Ich beginne mit einem Beispielsatz, den ich *Horst Hirschlers* Überlegungen zum Thema entnehme. Er lautet: »Ein Mann geht um ein   (1)
Haus« (Konkret, 11). Dieser Satz erscheint auf den ersten Blick
konkret: Mann, Haus, gehen – diese Wörter können wir mit der uns
umgebenden Realität zusammenbringen; wir wissen, was ein Mann
ist, haben eine Vorstellung von Häusern und von der Bewegung, die
das Wort gehen anzeigt. Anders der Satz: »Ein Lebewesen bewegt   (2)
sich um ein Objekt.« Dieser Satz besteht im Grunde nur aus Wort-
hülsen. Wir würden zurückfragen: »Was für ein Lebewesen? Welcher Art ist seine Bewegung? Was für ein Objekt ist gemeint?«;
oder kürzer: »Sag doch mal genau, was Du eigentlich meinst!« Allein, in abgestufter Weise bedarf auch der erste Satz der Erklärung.
Wenn ich durch den Kontext nicht weitere Informationen geliefert
bekomme, werde ich auch hier zurückfragen: »Welcher Mann?
Welches Gebäude? . . .« Konkret im Sinne von anschaulich, vor-
stellbar wäre dagegen etwa der Satz: »Der Dieb schleicht um die   (3)
Villa.«
Dieses Beispiel macht auf das Problem *abstrakter Begrifflichkeit*
aufmerksam, die in Predigten immer wieder anzutreffen ist. Da ist
die Rede von Sorgen und Nöten, von den Fragen, die uns bedrän-
gen, von Wünschen, Sehnsüchten, von Unrecht etc. Machen wir
uns deutlich: Abstrakte Begriffe vermögen die Wirklichkeit nur
schemenhaft einzufangen. Man kann sogar fragen, ob der, der sich
durchgängig abstrakter Redeweise bedient, mit der Wirklichkeit,
die er anzusprechen trachtet, überhaupt schon in Kontakt getreten
ist. Eskimos etwa haben für das, was wir »Schnee« nennen, vierzig
verschiedene Bezeichnungen. Kein Wunder: Da es hier um einen
elementaren Bereich ihrer Lebenswirklichkeit geht, unterscheiden
sie sprachlich sehr genau zwischen den verschiedenen Phänome-
nen, die wir unter dem Begriff »Schnee« zusammenfassen (schon
zur Verständigung unter Wintersportlern reicht der Sammelbegriff
Schnee nicht aus). Ebenso wird ein Förster kaum zu jemandem sagen: »Sieh einmal den Baum dort!« Er wird von der »Esche« reden,
von der »Kiefer« oder der »Buche«. Das, was uns wichtig ist, das,

was wir kennen und womit wir in Kontakt sind, bezeichnen wir konkret. Jemand, der von der Flora nichts versteht und/oder sich dafür nicht interessiert, mag sich zufriedengeben, wenn ich ihm erzähle, daß im Frühjahr auf Kreta viele Blumen zu bewundern sind. Im anderen Fall wird er zurückfragen:»Welche?« Überspitzt formuliert könnte man im Blick auf unser Eingangsbeispiel sagen: Es ›gibt‹ keine Männer und keine Häuser; es ›gibt‹ Diebe, Briefträger, Polizisten, Vertreter, Beamte des Elektrizitätswerks..., es ›gibt‹ Einfamilienhäuser, Villen, Buden, Wohnblocks oder Geschäftshäuser. »Mann« und »Haus« sind Sammelbegriffe, die eine unendlich große Vielzahl von Einzelphänomenen repräsentieren. Ich muß also immer dann, wenn es mir darum geht, in meiner Predigt einen Ausschnitt von Wirklichkeit so zur Sprache zu bringen, daß die HörerInnen sich vorstellen können, was ich meine, eine entsprechende Ebene sprachlicher Konkretheit wählen. Die Frage ist: Warum tun wir's so oft nicht, warum verbleiben wir so oft auf der Ebene der ›Ein-Mann-geht-um-ein-Haus‹-Sätze?

Zunächst ist festzuhalten, daß es hier nicht darum gehen kann, abstrakte und konkrete Rede gegeneinander auszuspielen. Alles hat seine Zeit. Und wo es darum geht, die Vielfalt der Phänomene zusammenzufassen, zu ordnen, gleichsam Schneisen durch den Wust der Wirklichkeit zu schlagen, werden wir ohne solche Sammelbegriffe gar nicht auskommen können. Im Gegenteil, wir sollten dankbar sein, daß uns unsere Sprache auch diese Möglichkeit bietet. Es bleibt aber die Frage, warum wir uns der abstrakten Redeweise auch dort bedienen, wo sie im Grunde genommen disfunktional ist, weil wir etwas anderes bezwecken, nämlich den HörerInnen ein Stück Lebenswirklichkeit vor Augen zu malen. Daß wir durch unsere akademische Bildung zur abstrakten Redeweise vordisponiert sind, ist sicher richtig, als Antwort aber deshalb zu unspezifisch, weil auch AkademikerInnen im Alltag durchaus in der Lage sind, konkret über die Dinge zu reden. Zu fragen ist deshalb, was uns in der Situation der Kanzelrede zur Abstraktion verleitet.

Ein Grund mag darin bestehen, daß wir mit dem, was wir in unseren Predigten sagen, alle HörerInnen erreichen wollen. Deshalb reden wir von Sorgen und Nöten, weil wir hoffen, der einzelne möge sich mit seiner je speziellen Not, mit seiner je konkreten Sorge unter diesem Allgemeinbegriff wiederfinden. Ich will nicht rundweg bestreiten, daß das funktioniert. Aber man halte sich vor Augen: Wer so allgemein von Nöten redet, wird auch den Trost des Glaubens auf einer abstrakt-begrifflichen Ebene aussprechen müssen, denn ein konkret ausformulierter Trost könnte ja an der u.U. ganz anders gelagerten Not, die ein Hörer mit dem Begriff assoziierte, vorbeigehen. Und so wird das Ganze am Ende abstrakt, blutleer, lebensfern bleiben – eine Aneinanderreihung von Gedankengängen, die dem Vorwurf des Wirklichkeitsverlustes wenig entgegenzusetzen hat. Darum wird es auch in allen folgenden Überlegungen zum Thema Konkretheit gehen: *Spiegelt unsere Predigt wider, daß wir mit der Wirklichkeit, von der wir reden, in Kontakt stehen, und ermöglicht sie den HörerInnen, sich das, wovon die Rede ist, im intendierten Sinn vorstellen zu können?* Dabei macht es zunächst keinen Unterschied, um welchen Ausschnitt von Wirklichkeit es sich handelt, ob um die Welt der Bibel oder die Lebenswelt der Gemeinde. Auf der Ebene der Sprache möchte ich diese Grundfrage an vier Punkten vertiefen.

1 Reihungen

Irgendwie haben wir wohl schon immer geahnt, daß Sammelbegriffe wie die oben erwähnten zur Abbildung von Wirklichkeit problematisch sind. Und deshalb begnügen wir uns dann auch nicht damit, von Sorgen zu reden, nein, wir reden von Sorgen und Nöten, oder, noch ›besser‹, von Sorgen, Nöten und Problemen, von Ausbeutung, Hunger und Unterdrückung. Der ironische Unterton will sagen: Reihungen von Sammelbegriffen lösen nicht deren Problem, sondern verstärken es eher noch. Sie suggerieren Konkretheit, wo keine ist: Die Predigt hat vieles angesprochen, aber wenig zur Sprache gebracht.
Aber auch hier gilt wieder: Es geht nicht um Ge- oder Verbote, sondern um ein nüchternes Einschätzen von Chancen und Grenzen sprachlicher Mittel. Die *positive Chance einer Reihung* sehe ich darin, sich ihrer Form als eines *bewußt eingesetzten Stilmittels* zu bedienen, um die Wucht bzw. das Gewicht eines Tatbestandes sprachlich widerzuspiegeln. Wenn Paulus in Röm 1,28ff in einer Reihung von 22 Gliedern die Laster der Heiden aufzählt, dann nicht zu dem Zweck, diese Laster anschaulich werden zu lassen (das tut Paulus an anderen Stellen), sondern dieser nicht enden wollende Katalog hämmert gleichsam durch seine Form den LeserInnen die Hauptaussage von der Dahingabe der Heiden in die Verwerflichkeit in die Ohren. Was hier wirkt, ist mehr die durch die Form einer Aufzählung bewirkte Atmosphäre als der Inhalt der einzelnen Glieder. Dazu noch ein Predigtbeispiel:

»Umweltprobleme, Naturkatastrophen, Krieg, Ausbeutung, Gewaltverbrechen . . . – man traut sich kaum noch, die Nachrichten einzuschalten.«

Als Darstellung von Wirklichkeit wäre diese Reihe schwach, sie
tippt nur an und bleibt im Allgemeinen; aber sie ist hilfreich, um die
Aussage des Nachsatzes ›atmosphärisch‹ vorzubereiten und also
plastischer werden zu lassen.
Ich möchte in diesem Zusammenhang noch kurz auf ein Problem
eingehen, das an der Stelle des Gottesdienstes auftreten kann, an
der Reihungen gehäuft auftreten: im *Fürbittengebet.*

> Ein Prediger bittet in einer Passage seines Gebetes für »Alleinerziehende, Behin-
> derte, Drogenabhängige und Gastarbeiter« – sehr zum Ärger seiner Gemeinde!

Das Phänomen, an dem er gescheitert ist, möchte ich das ›versteckte Tertium comparationis‹ nennen. Natürlich hatte sich der Prediger bei dieser Zusammenstellung etwas gedacht. Die hier genannten Personengruppen sind jede in ihrer Weise von der Gesellschaft
benachteiligt und/oder leiden an ihr. Aber so wird die Reihe nicht
gehört. Was gehört wird, sind Nachbarschaften – und da mag sich
mancher der Genannten beleidigt fühlen. Ich habe zur Illustration
ein zugestandenermaßen plumpes (wenngleich authentisches) Beispiel gewählt, aber auch in weniger krassen Fällen sollte man sich
fragen, ob es nicht besser ist, vor einer solchen Reihe das ›Tertium‹,
auf das hin man sie zusammengestellt hat, explizit zu nennen. Etwa:
»Wir bitten Dich für die, die sich allein nicht helfen können« – ». . .
für die, die in unserer Gesellschaft verspottet werden . . .« etc. Aber
auch dann ist ein Hören auf Nachbarschaften noch nicht auszu-
schließen, und man sollte sich hüten, durch unachtsame Zusammenstellungen Menschen zu verärgern.

[handschriftliche Notiz am Rand:] Gebet – nicht so konkret!

> Ausdrücklich sei betont, daß diese Bemerkung zum Thema *Fürbitte* nur an die
> Spitze eines Eisbergs rührt. Zuletzt hat *Gustav Roth* eindringlich dargelegt, mit
> welcher Unachtsamkeit Minderheiten in unseren gottesdienstlichen Gebeten be-
> dacht werden. Im Sinne seiner Beobachtungen wäre die Form der Reihung auch in
> Gebeten grundsätzlich zu hinterfragen: »Von Menschen wird hier nur noch formal
> geredet« (Sprache, 51).
> Darüber hinaus hat Roth uns auf viele Klischees hingewiesen, die wir in unseren
> Gebeten weitertransportieren. Ein Beispiel von vielen: »Schenke auch den Allein-
> stehenden ein erfülltes Leben!« Roth kommentiert: »Die Voraussetzung solcher
> Aussagen ist, daß verheiratete Menschen glücklich sind, daß die Familie die Norm,
> Alleinsein aber verfehltes Leben bedeutet. Unsere Wirklichkeit sieht anders aus«
> (50; vgl. Abschnitt III, 2).
> Ich hoffe, daß manche der von mir zusammengetragenen Aspekte von Konkretheit
> (vor allem in Teil I und III dieses Kapitels) sich auch im Blick auf die gottesdienst-
> lichen Gebete als hilfreich erweisen.

2 Die Metapher

Hinsichtlich ihrer Konkretheit ist die Metapher ein seltsames Zwittergebilde. Ihre *Stärke* liegt darin, daß sie einen zusammenfassenden Begriff mit konkret erfahrbarer Wirklichkeit verbindet, und zwar so, daß auf diesem Wege Wertungen, Intentionen und Gefühlsinhalte mittransportiert werden. Wenn von den »guten Händen Gottes« geredet wird, setzt das Assoziationen frei, Erinnerungen und Gefühle kommen hoch, ein Hörer mag daraus für sich weitere Bilder entwickeln, die Halt, Sicherheit und Vertrautheit einfangen. Insofern werden die HörerInnen von einer Metapher ganzheitlich angesprochen. Ebenso vermag die metaphorische Sprache Wertungen eindrücklicher zu ›transportieren‹ als die rein begriffliche; deshalb reden wir von »himmelschreiendem Unrecht«, davon, daß »Menschen behandelt werden wie Figuren in einem Schachspiel«, aber auch von »paradiesischen Zuständen« oder »himmlischem Vergnügen«.

Andererseits mögen die angeführten Beispiele zeigen: Die Metapher teilt auch die *Gefahren* der zusammenfassenden Rede: Worin besteht Gottes »Handeln«? Welches ist das »himmelschreiende Unrecht«? Wenn den Predigenden an einer Klärung solcher Fragen gelegen ist, dürfen sie nicht bei der Metapher stehenbleiben, sondern müssen sie im Kontext weiter konkretisieren. Dies zu unterstreichen ist mir deshalb wichtig, da angesichts ihrer Stärke diese Grenze der Metapher oft übersehen wird. Das ist besonders problematisch bei ›gängigen‹ Metaphern wie »Gottes Nähe« oder »Gottes Liebe«, denn ohne weitere Konkretisierung gerinnen sie oft zu theologischen Sprachhülsen und täuschen (die Predigenden) über den Mangel an Konkretheit gerade an theologisch zentraler Stelle hinweg. Deshalb sollte ein Prediger wachsam sein, wenn er diese Metaphern zu oft verwendet. Vor allem sollte er innehalten, wenn er beginnt, sie durch das Wörtchen »*ganz*« zu verstärken. Wer sagt, daß Gott uns (nicht nur nahe, sondern) »ganz nahe« kommt, wer sich von Gott (nicht nur persönlich, sondern) »ganz persönlich« angesprochen fühlt, der gibt damit insgeheim zu erkennen, daß er seinen eigenen Worten nicht mehr traut. Es wäre nicht die schlechteste Übung, sich solche Metaphern einmal eine Zeitlang zu verbieten und nach Alternativen zu suchen.

Als (literarisches) Beispiel für eine gelungene Kombination von einprägsamer und ansprechender Metapher, ergänzt durch einen sie konkretisierenden Kontext, denke ich an eine Passage aus *Helmut Tackes* Seelsorgebuch. Dort findet Tacke für den seelsorgebedürftigen Zeitgenossen die Metapher des »Müden« (Glaubenshilfe,

206f; vgl. Jes 50,4). Diese Metapher hat sich mir eingeprägt, nicht zuletzt, weil sie viel von dem einfängt, was auch ich in der Seelsorge an meinen GesprächspartnerInnen wahrgenommen habe, aber bisher so nicht auszudrücken vermochte. Insofern – und das zeichnet eine gelungene Metapher aus – verhilft sie mir zur Sprache. Dazu kommt aber nun sofort ein Zweites: Diese Metapher bleibt bei Tacke nicht freischwebend im Raum stehen, sondern wird inhaltlich gefüllt, indem den LeserInnen ausführlich mitgeteilt wird, welche Begegnungen, Erlebnisse und Beobachtungen der Autor vor Augen hat, wenn er von »den Müden« redet (vgl. 208f). Erst dadurch weiß ich, welchen Wirklichkeitsbereich der Autor in dieser Metapher eingefangen wissen will, und das ist die Voraussetzung dafür, daß ich überhaupt in eine geistige Auseinandersetzung, sowohl über die angesprochene Wirklichkeit wie auch über die Stimmigkeit eben jener Metapher, eintreten kann.

Ich habe das Beispiel eines Sachbuchs genommen, weil hier unmittelbar deutlich ist, daß wir (sofern es um einen wichtigen Sachverhalt geht) die Verwendung einer Metapher ohne den klärenden Kontext nicht ›durchgehen lassen‹ würden. Bei allen sonst zu notierenden Unterschieden hinsichtlich der Gattung meine ich, darauf habe auch der Hörer einer Predigt ein Anrecht. Man denke nur an den 1. Johannesbrief, wo in der Tat viel von »Gottes Liebe« die Rede ist, und achte einmal darauf, in wie vielfältiger Weise diese Metapher abgestützt ist: durch den Verweis auf die Geschichte Gottes, durch Person und Werk Jesu Christi, durch das Aussprechen der Konsequenzen, die diese Liebe für uns sowohl im Blick auf Gott als auch im Blick auf die Geschwister hat. In diesem Sinne nun noch ein Predigtbeispiel, in dem mir die Verbindung von Metapher und Konkretisierung durch den Kontext gelungen zu sein scheint:

Das Zitat ist einer Predigt über Ps 31,16 entnommen: »Meine Zeit steht in deinen Händen«. Zunächst hat der Prediger die einzelnen Elemente der Metapher ausgelotet. Dafür nimmt er sich in der Predigt viel Raum: allein dem Possessivpronomen (». . . in *deinen* Händen . . .«) widmet er eine ganze Seite, auf der er sorgsam Alternativen erwägt: »Meine Zeit steht in deinen Händen. Nicht in den Händen eines dunklen, dumpfen Schicksals, vor dem man sich grauen und fürchten müßte, mit dem man hadern und kämpfen dürfte, mit dem man sich innerlich und äußerlich herumzuschlagen hätte . . .
Meine Zeit steht auch nicht in den Händen irgendwelcher großer oder kleiner Menschen . . .
Und das Wichtigste: Meine Zeit steht nicht in meinen eigenen Händen. Es ist ein wahres Glück, daß ich nicht auf mich selbst als Respektsperson angewiesen bin, deren Weisheit ich zu bewundern und zu verehren, aber zuletzt doch auch zu bezweifeln hätte, vor deren Torheiten ich eigentlich alle Augenblicke erschrecken müßte . . .«

Ich halte einen Augenblick inne und unterstreiche: Anders als im Zitat wird in Predigten die positive Chance, die in einer Metapher liegt, oftmals dadurch vertan, daß das Bildmaterial nicht gründlich genug ausgelotet und profiliert wird. Dabei ist dies allemal wirksamer, als verschiedene Metaphern aneinanderzureihen, so, als könne man eine unbekannte Größe mit einer anderen erklären. Dazu kommt aber nun ein Zweites: Der Prediger, den ich hier zitiere, weiß, daß trotz aller ›Tiefungen‹, die er am Material der Metapher vorgenommen hat, noch eine Hörerfrage im Raum steht, an deren Beantwortung sich die Tragfähigkeit des bisher Gesagten entscheiden wird. Deshalb fährt er fort:

»Ja, fragt ihr mich, hat Gott denn Hände? Jawohl, Gott hat Hände, und zwar ganz andere, viel bessere, viel geschicktere, viel stärkere Hände als diese unsere Klauen. Was heißt das: Gottes Hände? Laßt es mich zuerst so sagen: Gottes Hände sind seine Taten, seine Werke, seine Worte, die uns alle, ob wir es wissen und wollen oder nicht, von allen Seiten umgeben . . . Aber das könnte immer noch bloß bildhaft, symbolisch gesagt und verstanden sein. Es gibt einen Punkt, da hört das Bildhafte und Symbolische auf, da wird die Sache mit den Händen Gottes ganz wörtlich ernst . . . ›Deine Hände‹, das sind die Hände unseres Heilandes Jesus Christus. Sie sind die Hände, die er weit ausgebreitet hat, als er rief: ›Kommet her zu mir alle, die ihr mühselig und beladen seid, ich will euch erquicken.‹ Sie sind seine Hände, mit denen er die Kinder gesegnet hat. Sie sind seine Hände, mit denen er die Kranken angerührt und geheilt hat. Sie sind die Hände, mit denen er das Brot brach und austeilte . . . Sie sind endlich und vor allem seine . . . ans Kreuz genagelten Hände . . .«

Wir werden heute, fast dreißig Jahre nach Abfassung dieser Predigt deren Sprache nicht einfach kopieren können. Aber aus der Art, in der hier mit einer Metapher gearbeitet wird, können wir nach wie vor viel lernen: Ihre Stärke ist voll ›ausgereizt‹, und ihre tendenzielle Schwäche dadurch kompensiert, daß der Prediger ihr weitere Konkretisierungen an die Seite stellt, wobei man allerdings fragen könnte, ob sich statt der Aufzählung der Taten Jesu nicht eher eine erzählende Passage angeboten hätte.

Zusammenfassend sei noch einmal *Hirschler* zitiert: »Die Metapher ist . . . eine den Menschen ganzheitlich ansprechende Sonderform der zusammenfassenden Rede. Sie enthält Wertung und Intention, sie ist einprägsam. Sie enthält die Gefahren der abstrakten Rede. Sie bedarf der jeweiligen Konkretisierung zur Kontrolle« (Konkret, 23).

3   Konnotation

Wir haben bisher vor allem nach der Anschaulichkeit unserer Predigtsprache gefragt. Dabei haben wir stillschweigend vorausgesetzt, daß das, was wir sagen, den HörerInnen grundsätzlich ver-

ständlich sein muß. So sehr diese Forderung jedem unmittelbar einleuchten wird, so schwierig erweist sich in der Praxis oftmals ihre
Einlösung. Dabei sind es vor allem die verborgenen, PredigerIn
und Gemeinde nicht einmal bewußten Sprachbarrieren, die bisweilen zum Fallstrick für eine gelingende Verständigung werden. In
diesem und dem nächsten Abschnitt möchte ich auf zwei besonders
tückische aufmerksam machen. Ich beginne wieder mit einem Beispiel.

Wer die Elberfelder Innenstadt betritt, begegnet einem Denkmal der Minna Knal-
lenfalls. Sie ist eine Symbolfigur für das Schicksal der Arbeiterinnen zur Zeit der
Frühindustrialisierung in unserer Stadt. Ihre Lebensgeschichte ist ein erschüttern-
des Dokument der damals herrschenden Zustände. Auf eine Episode möchte ich
hier eingehen:
Als Minna zur ersten Stunde in den Konfirmandenunterricht kommt, hat sich der
Pfarrer etwas (wie er meinte!) Gutes ausgedacht. Er möchte diesen armen, in elen-
den Verhältnissen lebenden und um die Entwicklung einer eigenen Persönlichkeit
oftmals betrogenen Kindern ein Gefühl für den Wert der eigenen Person vermitteln. Also bittet er die Kinder, nacheinander aufzustehen und zu sagen:»Ich bin ein
Mensch.« Als die Reihe an Minna kommt, weigert sie sich beharrlich, allen weiteren Ermunterungen und Aufforderungen zum Trotz! Später stellt sich dann heraus,
warum: Wenn Minna diesen Satz gesagt hätte, dann hätte sie in ihrem Verständnis
gesagt:»Ich bin eine Hure« – denn ›*das* Mensch‹ ist für sie der Ausdruck für eine
solche Frau. Wir können uns leicht ausmalen, welche Wirkung der Satz des Pfarrers
in einer Predigt hätte haben können . . .

Dieses Beispiel hat sich mir eingeprägt, weil es anschaulich belegt,
was passieren kann, wenn ich bei der Wahl meiner Worte das Phänomen der Konnotation außer acht lasse. *Konnotation meint* – im
Unterschied zu Denotation (= allgemein gültige Begriffsdefinition)
– *die individuell, gruppen- oder schichtspezifisch vermittelte Neben-
definition, die einem Wort beigelegt werden kann.* Um dieses Phänomen muß ich als Prediger wissen. D.h.: Ich muß mich gerade bei
zentralen Begriffen meiner Predigt fragen, ob meine Gemeinde unter Umständen nicht etwas ganz anderes damit verbindet, als ich intendierte. Dazu muß ich mich – grundsätzlich gesprochen – in die
Sprachwelt meiner Gemeinde eingehört haben. In praxi muß ich im
Zweifelsfall sagen, was ich unter einem Begriff verstehe bzw. jetzt
verstanden haben will. Man denke nur an Worte wie Ruhe (meint
das ein aktives Bei-sich-Sein oder träges Nichts-Tun oder . . .?),
Frieden (Verständigung auf der Basis gegenseitigen Vertrauens
oder Abwesenheit von Krieg oder . . .?), Selbstverwirklichung
(Ausdruck eines zu bejahenden persönlichen Wachstumsprozesses
oder sündhafte Auflehnung gegen Gott oder . . .?). Unser Beispiel
hat deutlich gemacht, wie tragisch die Mißverständnisse sein kön-

nen, die sich einstellen, wenn ich mir allzu sicher bin, die HörerInnen wüßten schon, was ich meine.

Aufmerksam machen möchte ich noch auf solche Worte, die für uns TheologInnen eine *fachspezifisch vermittelte Konnotation* haben, von der die Gemeinde womöglich nicht einmal ahnt, daß es sie gibt. Ich nenne nur drei:

Seit Gerd Theißens soziologischen Arbeiten zum Urchristentum ist in Predigten über Evangelientexte immer wieder unvermittelt vom »*Wanderprediger*« die Rede. Was wir damit verbinden, ist klar. Als ich aber einmal Gemeindeglieder fragte, was sie sich unter einem Wanderprediger vorstellen, reichte die Liste der Antworten von »gar nichts« über »Propagandisten, wie sie sich in den Fußgängerzonen finden, um Dosenöffner, Bratpfannen etc. anzupreisen« bis hin zu »Jüngern der Hare-Krishna-Sekte«. Mir geht es nicht darum, Sprache auf Eindeutigkeit festklopfen zu wollen (Gott sei Dank geht das auch gar nicht; vgl. *Martin*, Predigt, 49ff), und doch frage ich, ob ein solcher Befund in unserem Interesse liegen kann oder ob wir der Gemeinde nicht doch die Chance einräumen sollten, an unserer Konnotation zu partizipieren.

Eine Predigt über Jes 12,1-6 beginnt mit den Worten: »Das *Lied*, das sie gerade gehört haben . . .« Es hat aber kein ›normaler‹ Mensch ein Lied gehört, sondern einen Text. Weil der Prediger diesen Terminus im Sinne einer Gattungsbezeichnung verwendet, muß er wissen, daß er ein ›Fremdwort‹ benutzt, dessen Verständnis er nicht ohne weiteres voraussetzen kann.

Über dieses Mißverständnis wird die Gemeinde vielleicht hinweghören, ohne sich große Gedanken zu machen; problematisch wird es aber bei einer anderen Gattungsbezeichnung: Ein Prediger redet im Blick auf Lk 2 von der *Weihnachtslegende*. Es gehört zu seiner fachspezifisch vermittelten Konnotation das Wissen darum, daß mit der Gattungsbezeichnung als solcher über die (tiefere) Wahrheit des in Lk 2 Erzählten noch nicht entschieden ist. Für viele HörerInnen wird das anders sein. Im Bedeutungsumfeld des Wortes Legende schwingt für sie »frei erfunden« und deshalb »austauschbar«, »beliebig«, »unverbindlich« mit. Wieder geht es nicht darum, ein solche Bezeichnung zu meiden, wohl aber, sich mögliche Mißverständnisse bewußtzumachen und ihnen gegebenenfalls vorzubeugen, etwa, indem das Wort mit einer Erklärung versehen wird.

4   Miranda – Antimiranda

Zum Phänomen der Konnotation gehört auch die Tatsache, daß einem Wort unterschiedliche Gefühlswerte beigelegt werden können. *Als Miranda bezeichnet man positiv empfundene, als Antimiranda negativ empfundene Reizwörter.* Dabei ist die Art der Gefühlsaufladung wiederum individuell, gruppen- oder schichtspezifisch vermittelt. Als Predigende müssen wir uns deshalb fragen, ob unsere Miranda für die HörerInnen u.U. Antimiranda sind – und umgekehrt.

Beispiel: Für einen von reformatorischer Theologie geprägten Theologen wird »Leistung« eher ein Antimirandum sein. Und so mag er in seiner Predigt sagen: »Bei Gott spielt Leistung keine Rolle«, oder: »Gott fragt nicht danach, was wir leisten.« So weit, so gut; der Prediger müßte aber wissen und in der Folge berücksichtigen, daß diese Sätze bei manchen HörerInnen nicht so erfreulich ankommen, wie sie gemeint waren. Denn für viele Menschen im Arbeitsprozeß ist »Leistung« durchaus ein Mirandum. Sie sind stolz, »Leistung zu bringen«: »Das haben wir uns alles mit unseren eigenen Händen aufgebaut, und die Kinder haben wir auch etwas Ordentliches lernen lassen . . .« Eine Aussage, die vom Prediger entlastend gemeint war, kommt bei ihnen womöglich als Nivellierung eines ihnen wichtigen Wertes an.

Das Umgekehrte: Gehen wir einmal davon aus, für einen Prediger der 68er-Generation sei »Revolutionär« ein Mirandum. Wenn er nun einer konservativ geprägten Gemeinde zuruft: »Jesus war Revolutionär«, sollte er berücksichtigen, daß dieser Satz bei den HörerInnen nicht unbedingt als eine freudige Entdeckung aufgenommen wird. Wieder geht es nicht darum, einen solchen Satz deshalb zu unterdrücken, aber wenn ich weiß (oder ahne), daß eine Aussage bei den EmpfängerInnen andere, womöglich gegensätzliche Gefühle auslöst als bei mir, werde ich mich fragen, ob ich diesen Gegensatz einfach so stehenlassen kann oder ob es nicht besser ist, das Gesagte weiter auszuführen, so wie ich auch sonst Widerstände, die ich bei meiner Gemeinde vermute, abzubauen suche (durch weitergehende Erklärung, Argumentation etc.).

Dabei ist noch ein Hinweis von *Ottmar Fuchs* beachtenswert, der uns davor warnt, den HörerInnen ihre Miranda einfach durch Negation wegzunehmen. Für wen »Leistung« eine stark positive emotionale Ladung hat, der wird durch den Satz: »Vor Gott zählt keine Leistung« zunächst schlicht frustriert, und es ist fraglich, ob solche gefühlsmäßige Frustration argumentativ eingeholt werden kann (Predigt, 56ff). Hilfreicher könnte es sein, ihm das Wort zu lassen, es aber neu zu füllen:

»Wenn Gott uns nach unserer Leistung fragt, dann sieht er nicht nur, dann sieht er nicht einmal zuerst auf das, was wir geschafft haben, sondern dann fragt er, wo es uns gelang innezuhalten und uns auf Ihn zu besinnen: ›Habt ihr Euch Zeit genommen für mich? Habt Ihr gedankt für das Gute, das Ihr aus meiner Hand empfangen habt? Habt Ihr mir anvertraut, was Euch beschwert?‹«

Auf Teil I zurückblickend sei noch einmal betont: Eine vorwiegend abstrakte und erst recht eine unverständliche Sprache kann für Predigende nicht als Kavaliersdelikt gelten. Sie bewirkt im schlimmsten Fall nämlich keinen Null-, sondern einen Minuseffekt: Wenn die Gemeinde mit Sätzen einer Predigt nichts zu verbinden vermag, wenn ihr zuviel an eigener Umsetzungsarbeit zugeschoben wird, wenn sie mit ihren Assoziationen auf unbeabsichtigte Bahnen gelenkt wird, und erst recht, wenn ihr im Fall des Nichtverstehens indirekt die eigene Inkompetenz bescheinigt wird – reagiert sie zu Recht unwillig. Andererseits wird es die Gemeinde den Predigenden danken, wenn sie sich unter dem, was da geredet wird, etwas vorstellen kann, wenn sie etwas zu ›schmecken‹ und zu ›sehen‹ bekommt, wenn sie sich mit ihrer Lebenswelt von der Predigt angesprochen fühlt.

II   Das Ansprechen von Situationen oder Ereignissen

Wir wenden uns nun größeren Einheiten zu und fragen: Was hindert und was fördert Konkretheit, wenn wir in der Predigt auf Situationen oder Ereignisse zu sprechen kommen. Auch hier kommt es mir vor allem darauf an, anhand einiger exemplarischer ›Fälle‹ den LeserInnen Kriterien und Richtlinien an die Hand zu geben, auf die hin sie ihre eigene Predigtpraxis überprüfen können.

1   Das Problem des ›Rundumschlags‹

Was auf der Ebene der Sprache die Aneinanderreihung von Sammelbegriffen war, ist auf der Ebene, die wir jetzt betreten, der ›Rundumschlag‹. Beispiel:

»Wir würden im Sinne unseres Textes zu Lügnern und Heuchlern auch dann werden, wenn wir die Ohren verschlössen vor dem Schrei nach Gerechtigkeit und Menschlichkeit, der durch die ganze Welt geht – angesichts des Hungers von Millionen, angesichts des Rassenhasses und der Slums mitten in sogenannten christlichen Nationen, angesichts der Kriege, bei denen nackte Wirtschaftsinteressen meist hinter idealen (sic!) Phrasen stehen, angesichts trotzigen Bestehens auf nationalen Rechten, wo Entspannung das Gebot der Stunde ist.«

Was wird hier nicht alles angesprochen!? Man hat den Eindruck, der Prediger wollte die Miserabilität (zumindest die politische) die-

ser Welt in einem einzigen Satz einfangen. Wahrscheinlich will er
das tatsächlich, nur hat er sich nicht klargemacht, welchen Preis er
dafür bezahlt. Diesem Satz kann nur der zustimmen, der das gleiche
Sprachniveau wie unser Prediger hat (dazu später noch mehr) und
der die politische Position des Predigers teilt. Auf der Strecke bleiben die übrigen. Mancher wird z.B. gar nicht wissen, wen der Prediger mit der letzten Passage seines Satzes meint (»angesichts trotzigen Bestehens auf nationalen Rechten«). Wieder ein anderer wird
im Blick auf das, was über die Kriege gesagt ist, anderer Meinung
sein – und sei es nur, weil er das einschränkende »meist« überhört
hat. Abgesehen davon, daß ein so pauschaler Rundumschlag viel
weniger wirkungsvoll ist als dann, wenn eines der genannten Phänomene gründlich dargelegt und erörtert würde, muß sich der Prediger den Vorwurf gefallen lassen, daß er um Verständigung mit
Andersdenkenden nicht gerungen hat. Wie könnte er auch? Wer so
vieles auf einmal ansprechen will – und das ist das grundsätzliche
Problem der ›Rundumschläge‹ –, der sagt am Ende nur weniges. Er
verhält sich zur Wirklichkeit wie die Eintragungen in einem Terminkalender zur Fülle und Buntheit der Erlebnisse und Begebenheiten, auf die sie verweisen: Dem Besitzer des Kalenders mögen
sie zur Gedankenstütze dienen, aber zur Veröffentlichung eignen
sie sich nicht. Oder vielleicht doch? Es mag ja die Situation geben,
in der ich jemandem sage: »Schau mal, wieviel ich diese Woche
noch zu erledigen habe« – und zur Illustration lasse ich ihn einen
Blick in meine Kalendernotizen werfen. Das will sagen: Auch meine Kritik an ›Rundumschlägen‹ intendiert nicht deren prinzipielles
Verbot. Es mag in der Predigt Stellen geben, an denen es angebracht ist, einmal summarisch zu reden (man denke an die Summa-
rien der Apostelgeschichte; vgl. Apg 2,42f; 4,32f), aber dann muß
man wissen, was man bezweckt und was ein Summarium zu leisten
in der Lage ist. Es mag als Zusammenfassung von anderweitig Aus-
geführtem dienen, als Verweis auf allgemein Bekanntes und/oder
Anerkanntes oder (wie im Kalenderbeispiel) zur Verstärkung einer
Aussage. Es ist aber ungeeignet, den HörerInnen die Lebenswirklichkeit, die es zusammenfaßt, plastisch vor Augen zu führen. Ich
betone das, weil die Predigenden eine Aufzählung von Fakten oder
Situationen wie die oben zitierte oft als »Konkretionen« bezeichnen. Ich halte diese Bezeichnung für verschleiernd, und sie verführt
dazu, sich mit bloß aufgelisteten Aktualitäten zufriedenzugeben,
anstatt selbstkritisch nach der *Qualität* zu fragen, in der Wirklichkeit zur Sprache gebracht wird.
Dazu nun ein positives Beispiel, in dem eine Situation nicht nur benannt, sondern der Gemeinde anschaulich vor Augen geführt wird:

»Im General-Anzeiger war am letzten Montag zu lesen, daß seit diesem Winter Sozialhilfeempfängern kein Zahlungsaufschub für ihre Stromrechnung gewährt werden muß. Das bedeutet praktisch, daß im Fall der Zahlungsunfähigkeit der Strom abgesperrt werden kann. Das einzige, was den Betreffenden für die Dauer der Stromabsperrung dann noch zusteht, ist – ein Butangaskocher. Im städtischen Übergangsheim, das im Raum unserer Gemeinde liegt, wird diese Regelung auf eine Familie bereits angewandt. Ich habe sie besucht. Gott sei Dank stehen dort Kohleöfen, so daß sie wenigstens heizen können. Aber sie können das Licht nicht mehr anschalten, von Radio und Fernsehen sind sie abgeschnitten. Das Bad wurde bisher mit einer Heizspirale geheizt, im Augenblick muß sich die Familie in einem eiskalten Raum waschen. Zur Beleuchtung dienen eine Petroleumlampe und Kerzen. Als ich sie darauf anspreche, sagt die Mutter: ›Ich habe nur Angst, daß mal ein Unglück mit den Kerzen passiert, Kinder passen ja oft nicht auf.‹ Und dann erzählt sie mir noch, wie das ist, wenn ihr Mann nach Einbruch der Dunkelheit auf die Toilette muß. Weil er behindert ist, ist er auf seine Krücken angewiesen. Er war immer stolz darauf, daß er sich trotzdem noch so gut alleine helfen kann. Aber jetzt muß ihn immer jemand aus der Familie zur Toilette begleiten und für ihn die Kerze halten . . .«

Der Prediger hätte das Ganze auch in einem Satz ›haben‹ können, etwa mit einem Hinweis auf die ›neue Armut‹ in der Bundesrepublik. Nur: Was hätte die Gemeinde davon gehabt? Ein Schlagwort, dem manche mißtrauen, unter dem sich viele der Gottesdienstbesucher nicht wirklich etwas vorstellen können. Das ist nach diesem Bericht anders. Ich unterstreiche noch einiges, was sich aus diesem Zitat lernen läßt:
Der Prediger gibt mit dem Hinweis auf die Tageszeitung die *Quelle seiner Information* an. Dadurch wird sie für andere nachprüfbar, d.h. auch kritisierbar, falls andere Zeitungen anderes berichtet haben sollten.
Im speziellen Fall hat der Prediger *selbst recherchiert* und teilt das seiner Gemeinde mit. Dadurch gewinnt sein Bericht an Glaubwürdigkeit, und er erreicht eine besondere Betroffenheit dadurch, daß sich das, wovon er redet, im Bereich der eigenen Gemeinde abspielt.
Der Bericht selbst lebt von der konkreten Form der Darstellung. Statt pauschal von den »Sorgen, Nöten und Problemen« der betroffenen Familie zu reden, werden den HörerInnen wenige *signifikante Details* so plastisch vor Augen geführt, daß etwas vom Gesamtelend der Situation anschaulich wird.
Dabei nimmt der Prediger *die Betroffenen als GesprächspartnerInnen ernst*. Dazu gehört sowohl, daß er an einer Stelle die Frau in direkter Rede selbst zu Wort kommen läßt, als auch, daß er die Toilettenszene in seiner Sprache wiedergibt und die Betroffenen damit vor weiterer Peinlichkeit schützt. Dadurch hat man nie den Ein-

druck, das Elend werde über Gebühr reißerisch ausgeschlachtet. Ich möchte nun noch einmal kurz auf den eingangs zitierten ›Rundumschlag‹ zurückkommen. Über das oben Gesagte hinaus liegt sein spezielles Problem darin, daß er von seiner inhaltlichen Dichte und seiner syntaktischen Struktur her viel zu kompliziert ist, um von einem durchschnittlichen Hörer verstanden oder gar behalten werden zu können. Ich sage bewußt nicht: zu lang. Die bisweilen geäußerte Faustregel (vgl. *Stählin*, Elemente, 303), ein Predigtsatz solle nicht mehr als 14 Worte beinhalten, besagt nämlich wenig: Ich kann syntaktisch gleichgeordnete Sätze hintereinanderschalten, ohne daß die Gesamtlänge die Gemeinde überfordert, denn sie hört die Kommata faktisch als Punkte. Das Augenmerk muß sich auf den *Komplexitätsgrad* eines Satzes richten. Um dafür ein Gespür zu bekommen, bietet sich die Nachsprechanalyse an. Man liest verschiedenen Personen einen Satz aus einer Predigt vor und bittet sie, ihn möglichst wörtlich zu wiederholen. Unter diesen Laborbedingungen (man braucht nicht auf den Kontext zu achten und hat Zeit, den Satz nach dem Hören einen Augenblick ›sacken‹ zu lassen, ohne gleich etwas Neues aufnehmen zu müssen) sollte man eigentlich erwarten dürfen, daß jeder Satz einer Predigt auch von Menschen der unteren Bildungsschicht zumindest dem Sinne nach richtig wiedergegeben werden kann. Leider ist das Ergebnis aber oftmals niederschmetternd. Bei der Wiedergabe des folgenden Zitates etwa verhaspelten sich auch Theologen:

»Die Unsicherheit und die Angst in dieser Welt werden bleiben bis zum jüngsten Tag, aber wir können – wie die Jünger – getrost sein, wenn wir uns erinnern lassen an jenen Geist der Kraft, der Liebe und der Besonnenheit, den wir zwar nie endgültig besitzen, der uns aber in Besitz nimmt, weil es Gottes guter Geist ist, der uns zugesagt ist.«

Das ist besonders schade, weil es sich um einen der Schlüsselsätze dieser Predigt handelte. In der alltäglichen Predigtpraxis hat sich folgende *Kontrollfrage* bewährt: *Kann ich jeden meiner Predigtsätze, nachdem ich ihn mir kurz vergegenwärtigt habe, mühelos frei sprechen?* Wenn schon ich selbst ins Stocken gerate, stimmt mit Sicherheit etwas nicht.

2 Das Problem der Situationsreihung

Anders als beim ›Rundumschlag‹ liegen die Probleme bei Situationsreihungen. Bestand die Kritik am ›Rundumschlag‹ vor allem darin, daß ein Wirklichkeitsbereich gleichsam im Eilverfahren

überflogen und also alles nur benannt statt ausgeführt wird, so besteht die besondere Gefahr einer Situationsreihung darin, daß mehr
angesprochen wird, als im Vollzug der Predigt aufgearbeitet werden
kann.

Der Kürze halber sei das folgende Beispiel referiert statt wörtlich zitiert. In einer
Predigt zum 2. Weihnachtstag möchte ein Prediger der Frage nachgehen, wie sich
die Freude der Weihnachtsbotschaft angesichts des bevorstehenden Alltags bewähren kann. Dazu entwirft er ein Bild der ausklingenden Festtagsstimmung, und
zwar so, daß er die HörerInnen mit dem konfrontiert, was die einzelnen Mitglieder
einer Familie am zweiten Weihnachtstag bewegt: Da ist die Mutter, der das Fest vor
allem ein Mehr an Hausarbeit beschert hat, aber immerhin hatte sie einmal alle Familienmitglieder um sich – in den nächsten Tagen wird sich wieder der Trott des Alltags einstellen. Da ist der Vater, der in Gedanken schon wieder in seiner Firma ist
– und damit bei seiner Angst, ob er angesichts bevorstehender Rationalisierungs-
maßnahmen seine Stelle wird behalten können. Da ist die Großmutter, die über das
Fest bei den Kindern zu Besuch war und ab morgen wieder im Altenheim leben
wird – mit einer Zimmernachbarin, die sie nicht leiden kann. Da ist der Sohn, der im
Grunde keinen ›Bock‹ hat, ›auf Familie zu machen‹, dem es zu Hause längst zu eng
geworden ist und der vorhat auszuziehen – aber er weiß nicht, wie er das den ›Alten‹ beibringen soll . . .

Ein Problem einer solchen Reihung könnte darin bestehen, daß ihre einzelnen Elemente zu knapp geraten sind und deshalb im oben
besprochenen Sinne unanschaulich bleiben. In dem Beispiel, das
ich hier referiere, ist das nicht der Fall; dadurch ergibt sich aber sofort ein anderes, viel gewichtigeres Problem: Die vier angesprochenen Lebenssituationen sind zwar darin vergleichbar, daß jede die
Frage provoziert, ob und in welcher Weise die Weihnachtsfreude in
ihr Raum greifen kann, aber hinsichtlich ihrer Problematik sind sie
doch grundverschieden. Wie soll, wie kann der Prediger jetzt überhaupt noch weiterpredigen? Wendet er sich einer Situation mit der
angemessenen Gründlichkeit zu, versucht er also, seinen Text und
diesen Lebenskontext wirklich miteinander zu ›ver-sprechen‹, muß
er die durch die anderen Situationsschilderungen aufgeworfenen
Fragen unbeantwortet liegenlassen – und damit bleiben die HörerInnen auf der Strecke, die mit ihrer Aufmerksamkeit bei einer
anderen Situationen vor Anker gegangen waren. Also wird der
Prediger nach einer allgemeinen, auf alle angeschnittenen Situationen passenden Antwort suchen – und die kann nicht anders
als theologisch abstrakt und deshalb unbefriedigend ausfallen.
Die theologischen Fragen, die sich an einen solchen Predigtversuch
stellen lassen, werde ich im Zusammenhang mit der problemorientierten Predigt erörtern (vgl. Kapitel 4, III, 3). Ich will jetzt nur der
Frage nachgehen, was den Prediger zu solcher Situationsreihung

erwogen haben mag. Die Antwort wird die gleiche sein wie oben, als es um die Sammelbegriffe ging: Er wollte möglichst viele aus der Gemeinde ansprechen, deshalb hat er in seinem Einleitungsteil ein so breites Identifikationsangebot gemacht. Ich halte das angestrebte Ziel für begrüßenswert, nicht aber den eingeschlagenen Weg.

Um dies zu verdeutlichen, möchte ich einen wesentlichen Zug christlicher Verkündigung – dargestellt aus der Sicht der HörerInnen – in Erinnerung rufen: Sie erleben die Predigt als ein *Kampfesgeschehen*, in das sie selbst mit verwickelt sind. Gefangen im Bannkreis der ›Welt der Tatsachen‹ sehnen sie sich danach zu erfahren, daß und wie unser Glaube der Sieg ist, der die Welt überwunden hat. Dazu ist es nun aber gerade nicht unbedingt notwendig, daß der Kampf just an der Front ausgefochten wird, an der ich mich persönlich am Sonntagmorgen befinde. Er mag an einer anderen Stelle stattfinden, aber danach frage ich, danach sehne ich mich, daß dort, wo er stattfindet, der Sieg des Glaubens hell aufleuchtet. Erlebe ich das, werde ich daraus Kraft für meine u.U. ganz anders gelagerte Lebenssituation schöpfen können. Mehr jedenfalls als dann, wenn ich zwar dort abgeholt werde, wo ich mich befinde, aber nicht mehr zu sehen bekomme als das synthetische Licht allgemeiner theologischer Wahrheiten. Am Predigtbeispiel festgemacht: Würde die ›real verändernde Tatsache, daß Gott ist‹, die Konfrontation mit der Situation des Vaters aushalten und sich darin bewähren, so würden auch die anderen ›Familienmitglieder‹ daraus Kraft und Ermutigung schöpfen können.

Die Bedingungen, unter denen Verkündigung gelingen kann, sind also nicht *quantitativer* Art, nach dem Motto: Je mehr ich vom Leben (und dann auch von Glaubenswahrheiten) angesprochen habe, desto mehr HörerInnen werde ich erreichen. Sie sind vielmehr *qualitativer Art*, und zwar in zweierlei Hinsicht:

a)   *Ein Hörer muß dem Prediger das Stück Welt, das dieser zur Sprache bringt, ›abnehmen‹ können.* Er muß sagen können: »Ja, so verhält es sich; vielleicht im Augenblick nicht in meinem persönlichen Erfahrungsbereich, aber was ich hier höre, ist authentisch, beruht auf sorgsamer Wahrnehmung und läßt mich die innere Beteiligung des Predigers spüren.«

b)   *Er muß von der Wirklichkeit Gottes so hören, daß er sie als das Licht erkennen kann, das* (nicht überall und dann eben nirgends, sondern) *da hereingeht und der ›alten‹ Welt einen neuen Schein gibt* (vgl. EKG 15,4).

Dem zweiten Kriterium werde ich mich im nächsten Kapitel über die »indikativische Predigt« zuwenden. In den folgenden Abschnitten geht es zunächst darum, den ersten Punkt noch weiter zu vertiefen.

III Zum Umgang mit dem ›Text der Wirklichkeit‹ – ein Beichtspiegel

Ich knüpfe an das Stichwort der »inneren Beteiligung« an. Es besagt: Ein Prediger muß sich der Wirklichkeit, die er in seiner Predigt zur Sprache bringt, ebenso liebevoll, verantwortungsvoll und einfühlsam zuwenden wie der Seelsorger seinem Gegenüber, und er muß sie mit der gleichen Sorgfalt exegesieren wie seinen Bibeltext. Leider geschieht das nicht immer. Auf drei Gefahren möchte ich hinweisen, wobei ich mich (vor allem, was die erste betrifft) an einem Aufsatz von *Konrad Jutzler* orientiere:»Privatisierte Verkündigung? Beobachtungen und Nachgedanken zu Rundfunkpredigten«. Jutzler hat dort aufgezeigt, wie sich in Rundfunkpredigten, die aber »exemplarisch für die Verkündigung in der modernen Welt« sind (123), an der Lebenswirklichkeit der HörerInnen vergangen wird. Er tut dies zum Teil mit beißender Schärfe, aber angesichts dessen, was auf dem Spiel steht, sollten wir uns diesen Ton einmal zumuten.

1 Mißbrauch

Vorsicht ist immer dann geboten, wenn wir im Begriff stehen, die Wirklichkeit so zu verkürzen und zurechtzustutzen, daß sie uns zum Exempel für unsere Predigtgedanken werden kann, zum fügsamen Illustrationsmaterial. Hören wir dazu Jutzler:

»Da illustriert z.B. ein Prediger, wie nötig das Beten ist: ›Wie die eingeschlossenen Bergleute ständig Klopfzeichen geben müssen, damit sie befreit werden . . .‹. Aha, der Mann hat Zeitung gelesen, er ist aktuell. Doch genauer betrachtet: Die unheimliche, große Fracht an Fragen und Problemen (Gottes- und Glaubensproblemen), die gerade dieses Beispiel aus seiner eigenen Wirklichkeit, sozusagen seinem eigenen Text nach mitbringt (– was ist, wenn niemand die Zeichen hört, was ist dann mit Gott? –), diese Last der aus dem Stollen nicht Geretteten wird in der Predigt überhaupt nicht berührt. Sie ist nicht erkannt und darum unbeantwortet, als ob es diese Last und die antwortlosen Fragen des Leids gar nicht gäbe. Der Prediger hat eben, dem Duktus seines Textes folgend, nicht nach jener Wirklichkeit, er hat bloß nach einem Beispiel gegriffen.
Das Verhältnis von Geschehen in der Welt und Verkündigung steht auf dem Kopf. Statt daß Ereignisse unsere Verkündigung provozieren, erschaffen wir Prediger Ereignisse und Begebnisse, um unsere Verkündigung zu illustrieren. Nicht weil ein

Unfall passiert ist, sehen wir uns genötigt, über Gottvertrauen zu reden. Sondern weil wir über Gottvertrauen reden wollen, muß – auf der Bildfläche der Predigt – ein Unfall passieren. Hier zeigt sich eine folgenschwere Verkehrung. Menschen mit ihren Schicksalen werden, statt Adressaten der Predigt zu sein, zu ihren Requisiten. Die Weltzustände sind nicht das Feld, auf das und in das hinaus die Verkündigung sich wirkend bewähren muß, sondern die Begebenheiten und Zustände liefern einem sich selbst genügenden Glaubensdenken lediglich ›Anschauungsmaterial‹. Statt daß das Glaubenswort Welt und Menschen angreift und verändert, saugt es sich voll Scheinwelt und wird harmlos. Als ob alle Dinge bloß geschehen und gedacht seien, um Beispiele für die Auslegung von Texten abzugeben! Als ob die Begebnisse und Entwicklungen der Welt nicht auch ein eigener Text wären! Ich meine, sie wären zwar nicht ein Text der göttlichen Offenbarung – eher ein Text der Nichtoffenbarung, des Hungers und Dürstens nach Gerechtigkeit, des Seufzens und Harrens der Kreatur; ein Text der Angst und der Verirrung, auch des Überschwangs und der Freude – wohl aber sind sie ein Text, der seine eigene Sprache hat . . .« (126f).

Ich füge hinzu: . . . und der deshalb mit der gleichen Sorgfalt exegesiert und in der Predigt zur Sprache gebracht sein will wie der Bibeltext.
Auf die Gefahr, die Wirklichkeit zum Illustrationsmaterial, zum Requisit verkommen zu lassen, werde ich bei der Besprechung der Beispielgeschichten noch einmal zurückkommen. An dieser Stelle sei nur noch der übelste Fall dessen notiert, vor dem Jutzler so eindringlich warnt: Er besteht darin, die Predigt mit einem besonders schlimmen Ereignis oder mit einer besonders bedrückenden Situationsschilderung zu beginnen, die im weiteren Verlauf der Predigt nicht wirklich bearbeitet wird, sich also als bloßer Anreißer, als Motivationsspritze entpuppt. Ein solchermaßen unlauteres Vorgehen hat die Wirklichkeit nicht ›verdient‹, und erst recht hat es das Evangelium nicht nötig, mit Hilfe mieser Werbetricks interessant gemacht zu werden.

2   Klischee

Wie in Predigten der Reichtum eines Bibeltextes auf allgemeine Glaubensformeln reduziert werden kann, so kann der ›Text der Wirklichkeit‹ zum Klischee erstarren. Im Grunde wiederholt sich auf der Inhaltsebene das, was in Teil I zur abstrakten Begrifflichkeit gesagt wurde. Es ist ein Jammer zu beobachten, wie viele Chancen dadurch vertan werden, daß ein Prediger zwar in die richtige Richtung geschaut hat, aber den Schatz, den er dort hätte entdecken können, entweder zu vage wahrgenommen hat oder nicht recht zu heben wußte. Um klischeehafter Rede auf die Spur zu kommen, gehe ich von Beobachtungen aus, die *Helmut Barié* dokumentiert hat.

Er ist der Frage nachgegangen, wie in Vikarspredigten vorbildhafte ZeugInnen des Glaubens Erwähnung finden (›Heilige‹, 109 – und man wird ohne weiteres davon ausgehen dürfen, daß seine vorwiegend kritischen Ergebnisse nicht auf die jüngste Predigergeneration zu beschränken sind).

Keine Frage, das Leben vieler GlaubenszeugInnen bietet sich an, um das Wirken des Heiligen Geistes, die Kraft des Glaubens, den Segen, der auf einem Leben in der Nachfolge ruht, konkret zur Sprache zu bringen; man denke nur an Römer 4 oder an Hebräer 11. Welchen Zugang finden nun heutige PredigerInnen zu diesem Ausschnitt von Wirklichkeit?

Interessant und bezeichnend ist da zunächst die *Auswahl*: »Rudolf Bohren schrieb über die evangelische Predigt der Nachkriegsjahre, neben den Reformatoren seien ›legendär‹ geworden: Albert Schweitzer, Dietrich Bonhoeffer, Martin Luther King. ›Die Häufigkeit, mit der in unserer Predigt auf diese drei Gestalten hingewiesen wird, zeigt das Bedürfnis, Modelle für die Nachfolge der Gegenwart zu zeigen. Gegenüber den über 25000 Heiligenleben der Bollandisten ein – in seinem Umfange – eher kärgliches Repertoire, das nicht von homiletischem Fleiße zeugt‹« (105). *Bohren* hat seine Beobachtungen 1971 in seiner »Predigtlehre« niedergelegt (vgl. 179). Sechzehn Jahre später nun kann *Barié* anhand von 567 Predigten, die er durchgesehen hat, feststellen, daß sich die ›Hitliste‹ von damals nicht verändert hat, nur Mutter Theresa ist hinzugekommen! Schon das gibt zu denken: Aus der Wolke der Zeugen ist nach wie vor eine kleine, immer wieder ins Feld geführte Elitetruppe geworden.

Überblickt man die gesamte Liste (»In 10% der Predigten sind solche Namen erwähnt«; ›Heilige‹, 107), bestätigt sich diese Tendenz: Auch bei den seltener genannten Namen (ich erwähne nur Ernesto Cardenal, Mahatma Gandhi, Martin Niemöller) handelt es sich durchweg um *berühmte Persönlichkeiten*. Weitgehend unberücksichtigt bleiben etwa Menschen, die der Gemeinde unter Umständen viel näher stünden, sei es, weil deren Leben mit dem ihren vergleichbarer wäre, sei es, daß zumindest engere Bezüge zur Gemeinde dadurch herzustellen wären, weil es sich um Personen handelte, die territorialgeschichtlich von Bedeutung gewesen wären; also Menschen, die in der Umgebung der Gemeinde wirkten, deren Namen man vielleicht von Straßenschildern her kennt. Sodann fällt auf, daß die »Laien . . . auf eine alarmierende Weise unterrepräsentiert (sind). Die Tendenz zur Klerikalisierung der Vorbilder ist übermächtig« (107). Außerdem sind »unter den 33 genannten Personen . . . nur zwei Frauen.« (107).

Ich sprach oben davon, daß der Text der Wirklichkeit oft zum Klischee erstarre. Der Fremdwörterduden übersetzt Klischee u.a. mit: »Abklatsch, eingefahrene, überkommene Vorstellung«. Schon durch die Auswahl der Zeugen bestätigen und verstärken die Predigenden die überkommene Vorstellung, die Kirche werde vor allem durch berühmte, starke, männliche Geistliche gebaut! Was soll alle Kritik an der Pastorenkirche, wenn die Laien, die Frauen zumal und erst recht die ›kleinen Leute‹, als Wolke der Zeugen nicht gewürdigt werden?! Wie anders nimmt sich dagegen die Auswahl der Personen aus, die Jesus in seinen Gleichnissen zu Wort und zu Wert kommen läßt, wie anders auch die Grußlisten in den Briefen des Paulus!

Der Eindruck des Klischeehaften verdichtet sich, wenn wir fragen, wie *im einzelnen* von den genannten Vorbildern geredet wird. Zunächst zwei Predigtzitate zu Luther:

»Der Reformator L. riß die Kirche wieder aus ihren erstarrten Formen. Er machte das Evangelium wieder zur lebendigen Mitte der Kirche.«
»Vor rund vierhundertfünfzig Jahren hat L. die wichtigste Aussage, daß Gott Ja zum Menschen sagt, ohne daß wir irgendwelche Vorleistungen zu bringen haben, wiederentdeckt . . . In L.s persönlichem Leben wirkte diese Erkenntnis wie die Befreiung von einer drückenden Last, gerecht vor Gott werden zu müssen durch eigene Leistungen« (108).

Es fällt einem sofort die ganze Liste der ›W-Fragen‹ ein, die man vom Prediger gern beantwortet hätte! Barié resümiert: »Die meisten Schilderungen bleiben blaß und allgemein. Luther wird nur als Einzelkämpfer gesehen. Die anderen Reformatoren werden verschwiegen. Luthers Mitarbeiter bleiben ebenso unerwähnt wie seine Frau. Einmal wenigstens wird die Freundschaft mit Melanchthon thematisiert« (109). In die gleiche Richtung weist Bariés Fazit zu den Bonhoeffer-Passagen: Seine »Biographie scheint wenig bekannt zu sein. Was die Prediger über ihn sagen, gelangt über das Klischee vom frommen Beter kaum hinaus. An sechs von neun Stellen, an denen er genannt wird, wurde er der Gemeinde als Autor des Gedichts ›Von guten Mächten wunderbar geborgen‹ vorgestellt, das sozusagen als Vermächtnis eines Märtyrers tradiert wird« (109). Dabei gäbe es von Dietrich Bonhoeffer mehr zu erzählen als nur dieses Gedicht – etwa eine Szene aus dem Predigerseminar Finkenwalde: »Als auf eine Bitte der Küche um Abwaschhilfe nicht sofort Meldungen kamen, erhob sich Bonhoeffer wortlos vom Tisch, entschwand in die Küche und ließ die Nacheilenden nicht mehr ein. Ohne darauf zurückzukommen, mischte er sich danach wieder unter die Kandidaten am Strand« (124 [das Zitat stammt aus *Bethge,*

Bonhoeffer, 492]); ganz zu schweigen von Bonhoeffers politischem Widerstand, der in den durchgesehenen Predigten nur zweimal vorkommt). Und im Blick auf die Erwähnung von Albert Schweitzer stellt *Barié* fest: Er »gehört zu den Vorbildern, die dabei sind, in den Predigten auf den bloßen Namen reduziert zu werden, der sozusagen in großen Lettern auf dem ›Plakat‹ steht. Dem Predigthörer wird nur noch wenig vor Augen gemalt« (›Heilige‹, 111).

Im Blick auf die einzelne Darstellung hat sich die Tendenz, die der erste Überblick ergab, bestätigt: Wirklichkeit wird zum Klischee, die Chance, die darin liegen könnte, durch die Erwähnung vorbildlicher Personen den Predigten einen Zuwachs an erlebter und erlebbarer Glaubenswirklichkeit zukommen zu lassen, wird auf diese Weise weitgehend verspielt.

Was neben dem bisher schon Erwähnten *vor allem* fehlt, ist – wie auf der Ebene der Sprache – *die Anschaulichkeit.* Man kann sich das nur eben Angerissene nicht vorstellen, es fehlen sprechende und signifikante Details, es fehlt Überraschendes und Neues. Es fehlt diesem Text sein Kontext: Im Anschluß an Bert Brechts »Fragen eines lesenden Arbeiters« fragt Barié: »›Dietrich Bonhoeffer wurde für seinen Glauben ins Gefängnis geworfen.‹ War er der einzige aus seiner Verwandtschaft? Hatte er keine Freunde, keine Mitverschwörer? . . . ›Martin Luther King hat die Schranke der Hautfarbe nicht anerkannt.‹ Hat niemand mit ihm zusammen demonstriert? War seine Frau Coretta etwa anderer Ansicht als er?« (118) Und nicht nur die, die mitgetan haben, werden vergessen und damit auch ein Verrat an den vielen treuen ›kleinen Leuten‹ geübt, ohne die die ›großen‹ ihr Werk nicht hätten ausführen können; überhaupt wird »der Kleinkram im Leben der als beispielhaft dargestellten Personen . . . verschwiegen« (118). Mit Barié möchte ich als Wuppertaler fragen, was wohl aus ›Barmen‹ geworden wäre, wenn die ›Männer der Kirche‹ ihre Brote selbst hätten schmieren müssen; was aus unserer Kirchlichen Hochschule, wenn deren Sekretärin nicht unermüdlich unterwegs gewesen wäre, um – unter Einsatz ihrer Freiheit – den Studierenden die Treffpunkte für die Vorlesungen mitzuteilen? Einmal mußte sie eine Studentenliste aufessen, um sie vor der Gestapo zu schützen.

Was man in den untersuchten Predigten ebenfalls schmerzlich *vermißt*, ist die Einbeziehung der Gegenkräfte, der inneren Widerstände, der *Schattenseiten*, die bei diesen, wie bei allen Menschen, zu finden sind und deren Unterschlagung das Ganze unglaubwürdig, lebensfremd und abständig wirken läßt. Im Gegenzug zitiert Barié aus einem Brief der Widerstandskämpferin Sophie Scholl an Fritz Hartnagel:

»Ich bin Gott so ferne, daß ich ihn nicht einmal beim Gebet spüre. Ja, manchmal, wenn ich den Namen Gottes ausspreche, will ich in ein Nichts versinken. Das ist nicht etwa schrecklich oder schwindelerregend, es ist gar nichts – und das ist noch viel entsetzlicher. Noch hilft dagegen nur das Gebet, und wenn in mir noch so viele Teufel rasen, ich will mich an das Seil klammern, das mir Gott in Jesus Christus zugeworfen hat, und wenn ich es nicht mehr in meinen erstarrten Händen fühle« (120).

Dieses Zeugnis wirkt, gerade indem es die Teufel nicht verschweigt, viel kräftiger als die oben zitierten allzu glatten Luther-Passagen.

Ich bin der Gefahr einer klischeehaften Darstellung von Wirklichkeit anhand eines exemplarischen Ausschnittes nachgegangen. Die Ergebnisse lassen sich unschwer auf andere Bereiche übertragen. So wie es eine problematische ›Hitliste‹ von ›Heiligen‹ gibt, so gibt es eine ›Hitliste‹ der Wirklichkeitsbereiche, die in Predigten überhaupt zur Sprache kommen. Sie wird sicher nicht so einheitlich ausfallen, und ebenso wird sich in ihr der Wechsel der jeweils aktuellen Themen niederschlagen. Deshalb begnüge ich mich an dieser Stelle damit, die Predigenden zu einem kritischen Umgang mit der je eigenen ›Hitliste‹ zu ermutigen. Wenn ich eine ausgeprägte Liste von bevorzugten Themen in meinen Predigten ausmachen kann, sollte ich sie einer kritischen *Prüfung* unterziehen:

Gibt es Lebensbereiche, die ich ständig zur Sprache bringe? Beziehen sich etwa meine politischen Konkretionen immer auf dieselben Regionen?

Wem außer mir sind die Bereiche, in denen ich konkret werde, wichtig? Gibt es auf der anderen Seite Bereiche, die ich notorisch ausklammere?

Vor allem: *Bringe ich die Lebenswelt meiner HörerInnen primär als Negativfolie zur Sprache, oder gelingt es mir auch, die »Welt als Gleichnis« (Link) auszulegen* und also meine Gemeinde auf ihre ›starken Seiten‹ hin anzusprechen?

Und was die Präsentation im einzelnen betrifft, unterstreiche ich noch einmal die Warnung vor Unanschaulichkeit und vor klischeehafter Reduktion, zumal, wenn sie Ambivalenzen einseitig auflöst. Von der »Trauer über den Tod eines lieben Menschen« habe ich in Predigten oft gehört. Aber: Gibt es nicht auch Fälle, in denen man für den Tod eines lieben Menschen Dankbarkeit empfinden kann? Und kann andererseits der Tod eines mir nahestehenden ›bösen‹ Menschen mich nicht in eine viel abgründigere Trauer und Trostbedürftigkeit zwingen?

3   Aussagen, die nicht stimmen

Kurz gesagt stand der vorige Abschnitt unter der Leitfrage, was im
Blick auf ein konkretes Ansprechen des ›Textes der Wirklichkeit‹
fehlen kann und tatsächlich oft genug fehlt – nicht umsonst war von
»verpaßten Chancen« die Rede. Zur gelungenen Konkretheit gehört aber noch etwas Elementareres, eine *Mindestforderung,* die an
jeden Satz der Predigt zu stellen ist. An diese ist jetzt zu erinnern,
weil sie auf dem uns hier interessierenden Sektor besonders oft un-
eingelöst bleibt:
Das, *was dasteht* (und wäre es noch so allgemein und lückenhaft),
muß in jedem Fall stimmen.
Adolf Sommerauer, der weiß, wovon er redet, wenn er auf diesen
Punkt ein besonderes Gewicht legt, schreibt: »Wer sich für seine Predigtarbeit die simple Frage angewöhnt hat, ob eigene und fremde Ge-
danken und Erfahrungen denn auch stimmen, wird staunen, welche
Bewegung von dieser Kontrolle ausgehen kann. ›Ich bin der Weg, die
Wahrheit und das Leben‹, sagt Jesus. Wir sind in jeder Predigt auf der
Suche, auf welche Weise er das ist. Eine im Umgang mit der Wahrheit
unumgängliche Tugend ist die Ehrlichkeit und die Genauigkeit«
(Handwerk, 91). Ich möchte im folgenden eine kleine Typologie von
Verstößen gegen diese Grundforderung anbieten.

a   Mangelnde Differenzierung

»Wo Gottes Wort laut wird, da endet unser oft krampfhaftes Ringen um unsere
Identität und um unser Ansehen.«

Dieser Satz stimmt nicht, weil er gleich in zweifacher Hinsicht zu
undifferenziert ist. Zunächst verschweigt der Prediger, daß das
Wort Gottes durchaus auch überhört bzw. da, wo es gehört wird,
mißachtet werden kann. Man mag ihm zugute halten wollen, daß er
die Wirksamkeit des Wortes Gottes kräftig bezeugen will: »Wo . . .,
da . . .« Aber weil der hier suggerierte Automatismus so nicht
stimmt, wird die Aussage theologisch falsch. Und entweder nehmen die HörerInnen ihre eigenen Gegenerfahrungen ernst und damit dem Prediger seinen Satz nicht ab, oder sie nehmen seine Aussage ernst und fühlen sich aufgrund ihrer Gegenerfahrungen vom
intendierten Zuspruch ausgeschlossen. Der Satz stimmt aber auch
deshalb nicht, weil das »Ringen um Identität« undifferenziert in
theologischen Mißkredit gebracht wird. Es wird gleichgesetzt mit
dem »Ringen um Ansehen« und so als ein Streben charakterisiert,
welches sich durch das Wort Gottes erübrige. Wer eine Ahnung

davon hat, wie viele Menschen in ihrer Identität zutiefst verunsichert, wenn nicht sogar geschädigt sind – und ein Seelsorger sollte davon eine Ahnung haben! –, der wird mit gleichem Recht sagen können, daß das Wort Gottes dazu ermutige, um die eigene Identität zu ringen. Er mag dann sagen, worin die Hilfe des Wortes Gottes bei der Suche nach der Identität liegen kann, er soll sich aber hüten, den Teil Hilfe, den etwa eine Psychotherapie auf diesem Weg zu leisten vermag und in Fällen schlimmer seelischer Störungen sogar leisten muß, pauschal in Mißkredit zu bringen. Nun mag man einwenden, dem Prediger gehe es nicht um jedes Ringen um Identität, sondern nur um das »krampfhafte« (was immer das dann sein mag, jedenfalls wird es nicht deutlich). Aber gleich der nächste Satz belehrt eines Besseren:

»Dieses Ringen hat der Prophet Jesaja z.B. beim Babylonischen Weltreich erkannt: ›Du freilich dachtest in deinem Sinn: Zum Himmel will ich emporsteigen, hoch über die Sterne Gottes empor will ich meinen Thron stellen . . .‹ (Jes 14,13). Aber der Weg der Selbstverwirklichung führt nur zur Verwirrung und Zerstreuung.«

Jetzt ist es heraus: Der Weg der Selbstverwirklichung, das ist des Menschen Hochmut, sein widergöttliches Streben. Ich leugne nicht, daß Selbstverwirklichung dazu werden kann. Aber hier wird in undifferenzierter Weise nur dies gesagt, und das ist falsch. Das ist pseudotheologische Stimmungsmache, die ein in der kirchlichen Diskussion umstrittenes Phänomen im Handstreich zu erledigen sucht und sich damit an all denen versündigt, die verunsichert sind und hilfreicher Orientierung bedürfen. Im Augenblick scheint mir der Umgang mit dem Wort *Selbstverwirklichung* ein Paradebeispiel für die Gefahr undifferenzierten Redens zu sein.
Was ich hier mangelnde Differenzierung nenne, hat *Bohren* in seiner »Predigtlehre« unter dem Stichwort »falsche Pauschalisierung« abgehandelt (410f). Man kann fragen, ob das nicht ›doppelt gemoppelt‹ ist; jedenfalls halte man sich vor Augen, daß jede Pauschalisierung dahin tendiert, wenn nicht falsch, so doch ungenau zu sein. Deshalb Vorsicht bei Aussagen über *die* Psychologie, *die* Soziologie, *die* Jugend von heute, *den* alten Menschen etc.!
Ich füge noch einen Hinweis von Bohren an: »Auch die falsche Alternative möchte ich zur Pauschalisierung rechnen. Sie ist möglicherweise oft ein Kind des Zornes, der nicht redet, was vor Gott recht ist. Die falsche Alternative meint vielleicht etwas Richtiges, sagt es aber falsch, etwa so: ›Buße ist nicht privat, sondern politisch-geschichtlich, nicht individuell, sondern soziologisch gemeint.‹ Man kann dem Prediger nur zustimmen, wenn er es unternimmt,

gegen eine individualisierende Verengung der Buße zu polemisie-
ren. Nimmt man ihn aber beim Wort, sagt er eine Ungeheuerlich-
keit: ›Buße ist nicht privat . . . nicht individuell‹. Sicherlich meint
der Prediger nicht, es gebe eine politisch-geschichtliche Buße, die
eine individuelle Entscheidung ausschlösse. Dummerweise aber
sagt er genau das« (411).

b   Falsche Unterstellung

»Wir leben in einer klugen Zeit. Noch nie hat der Mensch soviel über sich und die
Welt gewußt . . . Unsere Astronomen und Geologen wissen genau, daß Himmel
und Erde nicht in einer halben Woche geschaffen wurden, sondern daß diese
Schöpfung Jahrmillionen dauerte. Unsere Biologen und Mediziner kennen die Zusammenhänge zwischen den Lebensfunktionen der Tiere und der Menschen. Unsere Psychologen und Soziologen haben das Verhalten der Menschen studiert und
können uns erklären, warum wir so sind, wie wir sind . . . Noch nie waren wir so
klug.«

Ich unterbreche das Zitat und merke an, daß schon dieser erste Teil
problematisch ist. Er ist ein typischer »Gemeinplatz« (vgl. *Bohren,*
Predigtlehre, 408) und hält einem genauen Blick nicht stand. Unsere mittels der modernen Wissenschaften erlangte Klugheit ist gebrochener, als es hier gesagt wird. Daß mit dem Zuwachs an Wissen
auch die Einsicht in dessen Bruchstückhaftigkeit wächst, vor allem
aber die Ratlosigkeit, wie dieses Wissen im Sinne der Klugheit recht
zu verwalten sei, das wird hier verschwiegen: mangelnde Differenzierung! Oder will der Prediger sagen, ›unsere‹ Wissenschaftler sä-
hen ihre Leistungen so einseitig positiv, wie er es dargestellt hat?
Dafür spricht der Fortgang des Zitates. Er lautet:

»Aber haben wir, wenn wir alle diese Erkenntnisse zusammenzählen, eine Antwort
auf die Frage nach dem Sinn unseres Lebens? Kann diese geballte Weisheit (!) aus
einem zweifelnden oder verzweifelten Menschen einen fröhlichen machen?«

Die Antwort kann nur ein klares »Nein« sein; insofern ›stimmen‹
die Fragen. Aber in einem tieferen Sinne ›stimmen‹ sie nicht, weil
hier implizit mit einer Unterstellung gearbeitet wird, der Unterstellung nämlich, daß dies überhaupt eine an die Wissenschaften sinnvoll zu richtende Frage sei. Oder soll Wissenschaftlern sogar pauschal unterstellt werden, sie würden für sich beanspruchen, die Frage nach dem Sinn des Lebens zu beantworten?
Übrigens könnte man bei genauem Hinsehen noch weitere Unstimmigkeiten entdecken. Mit *Bohren* gesagt: »Leider haben Laster den
Hang zur Kumulation in sich« (ebd., 408). Um den Blick zu schär-

fen, weise ich nur noch darauf hin, daß die zweite Frage so eindeutig doch nicht zu verneinen ist, wie es beim ersten Hören schien. Denn wer wollte der »geballten Weisheit« ärztlicher Kunst rundweg absprechen, daß sie aus einem ob seiner Krankheit »verzweifelten Menschen« einen »fröhlichen machen« kann, indem sie ihn heilt? Man mag das für Haarspalterei halten und einwenden, der Hörer wisse schon, wie es gemeint sei. Dennoch scheint es mir eine gute Übung zu sein, die Frage, *ob das Gesagte stimmt,* (zumindest von Zeit zu Zeit) in ihrer ganzen Strenge an die einzelnen Sätze der Predigt zu richten. Denn die HörerInnen sollten die Predigt beim Wort nehmen dürfen – und sie tun es gerade in den Passagen, in denen ihr Erfahrungsbereich angesprochen wird und sie also ›mitreden‹ können.

c   *Schlampige Recherche*

»Ich denke, daß wir im Augenblick eine Menge von sogenannten falschen Propheten haben. Ich meine damit Gruppen und einzelne, die für sich persönlich Profit suchen. Und die sagen, wie das mir ein Jugendlicher vor einiger Zeit gesagt hat: ›Gott habe ich kennengelernt, jetzt will ich den Teufel kennenlernen.‹ Und dann spricht man, sie wissen das, von New-Age-Bewegungen, oder wie immer wir diese Bewegungen nennen wollen. Sie nennen sich Propheten des Herrn, sie sprechen sogar von Gott, die Frage ist nur: Welchen Gott meinen sie?«

Dieses Zitat entstammt einer Predigt über Jer 23,25–32. Vom Text her ist es angemessen, daß der Prediger es sich und seiner Gemeinde nicht erspart, heutige Lügenpropheten beim Namen zu nennen. Angemessen finde ich auch, daß er die Auseinandersetzung mit einer heute relevanten und in die christliche Gemeinde hineinreichenden Strömung sucht, eben der New-Age-Bewegung. Um so trauriger finde ich, wie er hier vorgegangen ist. Dabei lasse ich die sprachliche und gedankliche Schlamperei, die hier betrieben wird, jetzt einmal auf sich beruhen; ich halte sie für ein Symptom des dahinter liegenden Schadens: Der Prediger hat *miserabel recherchiert.* Schon der Plural »New-Age-Bewegungen«, den ich hier zum ersten Mal gelesen habe, weist darauf hin. Alle mir bekannten AutorInnen des New Age legen Wert darauf, daß die sehr unterschiedlichen geistigen Strömungen, Praktiken und Gruppen, die hier zu nennen wären, Teil der einen New-Age-Bewegung sind. Und da tröstet mich auch nicht das einschränkende »oder wie immer wir die Strömungen nennen wollen.« Weiter: Als einzige praktische Ausprägung dieser Bewegung wird die Teufelsanbetung beim Namen genannt. Sie stellt zwar eine ernst zu nehmende Gefahr dar, ist aber

doch im Blick auf das Gesamte *dieser* Bewegung eine eher margina-
le Erscheinung. Deren scheinbar harmloseren, aber für viele Christen um so verführerischeren Ausprägungen wie die verschiedenen
Spielarten von Esoterik und Okkultismus – all das wird nicht genannt. Sodann: Es stimmt zwar, daß im Zuge dieser Bewegung und
in Teilen des von ihr beeinflußten ›Psychomarktes‹ viel Profit gemacht wird; ob das nun aber gerade das hervorstechende Merkmal
der Teufelsanbeter ist, darf man bezweifeln. Schließlich: Was das
geistige Selbstverständnis der New-Age-Bewegung angeht, so wäre über Gnosis, kosmische Energie, holographisches Weltverständ-
nis und vieles andere (worüber man sich als Theologe inzwischen
leicht informieren kann) zu reden, anstatt den Unsinn zu verbrei-
ten, sie würden sich »Propheten des Herrn« nennen. Und weil der
Prediger ein ihm unbekanntes Phänomen kritisiert, fehlt nicht nur
jeder Ansatz einer redlichen Auseinandersetzung, die doch dringend geboten wäre, es fehlt auch jede Spur von Selbstkritik, zu der
nicht zuletzt der Predigttext allen Anlaß bietet. Was getrieben wird,
ist letztlich Stimmungsmache, und das ist schlimm, denn sie ist nicht
zuletzt ein Betrug an den HörerInnen. Was können sie denn für ihre
eigene Auseinandersetzung mit dieser Bewegung anderes mit nach
Hause nehmen als ein diffuses »Nein« ihres Pastors, das keiner
Rückfrage standhält? Und sollte jemand unter den PredigthörerInnen sich in innerer Nähe zu dieser Bewegung befinden, so wird er
sich vom Prediger nicht ernst genommen fühlen, im Zweifelsfall
wird er diese Art der Auseinandersetzung als Pluspunkt für die
New-Age-Bewegung verbuchen.
»Aber man kann doch nicht auf allen Gebieten Bescheid wissen« –
mag jemand einwenden. Richtig, aber man muß auch nicht über alles reden. Zumal für die Predigt gilt: *Worüber man nicht reden*
kann, soll man schweigen. Das ist besser, als mit schlecht recher-
chierten Nachrichten, Lagebeurteilungen oder Situationsbeschrei-
bungen Halbwahrheiten in die Welt zu setzen. Gerade prophetische
Predigt, die die Lebenswirklichkeit der Gemeinde unter das Gericht des Wortes Gottes stellt, darf sich an dieser Stelle keine Blöße
geben. Sie muß Selbstbeschränkung üben, nicht, was ihre prophetische Schärfe anbelangt, sondern im Blick auf die Themen, die sie
zur Sprache bringt. Der Prediger, den ich gerade zitierte, hätte sich
etwa damit begnügen sollen, sich gründlich mit dem auseinanderzusetzen, was ihm der Jugendliche erzählt hat. Oder er wäre ausschließlich der Frage nachgegangen, wo und wie heute mit Religion
Profit gemacht wird.
Im schlimmsten Fall führt das, was in der Predigt nicht stimmt, die
Gemeinde in die Irre, im besseren Fall bemerken die HörerInnen die

schlampige Recherche; dann wissen sie fortan, was sie von diesem
Prediger zu halten haben.

Halten wir uns, was den ›besseren‹ Fall angeht, noch einmal vor
Augen, daß die HörerInnen da, wo wir in der Predigt Lebenswirklichkeit zur Sprache bringen, mindestens ebenso kundig, oft aber
auch ›fachkundiger‹ sind als wir. Man sollte der Art, in der wir reden, abspüren können, daß wir das wissen und *die HörerInnen in
ihrer Kompetenz respektieren.* Eben dazu gehört ganz elementar
das saubere Recherchieren. Dazu gehört aber auch, daß ich an ge-
eigneter Stelle die Begrenztheit meines Informationsstandes einmal offenlege. Das kann bedeuten zuzugeben, daß ich noch im Begriff bin, mir ein Gebiet anzueignen, im Augenblick also nicht mehr
als eine erste Zwischenbilanz einzubringen habe. Das kann bedeuten, die Gemeinde darauf hinzuweisen, daß es zu dem, was ich sage,
Gegenmeinungen gibt. Überhaupt ist es manchmal hilfreich, die
Quelle meines Wissens bzw. den Hintergrund, auf dem ich zu einer
Wertung gelangt bin, offenzulegen. All dies muß nicht in langen
Ausführungen geschehen, aber gezielte Hinweise in diese Richtung
setzen mein Reden in einen adäquaten Rahmen und befreien ne-
benbei vom (selbsterzeugten oder von außen herangetragenen)
Image des Allwissenden.

IV   Zur Konkretheit ethischer Weisungen

In diesem Teil frage ich nach der Konkretheit paränetischer Pre-
digt-Passagen. Undiskutiert möchte ich dabei die Frage lassen, ob
überhaupt in einer Predigt konkrete Weisungen oder Mahnungen
gegeben werden sollen oder ob man sich besser damit begnügt,
›Richtung‹ und ›Linie‹ aufzuzeigen, damit die Gemeinde selbst zur
Ausformulierung von Handlungskonsequenzen gelangt. Ich möchte vielmehr der Frage nachgehen, was bedacht sein will, *wenn* ein
Prediger sich dazu entschließt, seiner Gemeinde eine explizite ethische Weisung mit auf den Weg zu geben. Theologische Kriterien
wie Textgemäßheit und Begründung des Imperativs im Indikativ
einmal vorausgesetzt, halte ich zweierlei für beachtenswert:

1   Erfüllbarkeit prüfen!

Eine ethische Weisung muß prinzipiell erfüllbar sein. Dieses Kriterium teilt sie mit jeder Art von Weisung, die den Anspruch erhebt,
ein sinnvoller Sprechakt zu sein.
Wie aber soll ich mich zu folgender Weisung verhalten:

»Wir müssen einen entschiedenen Beitrag für mehr Gerechtigkeit auf dieser Welt leisten!«

Dieser Sprechakt ist so ›sinnvoll‹ wie die Aufforderung eines Bewaffneten, der mir zuruft: »Entweder Du tust mir etwas Gutes, oder ich schieße!« Ernsthaft gesagt: Wenn der Prediger meint, ich solle mir selbst überlegen, wie mein Beitrag aussehen könnte, dann soll er mir dies wenigstens mitteilen. Dann ehrt mich sein Vertrauen; dennoch wäre ich für einige Anregungen, in welche Richtung er seine Weisung konkret verstanden haben will, dankbar. Jedenfalls wird die Erfüllbarkeit einer Forderung um so mehr erschwert, je weniger ich mir unter ihr vorstellen kann. Dazu ein zweites Beispiel:

»Wir alle müssen daran arbeiten, daß die Kluft zwischen arm und reich kleiner wird.«

Zwar wird man sagen können, daß diese Forderung prinzipiell für jedes Gemeindeglied erfüllbar ist, eine andere Frage ist aber, ob die Erfüllbarkeit auch allen HörerInnen *einsichtig* ist – und darum geht es! So, wie der Satz lautet, legt er es einem nahe, an Großes, die Strukturen Veränderndes zu denken, und da mag sich die ›Witwe‹ schon fragen, ob ihr ›Scherflein‹ überhaupt in den Bereich des hier Geforderten gehört. Und was ist, wenn sie diese Frage bejaht, als Sozialhilfeempfängerin aber nicht einmal mehr dies geben kann? Darf sie sich dann dispensieren, obwohl doch der Herr Pfarrer »wir alle« und »müssen« gesagt hat? Nimmt diese Hörerin die Weisung als Gebot Gottes ernst und erscheint sie ihr gleichzeitig als unerfüllbar, so muß sie daran zerbrechen.
Als Kontrast zitiere ich aus einer Predigt, die eben dort weitergeht, wo der letzte Prediger aufgehört hat, sich Gedanken zu machen.

Ihr Text ist Hebr 13,16: »Wohlzutun und mitzuteilen vergesset nicht, denn solche Opfer gefallen Gott wohl.« Auch in dieser Predigt wurde von der immer breiter werdenden Schere zwischen arm und reich gesprochen, von der strukturellen Ungerechtigkeit der Weltwirtschaftsordnung und der Rolle, die unser Land in ihr spielt. Dabei wurde ein wichtiges Stück Aufklärungsarbeit geleistet und die politische Brisanz des Bibelwortes transparent gemacht. Aber dann nimmt der Prediger einen neuen Anlauf und sagt:
»Manche unter Ihnen werden sich längst gefragt haben: ›Was kann ich denn tun? Ich bin kein Politiker, ich habe keinen Einfluß. Ich habe nicht einmal etwas, was ich spenden könnte, denn bei mir reicht's auch gerade nur zum Nötigsten.‹ Ich weiß, daß das keine billigen Entschuldigungen sind. Ich nehme ernst, daß manche unter Ihnen gern etwas tun würden, aber beim besten Willen nicht wissen, was sie tun könnten. Denen möchte ich jetzt sagen: Sie können etwas tun. Sie können sogar ganz viel und ganz Wichtiges tun. Drei Möglichkeiten möchte ich Ihnen nennen:

a)   Ich weiß, daß eine Reihe von Ihnen an der Erziehung der Enkel mitbeteiligt sind. Sie versuchen den Kindern das, was Ihnen wichtig ist, mitzugeben, damit sie einmal ordentlich geraten. Wir haben im Frauenkreis einmal darüber gesprochen, worauf sie besonders achten: auf Sauberkeit, darauf, daß die Kinder ehrlich sind . . . Mir fiel aber auf, daß eines nicht genannt wurde: daß die Kinder teilen lernen. Sehen Sie, das können Sie tun. Den Kindern das Teilen beibringen. Daß die nicht nur auf sich selbst achten, sondern auch auf die, die weniger haben. Sie können ihnen erzählen von den Kindern unserer Partnergemeinde in Namibia, die keine Spielsachen haben und für die wir Spielzeug sammeln . . . Sie können das, wenn Ihnen daran liegt, daß nicht nur Ihre Enkel, sondern auch andere Kinder genug zum Leben haben. Sie können das, wenn, ja wenn Sie dem zustimmen, daß Teilen genauso wichtig ist wie Sauberkeit und Ordnung und Fleiß . . .

b)   Viele von Ihnen beten. Aber beten Sie auch für ›die da unten‹? Für die Armen, für die, von denen ich eben geredet habe? Auch das können Sie tun. Und damit würden Sie wiederum etwas ganz Wichtiges tun. Und beten Sie für unsere Politiker und für die Leute von der Wirtschaft, beten Sie dafür, daß die sich bei ihren Überlegungen und Beschlüssen die Leiden der Armen zu Herzen nehmen. Ob Sie wohl dafür beten könnten, daß wir (ich meine unser Volk) uns eine gerechtere Verteilung der Güter etwas kosten lassen würden?

c)   Schließlich möchte ich Ihnen vorschlagen, einen Satz heute morgen zu verlernen. Es ist ein schlechter Satz, und doch habe ich ihn schon oft gehört. Er lautet: ›Warum sollen wir denn immer nach da unten spenden, bei uns gibt es doch auch genug Not.‹ Sie wissen, wann dieser Satz gesagt wird. Bei jeder Brot-für-die-Welt-Aktion höre ich ihn: ›Bei uns gibt es doch auch Not.‹ Ja, bei uns gibt es auch Not, und doch ist unsere Not mit der Not derer, für die gesammelt wird, nicht zu vergleichen. Wenn Sie hier ins Krankenhaus kommen, haben Sie ein Bett, was täglich bezogen wird, und viele Menschen kümmern sich um Sie, und alles ist da, was für Ihre Genesung wichtig ist . . . Das alles fehlt denen, für die wir sammeln. In Indien habe ich es erlebt, daß zwei Kranke sich ein Bett teilen mußten, und es wurde einmal in der Woche bezogen, und doch waren sie dankbar, weil viele nicht einmal dies hatten. Und deshalb: Ich sage nicht: ›Spenden Sie!‹ Ich weiß, manche können nichts geben. Aber ich sage: Tun Sie nichts *gegen* das Spenden. Behindern Sie Spendenaktionen für die dritte Welt nicht mit dem Satz: ›Bei uns gibt's doch auch genug Not.‹ Sie können sich diesen Satz verbieten – und auch damit tun Sie etwas Gutes und Wichtiges . . .«

Diese Passage besagt im Kern nichts anderes als der Satz: »Wir alle müßten . . .« Und doch hört sie sich völlig anders. Sie ist konkret und ist erfüllbar. Ich sage nicht, daß man immer in solcher Ausführlichkeit eine ethische Weisung ›klein machen‹ müsse. Aber dies ab und an zu tun, halte ich für sinnvoller, als regelmäßig diffuse Mahnungen loszulassen.

2   Konsequenzen bedenken!

Wer eine ethische Weisung gibt, muß die Konsequenzen bedacht haben, die sich für den ergeben, der ihr zu folgen trachtet.

Ich habe bisweilen den Eindruck, daß Predigende von der still-
schweigenden Voraussetzung ausgehen, ihre Weisungen blieben
ohnehin wirkungslos – und dann lauten sie auch entsprechend:

»Wir müssen denen, die für die Vergiftung des Rheins verantwortlich sind, entge-
gentreten und ihnen offen ins Gesicht (!) sagen: ›Nicht mit uns! Wir machen da
nicht mehr mit, wir leisten Euch Widerstand . . .‹«

Ob der Prediger sich das einmal bildlich vorgestellt, ob er das, was
er fordert, womöglich einmal selbst ausprobiert hat? Er mag einwenden, das sei natürlich metaphorisch gemeint. Aber mir hilft da,
wo ich zum Handeln aufgefordert werden soll, die metaphorische
Umschreibung eher wenig. Es sei denn, ich sollte aus dieser Weisung mitnehmen, daß ich ›irgendwie‹ auch dagegen sein soll, zwar
nicht genau wissend, was ich nun tun kann, wohl aber dies, daß es
etwas Entschiedenes und Radikales sein müsse.
Gegen Ende einer Weihnachtspredigt heißt es:

»Ein erster Schritt wäre, wenn wir gleich auf dem Weg nach Hause einen einsamen
Menschen mitnähmen, ihn zum Fest einlüden und unsere Weihnachtsfreude mit
ihm teilten.«

Der Konjunktiv läßt erkennen, was der Prediger von seiner eigenen
Weisung hält. Wenn er sich trotzdem einmal bildlich vorgestellt hätte, wovon er da redet, dann hätte er zumindest sagen müssen, daß
dieser »erste Schritt« – abgesehen davon, daß es am Heiligabend gar
nicht so leicht ist, jemand Einsamen »auf dem Weg nach Hause« zu
finden – ein riesiger Schritt wäre, der mit Risiken verbunden ist, der
Mut und Flexibilität verlangt. Die Wirkungslosigkeit paränetischer
Predigt wird durch solche Lebensfremdheit vorprogrammiert.
Im folgenden Zitat kommt ein Prediger zu Wort, dem man abspürt,
daß er seine eigenen Sätze ernst nimmt. Das führt ihn – fast möchte
man sagen: zwangsläufig – dazu, sich über die Konsequenzen seiner
paränetischen Aussagen Gedanken zu machen und diese seiner
Gemeinde mitzuteilen.

Der Predigttext ist Apg 19,23–40: Aufruhr in Ephesus. Nach einem narrativen Teil,
der der Gemeinde den damaligen Konflikt noch einmal plastisch vor Augen geführt hat, heißt es:
»Liebe Gemeinde, laßt mich die Geschichte hier zunächst unterbrechen und ein erstes Fazit ziehen. Zunächst fällt auf: Die Christen haben die Auseinandersetzung
mit den Vertretern des Kapitals nicht krampfhaft oder mutwillig gesucht. Sie
brauchten diese Auseinandersetzung nicht, um Profil zu zeigen. Sie wird ihnen als
Folge ihrer Christusverkündigung gleichsam aufgedrängt. Aber da, wo sie nun ein-

mal unausweichlich geworden ist, gilt es, ihr standzuhalten. Entstanden ist sie dort, wo der Anspruch der Gebote Gottes quer steht zu den Interessen der Macht und des Geldes. Dort wird sie immer wieder entstehen, und dort kommt es auch heute zum notwendigen Streit. Etwa dort, wo Christen, bewegt von der Friedenspredigt Jesu, ihre Stimme erheben gegen Rüstungsexport oder überhaupt gegen die astronomischen Geldsummen, die in die Produktion von Rüstung gesteckt werden. Oder wenn wir, der Bitte der leidenden Schwarzen in Südafrika folgend, dazu aufrufen, keine Früchte aus Südafrika zu kaufen und keine Krügerrand-Münzen, und wenn wir deutsche Banken auffordern, ihre Kreditgeschäfte mit Südafrika zu überprüfen.

Wo Geld und Geist in Widerspruch zueinander geraten, da kommen Christen ins Gedränge. Da müssen sie sich einmischen in Fragen der Politik und der Ökonomie, und da werden sie in Konflikt geraten mit mächtigen Interessen. Wir werden in solchen Konflikten um so besser dastehen, je sachkundiger wir uns gemacht haben. Informieren müssen wir uns, so gut es geht, aber das heißt nicht, daß wir uns schon deshalb zum Schweigen bringen lassen müssen, wenn von Seiten des Geldes sogenannte Sachzwänge ins Feld geführt werden. Die Demetriusgeschichte sollte uns vor allem hellhörig werden lassen, wenn drei Argumente ineinandergefilzt werden: die Religion, die Gewinne und die Arbeitsplätze . . .

Wenn wir um der Gebote Gottes willen mit Geldinteressen in Konflikt geraten, dann müssen wir uns klarmachen, was das für Folgen nach sich ziehen kann, und uns fragen, ob wir bereit und in der Lage sind, diese auf uns zu nehmen. Was ich damit meine, ist folgendes: Wir wissen nicht, was der Streit in Ephesus auf die Dauer für Folgen hatte. Aber stellen wir uns einmal vor, einer der Handwerker hätte, von der christlichen Predigt bewegt, die Produktion von Tempelchen nicht länger mit seinem Gewissen vereinbaren können. Er wäre ja tatsächlich in seiner materiellen Existenz bedroht gewesen. Darin hat Demetrius ja Recht. Und es käme nun alles darauf an, ob die christliche Gemeinde ihm Rückhalt zu bieten vermag oder nicht. Ob sie bereit ist, an seinem Schicksal mitzutragen. Ob sie ihn und seine Familie finanziell unterstützt und vielleicht mit ihm gemeinsam überlegt, wie er seine Produktion umstellen kann.

Liebe Gemeinde, da kommen atemberaubende Fragen auf uns zu. Es ist eben etwas anderes, die Geltung der Gebote Gottes für das öffentliche Leben mit Worten einzuklagen oder sich tatsächlich nach ihnen zu richten und dann von den Folgen betroffen zu sein. Aber erst die Bereitschaft zur eigenen Tat, und das wird oft heißen: erst die Bereitschaft zum eigenen Verzicht, macht unser Reden glaubwürdig.«

Weil dieser Prediger seine eigenen Worte ernst genommen und zu Ende gedacht hat, fühle ich mich als Hörer ernst genommen. Ich weiß, worauf ich mich einlasse, wenn ich in die vom Prediger gewiesene Richtung gehe. Vielleicht werde ich angesichts der Folgen, die er mir nicht verschweigt, zunächst nur eben nachdenklich aus dieser Predigt weggehen und mich fragen, wie es um mein politisches Reden und Handeln steht, wie um meine Gemeinde und wie um unsere Leidensbereitschaft. Gut, daß der Prediger mir das zugesteht. Denn vom Ernst der Nachfolge habe ich durch seine vorsichtigen, die Konsequenzen mitbedenkenden Sätze mehr begriffen als durch starke, aufrüttelnde Sätze, die in mir allenfalls den wohligen und

wohlfeilen Schauder zurückgelassen hätten, dabei gewesen zu sein,
als der Teufel des Großkapitals an die Wand gepredigt wurde.
Der letzte Abschnitt des Zitats hat mich als einen, der selbst predigt,
besonders nachdenklich gemacht. Mir ist noch einmal deutlich geworden, daß ich meiner Gemeinde bisweilen Weisungen zumute,
ohne zu bedenken, daß deren Befolgung *manchen HörerInnen weit
mehr abverlangen würde als mir*. Mich ›kostet‹ ein Tischgebet allenfalls ein Quentchen geistliche Disziplin, den, der in einer Werks-
kantine ißt, aber eine gehörige Portion Zivilcourage, und den, der
in einer nichtchristlichen Familie zu Hause ist, womöglich eine
schwierige Auseinandersetzung. In meinem sozialen Kontext habe
ich es leicht, gegen Tierversuche, Umweltverschmutzung, Rü-
stungsausgaben etc. meine Stimme zu erheben. Mehr noch, solches
Reden ist für mich u.U. sogar mit einer Steigerung meines Sozial-
prestiges verbunden: Ich werde um Referate gebeten oder avancie-
re zum Synodalbeauftragten für Friedensarbeit. Das ist für den
Mann vom ›Büdchen‹, bei dem ich meine Zeitung hole, schon anders und noch anders für meine bei Bayer arbeitenden Gemeindeglieder, die im harmlosesten Fall isoliert dastünden, wenn sie im
Kollegenkreis das sagten, wofür mir meine Schwestern und Brüder
auf die Schulter klopfen. Und was den Früchte- und Krügerrand-
boykott angeht, zu dem ich schon so oft entschieden ›aufgerufen‹
habe: Auch der kostet mich nichts, allenfalls einen Umweg beim
Einkaufen. Anders ist dies bei einer engagierten Kindergottes-
diensthelferin, die nach vielen vergeblichen Bewerbungen jetzt
endlich eine Lehrstelle bei der Deutschen Bank gefunden hat und
dort verkaufen muß, wogegen ich predige – oder ihr wird gekün-
digt.
Dies ist kein Plädoyer dafür, die Predigt fortan auf ein ethisches
›Normalmaß‹ zu stutzen! Aber unseren Predigten sollte im Sinne
des zitierten Beispiels abzuspüren sein, daß wir die im Blick behalten, denen wir unsere Weisungen zumuten. Wir sollten sie mit der
Frage nach den Konsequenzen nicht allein lassen. *Unser Reden
sollte vom Respekt vor dem oftmals viel schwierigeren Lebenskontext, in dem unsere Gemeindeglieder ihr Christsein zu bewähren haben, geprägt sein.*
Eine Bemerkung zum Schluß: Die ›positiven‹ Beispielzitate haben
noch einmal deutlich werden lassen, was für alle Überlegungen dieses Kapitels gilt:
Konkretheit kostet Zeit. Wer konkret redet, wird die Fülle der Predigtgedanken reduzieren müssen. Man wird die Gewichte von Mal
zu Mal anders verteilen. Mir ist nur wichtig zu betonen, daß das
konkrete Predigen nicht nur seinen Preis, sondern auch seinen Ge-

winn hat: Wer die Fülle der Gedanken reduziert, gewinnt an Gründlichkeit, Anschaulichkeit und Lebendigkeit. Wie heißt es beim Prediger Salomo: »*Besser eine Hand voll mit Ruhe als beide Fäuste voll mit Mühe und Haschen nach Wind*« (4,6).

V   Zum Erzählen in der Predigt

1   Warum erzählen?

Das Erzählen nimmt im Blick auf die zur Sprache kommende Wirklichkeit gerade den umgekehrten Weg wie die reflektierende und argumentierende Rede. Während sich letztere, von einem Geschehen herkommend, darüber ›Gedanken macht‹, führt das Erzählen zum Geschehen zurück. Dabei nötigt dieser Redemodus den Predigenden geradezu zur Konkretheit. Denn indem er ein Ereignis erzählend ›wiederholt‹, muß er sich (erneut) in es hineinversetzen, und je mehr Zeit er sich dafür nimmt, je gründlicher er sich das Geschehene besieht, desto mehr werden auch seine HörerInnen zu sehen (zu hören, zu riechen, zu schmecken) bekommen. Mit Recht schreibt *Gert Otto:* »Erzählen ist ein ursprünglicher Modus der Wirklichkeitsmitteilung, etwas erzählt bekommen ein ursprünglicher Modus der Wirklichkeitserfahrung. Der Erzähler macht den Hörer in der Erzählung zum Teilhaber einer ihm zuvor verborgenen oder verschlossenen oder noch nicht bekannten Wirklichkeit« (Handbuch, 219). Deshalb *fesselt* auch das Erzählen in besonderer Weise die Aufmerksamkeit der HörerInnen: »Es vermittelt leichthin und ohne Anstrengung eine ganze Menge an Informationen, und es weckt mehr Phantasie und Engagement als eine abstrakt-theoretische Erörterung. Erzählen belebt und bewegt. Bilder und (dynamische) Prozesse haften besser als (statische) Begriffe und Argumente« (*Öffner,* Grundlegung, 90).
Wer einmal bei sich überprüft, was er noch *behalten* hat: aus Predigten, aber auch aus Büchern, Vorlesungen, Vorträgen oder wichtigen Gesprächen, wird leicht feststellen, daß Erzähltes darin den breitesten Raum einnimmt. Und schon Luther sah sich zu der Feststellung genötigt: »Wenn man articulum justificationis predigt, so schlefft das volk und hustet, si autem inceperis historiam aut exemplum, tum errectis auribus cum summo silentio attendunt« (Clemen VII, 25f).
Allerdings dürfen erzählende und argumentierende Predigt nicht zugunsten der ersteren gegeneinander ausgespielt werden. Im Gegenteil, wie in Abschnitt 3 zu zeigen sein wird, bedarf eine Erzäh-

lung in der Predigt in aller Regel einer erörternden Betrachtung. Nur darum geht es mir, die Chance, die im Erzählen liegt, nachhaltig zu unterstreichen.

Dazu sei an einen weiteren Vorzug des Erzählens erinnert: Eine Erzählung vermag im Bereich der Verkündigung am ehesten die *schichtspezifisch bedingten ›Sprachbarrieren‹ zwischen Kirche und Arbeiterschaft zu überschreiten* (vgl. *Albrecht*, Sprachbarrieren; ders., Arbeiter). Die kirchliche Verkündigung ist über weite Strecken von einem Sprachmodus geprägt, den Basil Bernstein, der Klassiker der Soziolinguistik, den ›elaborierten Code‹ genannt hat. Bezeichnend für diesen Code sind komplizierte Satzkonstruktionen, ein hoher Abstraktionsgrad und die stringente logische Verknüpfung der einzelnen Gedanken, um nur einiges zu nennen. Auf dieser Ebene kommuniziert die Mittelschicht, die Schicht also, deren wichtigstes ›Arbeitsmittel‹ eben die Sprache ist. Albrecht weist darauf hin, daß schon ein mittlerer Angestellter pro Tag durchschnittlich 50000 Wörter bewältigen muß, was der Lektüre eines Buches von 200 Seiten entspricht. Das Arbeitsmittel der Unterschicht sind dagegen die Hände. Die der Unterschicht Angehörenden kommen in ihrer Arbeit oft mit wenigen Anweisungen aus – und das betrifft nicht nur den ›klassischen‹ Fabrikarbeiter, sondern auch die Kassiererin im Supermarkt. Dies prägt ihre Sprache und damit auch ihr Hörvermögen in charakteristischer Weise. Wie, das braucht in unserem Zusammenhang nicht eigens dargelegt zu werden (eine gute Zusammenfassung der Ergebnisse findet sich bei *Öffner*, Grundlegung, 61ff). Es genügt, wenn wir uns daran erinnern lassen, daß gerade das Erzählen eine Brücke ist, die beide Sprachwelten verbindet: »Eine Erzählung hat einen konkreten (tatsächlichen oder fiktiven) Vorgang zum Gegenstand. Erzählend wird ein Problem an einem konkreten Fall Schritt für Schritt entfaltet. D.h. eine Erzählung ist immer konkret und dynamisch . . ., und sie geht nicht logisch im strengen Sinne vor (Thema; Teilproblem I, II, III; conclusio), sondern ›chronologisch‹, assoziativ, schrittweise – eben wie die Sprache der Arbeiter« (ebd., 88).

Warum erzählen? Schließlich auch deshalb, weil es schon seltsam (und womöglich bezeichnend) wäre, wenn wir auf der Kanzel gerade de *den* Redemodus meiden würden, den auch *wir* im Alltag *ständig wählen*, wenn wir etwas Wichtiges mitteilen wollen, was wir erlebt oder von anderen erfahren haben: »Stell Dir vor, was mir passiert ist . . .« – »Da erfahre ich doch gerade von meinem Kollegen . . .« – »Hast Du schon gehört . . .?« – »Hast Du schon gelesen . . .?« – Womit ich gleichzeitig daran erinnert haben möchte, daß jeder Prediger und jede Predigerin erzählen kann!

2 Was erzählen?

Hier ist zunächst und vor allem die *biblische Geschichte* selbst zu nennen.

> In der Bibel wird »das Entscheidende immer in einfachen Worten erzählt, nie (zunächst) in theologischer Begrifflichkeit. Von der Schöpfung der Welt wird in ganz verschiedener Weise erzählt. Von der Geschichte des Volkes Israel mit seinem Gott, vom Exodus aus Ägypten, von der Besitznahme des verheißenen Landes, vom Abfall und der Sünde des Volkes und von den Erneuerungsbemühungen der Propheten wird erzählt. Von Jesus, von seiner Geburt, seinem Wirken und Leiden, von seinem Tod und seiner Auferstehung und der durch ihn gekommenen Erlösung wird erzählt. Und wie das Wesen der Welt und des Menschen in der Geschichte vom Beginn der Welt erzählend begriffen wurde, so wird es auch in der Erzählung vom Ende der Welt und vom neuen Himmel und der neuen Erde erzählend gedeutet« (*Öffner*, Grundlegung, 92).

Im Charakter der Bibel als einem Erzählbuch spiegelt sich der Charakter der Offenbarung Gottes selbst: Gott erweist sich darin als unser Gott, daß er in unserem Raum und in unserer Zeit für uns da ist (Ex 3,14), daß er unter uns und uns zugute – Geschichte macht. Gerade *Karl Barth* hat die Theologie immer wieder energisch an diesen Sachverhalt erinnert, lange bevor das Schlagwort von der ›narrativen Theologie‹ in aller Munde war: »Theologie ist Bericht von dieser Geschichte . . . Eben darum darf sie nicht zum System entarten. Sie muß sich unter allen Umständen auf jene Geschichte beziehen und also unter allen Umständen *Erzählung* sein und bleiben« (KD III/3, 334). »Die Versöhnung ist Geschichte . . . Wer von ihr reden will, muß sie als Geschichte erzählen« (KD IV/1, 171). Was Barth hier der Theologie ins Stammbuch geschrieben hat, gilt erst recht für die Predigt (zur Bedeutung des Erzählerischen in Luthers Predigtarbeit vgl. *Lischer*, Funktion). Dieser Hinweis mag für den Augenblick genügen, für weitere theologische Erwägungen verweise ich auf das nächste Kapitel. Was die im engeren Sinne homiletischen Fragen angeht, denen ich mich in den drei folgenden Teilen zuwenden werde, so lassen sie sich grundsätzlich auf jede Erzählung beziehen, sei sie nun biblischer oder außerbiblischer Herkunft.

Wer die *Lebenswirklichkeit seiner HörerInnen* erzählend zur Sprache bringen will, sollte sich klarmachen, für welchen Bereich das erzählte Ereignis steht. *Horst Hirschler* unterscheidet zu diesem Zweck vier Bereiche:

> »*Der zwischenmenschliche Bereich.* In diesem Bereich lassen sich am leichtesten Ereignisse aufnehmen und darstellen. Erlebnisse in der Familie, Erfahrungen im

Beruf mit Arbeitskollegen, Nachbarliches, die Kinder in der Schule und überhaupt, der Generationenkonflikt, der Außenseiter, Gruppenzugehörigkeit, Erfahrungen in der Kirchengemeinde. Dieser Bereich wird von uns als vorrangig wichtig erlebt, weil wir in ihm die alltäglichen Erfahrungen machen. Die Probleme sind überschaubar. Der Hörer hat in solchen Fragen eine natürliche Kompetenz . . .
Strukturelle Probleme im Nahbereich. Ich denke dabei an Probleme, die vom einzelnen durchaus als zu seinem Leben gehörend erfahren werden, die aber doch ein strukturelles Problem darstellen, dem er ausgeliefert ist. Die Arbeitslosigkeit, die Freizeitprobleme der Jugend, die Schwierigkeiten, die Kinder christlich zu erziehen, das Problem der ausländischen Arbeitnehmer und ihrer Familien, die zunehmenden Ehescheidungen, der § 218, die Lage der alten Menschen . . . Wenn der Prediger solche Fragen in der Predigt aufnehmen will, wird er den Punkt finden müssen, an dem etwas von solchen strukturellen Problemen erlebbar ist . . .
Strukturelle Probleme im globalen Bereich. Hierzu gehören der Hunger in der Welt, das Wettrüsten, der Rassismus . . . Umweltgefährdung . . . das Problem der Änderung der wirtschaftlichen Verhältnisse usw. Seltsamerweise fallen mir diese großen Themen immer als erstes ein, wenn es um Predigtthemen geht . . .« Aber: »Auch hier muß der Punkt aufgesucht werden, an dem solche Fragen praktisch werden. Der Prediger muß zeigen, wo ein Problem die Interessen der Hörer berührt, wo es wichtig für ihr Leben und für ihren Glauben ist.
Der Bereich des individuellen Erlebens. Dabei denke ich an die Erfahrungen, die einer mit sich selbst macht, mit seiner Freude, mit seinem Unglück, mit seiner Ich-Stabilität und seiner Depression, mit seiner Hoffnung, mit dem Beten, mit der Erfahrung der Geborgenheit in Gott, mit dem neuen Mut, mit der langen Durststrecke, die zu überstehen ist, mit dem Tod und dem Sterben, mit der Krankheit, mit der Enttäuschung, mit der Frömmigkeit und mit den fröhlichen Tagen. Die Aufnahme dieses Bereichs in der Predigt wird vom Hörer zumeist mit Dankbarkeit registriert« (Konkret, 55f).

Über die von Hirschler selbst gegebenen Hinweise hinaus hilft mir diese Aufstellung, um mich an die Spannbreite dessen zu erinnern, was unsere Lebenswirklichkeit ausmacht. Das mag mich davor bewahren, einen der genannten Bereiche auszublenden und einen anderen ständig zu favorisieren.

Was nun die *Herkunft* des Erzählstoffes betrifft, so möchte ich zunächst noch einmal auf die *Bibel* zurückkommen und betonen: *Keiner* der hier aufgelisteten Bereiche *bleibt in ihr ausgespart.* D.h.: Ich kann, aber ich muß nicht auf außerbiblisches Material zugehen, um das sich in einem dieser Bereiche abspielende ›Leben‹ in die Predigt hineinzuholen. In meinem Aufsatz »Die Bibel als Chance des Predigers« habe ich deshalb gegen den heute zu beobachtenden Trend Einspruch erhoben, notorisch außerbiblischem Erzählmaterial den Vorzug zu geben. Ich will die dort vorgebrachten Argumente hier nicht noch einmal wiederholen; kurz gesagt ging es mir vor allem darum, daß der immer mehr um sich greifenden Bibelvergessenheit nicht auch noch durch eine entsprechende Art der Predigt Vorschub geleistet wird. Unterstreichen möchte ich hingegen, daß bei

meinem Einspruch die Betonung auf dem Wort *notorisch* lag. Das
Folgende wird zeigen, daß es mir nicht um ein generelles Verbot
ging – als wäre außerbiblisches Erzählmaterial nicht immer schon
und so auch heute ein mögliches und bisweilen hilfreiches Element
der Verkündigung (vgl. aber Kapitel 4, III, 1.2)!

Solches außerbiblische Material wird seinerseits sehr unterschiedlicher Herkunft sein: persönlich Erlebtes, selbst Beobachtetes, in
Gesprächen Gehörtes, Gelesenes, Ereignisse aus der Geschichte,
Erzähltes aus der Literatur usw. Auswahlkriterium kann dabei allein die *Qualität* des Erzählten, nicht aber die persönliche Originali-
tät des Predigers sein:»Diebstahl ist im Bereich der Predigt eine
Weise, wie der Heilige Geist zur Wirkung kommen kann. Deshalb
sind die Erzählungen der anderen ein wichtiges Materialreservoir
für den Prediger« (*Hirschler,* ebd., 48).

Es lohnt sich deshalb, Szenen, Begebenheiten, Geschichten, die einem begegnen, festzuhalten und aufzubewahren, um gegebenenfalls irgendwann später davon Gebrauch machen zu können (leider
begegnen sie einem selten nach Bedarf!). Wir sind an dieser Stelle
auf Reichtum angewiesen, denn nichts ist peinlicher als dies, daß
ein Prediger der Gemeinde wieder eine ›seiner‹ Geschichten zum
Besten gibt (oft eingeleitet durch:»Einige von Ihnen werden die
Geschichte vielleicht schon kennen«). Auch für PredigthörerInnen
sind Konserven eine ungute Kost: wenig nahrhaft und schnell langweilig.

Bei der Auswahl und Bearbeitung von Erzählmaterial bleiben die
in den Teilen I und III herausgearbeiteten sprachlichen und inhaltlichen Kriterien von Belang (als Stichworte nenne ich nur: Anschaulichkeit und Stimmigkeit).

Eine *Warnung* möchte ich hier aus gegebenem Anlaß hinzufügen:
Wer erzählt, sollte darauf *verzichten zu mogeln.* Die Versuchung ist
ja groß, an einer Geschichte so lange zu drehen, bis sie sich meinem
Aussagewillen fügt. Es ist eines, eine Geschichte zu erfinden, ein
anderes, etwas als geschehen hinzustellen, was ich in Wahrheit verändert habe, um es mir für die Predigt nutzbar zu machen.»Lügen
haben kurze Beine«, und die Gemeinde kommt solcher homiletischen Geschichten- und Geschichtsklitterung schnell auf die Spur
und – denkt sich ihr Teil.

3   Wozu erzählen?

Sowohl über die Auswahl des Erzählstoffs als auch über das Wie
seiner Präsentation kann ich sinnvollerweise nur entscheiden, wenn
ich mir klargemacht habe, *wozu* ich erzähle, d.h. *welche Funktion*

die Erzählung (das Erzählstück) in der Predigt einnehmen soll (vgl. die entsprechenden Passagen im 1. und 2. Kapitel). Die Tatsache, daß ein Prediger von einer Erzählung fasziniert sein mag, ist also noch kein hinreichender Grund, sie in die Predigt mit einzubeziehen. Es mag wohl vorkommen, daß eine Erzählung im Sinne eines Predigteinfalls als erstes ›da‹ ist. Der Prediger muß dann aber in einem zweiten Schritt klären, was er mit der Erzählung bezweckt und wie er seine Absicht den HörerInnen deutlich machen kann, sonst läuft er Gefahr, daß die Erzählung im Blick auf das Ganze disparat bleibt; im harmloseren Fall ist sie im Blick auf das Predigtziel ›verschenkt‹, im schlimmeren entwickelt die Erzählung eine vom Predigenden nicht beabsichtigte Eigendynamik. Ich mache zunächst auf einige Gefahren aufmerksam, die an frühere Überlegungen anknüpfen:

a)   In Erinnerung an die kritischen Äußerungen Jutzlers (vgl. III, 3a) sei noch einmal ausdrücklich davor gewarnt, eine Erzählung lediglich als › *Motivationsspritze*‹ zu mißbrauchen. Wer mit einer Erzählung beginnt, muß im weiteren Verlauf der Predigt darauf zurückkommen.

b)   Wer in einer problemorientierten Predigt das Problem mit Hilfe einer Erzählung entfaltet, muß inhaltlich darauf achten, daß *Problem und ›Lösung‹ einander entsprechen,* und er muß formal vermeiden, daß die ›Lösung‹ gegenüber der ›Problemgeschichte‹ methodisch abfällt: Neben einer lebendigen und farbigen Problemgeschichte macht sich eine trocken-lehrhaft erörterte ›Lösung‹ schlecht.

c)   Im Grunde läßt sich jeder Gedanke einer Predigt mit Hilfe einer Erzählung oder eines Erzählstücks illustrieren. Die Vorteile liegen nach allem bisher Gesagten auf der Hand. Aber diese Vorteile werden dann zum *Nachteil,* wenn die Illustration *an der falschen Stelle* erfolgt. Dazu ein Beispiel:

In einer Weihnachtspredigt über 2Kor 1,19 (». . . sondern es war *Ja* in ihm«) findet sich folgender Gedankengang:
a)   Wenn wir etwas Langersehntes geschenkt bekommen, freuen wir uns.
b)   Wir sehnen uns nach einem liebevollen und unverbrüchlichen Ja zu uns.
c)   Die Freude, die uns Gott zur Weihnacht schenkt, ist sein in die Welt gekommenes, ›fleischgewordenes‹ Ja zu uns.
Von diesen drei Aussagen ist uns die erste am ehesten ›klar‹. Selbst in der gerafften Form einer Überschrift wissen wir, was hier gemeint ist, vermögen eigene Erfahrungen und Erinnerungen zu assoziieren. Diese Aussage bedarf im Grunde keiner großen Erklärung oder Illustration, um verstanden zu werden. Ganz anders die Aussage unter Punkt c, wo sich uns sofort eine Fülle von Fragen auftut und wo wir für veranschaulichende Rückbindung an Erfahrungen oder Erfahrbares dankbar wären. Leider läßt die Predigt, deren Aufbau ich hier skizziere, sie an dieser Stelle

vermissen, während Punkt a durch eine breit angelegte Geschichte aus der Kindheit
über Gebühr verstärkt wird . . .

Die zuletzt notierte Lücke führt mich zu den *beiden wesentlichen
Funktionen,* in welchen eine Erzählung im Blick auf Glaubensaus-
sagen eingesetzt werden kann: als *Beispiel* und als *Bild* (Gleichnis).
Auf diese will ich jetzt näher eingehen, weil sie der besonderen
theologischen Klärung bedürfen.

a)   Die Erzählung als Beispiel
Die Funktion des Beispiels besteht darin, erzählend zu veranschau-
lichen, wie sich die *Wahrheit des Glaubens in unserer Lebenswelt
ereignet* (bzw. ereignet hat). So mag etwa die Verheißung »Bittet, so
wird euch gegeben« verdeutlicht werden an einer Geschichte, die
von einer Gebetserhörung erzählt.
Aus meiner eigenen, freikirchlich geprägten Familie kenne ich viele
gerade solcher Geschichten. Besonders beeindruckt hat mich die
folgende, die ich in Kürze wiedergebe:

N.N. lag nach dem Krieg seit 13 Monaten mit schwerster Lungentuberkulose im
Krankenhaus. Es war zu inneren Verwachsungen gekommen, die eine Hoffnung
auf Stillstand der Krankheit, einer Heilung gar, immer mehr schwinden ließen. Eine mögliche Wende könnte allenfalls durch eine neu eingeführte Operationsme-
thode eingeleitet werden, aber die Ärzte bezeichneten im speziellen Fall die Er-
folgsaussichten mit 1 : 50, da der Patient durch sein anhaltend hohes Fieber zu sehr
geschwächt sei. Als › Trost‹ gaben sie jedoch zu bedenken, daß bei einem Mißlingen
der Operation zumindest die Leidenszeit des Patienten verkürzt würde und er vor
dem zu erwartenden Erstickungstod verschont bliebe. Über der Entscheidung für
oder gegen den Eingriff wurde lange gebetet. Dann, am Vorabend zur Operation,
wurden dem Kranken noch einmal die Hände aufgelegt. Der Patient überlebte die
Operation, und als sich die Zeichen für eine Wende zum Besseren mehrten, sagte
der Arzt zu einer Angehörigen: »Da hat der da oben aber mitgeholfen.«

Ich habe keinen Grund, an der Wahrheit dieser Geschichte zu zweifeln. Und erst recht spricht theologisch nichts gegen sie, denn warum sollte das, wovon viele Psalmbeter berichten und was nach Mk
16,15ff der Gemeinde als Verheißung gegeben ist (vgl. 1Kor 12,28),
heute nicht auch möglich sein? Und doch habe ich diese Geschichte
nie in einer Predigt erzählt und werde es auch kaum tun, denn mir
scheint die Gefahr zu groß, daß sie mißverstanden wird. Auch wenn
der Prediger das nicht beabsichtigt, könnte sie durch ihren an ein
Wunder grenzenden Inhalt *mißverstanden werden als Beweisge-
schichte.* Wer sie aber in diesem Sinne ›annimmt‹, wird zu einem
falschen Glauben verführt, denn es gehört zur Göttlichkeit der Of-

fenbarung, daß sie gerade nicht bewiesen werden kann. Nun mag
der Prediger in einem besprechenden Teil dieses Mißverständnis
explizit ausräumen; selbst dann bliebe diese (oder eine ähnliche)
Geschichte für mich problematisch: Das *Außerordentliche* des dort
Erzählten hat einen *eher ausschließenden* als einen mitnehmenden
Effekt. Die meisten HörerInnen werden eine solch wunderbare Be-
wahrheitung des Jesuswortes ja gerade nicht erfahren haben. Und
da mögen sie entweder neidisch werden oder hadern oder sich fragen, ob das Ausbleiben einer solchen Erfahrung an ihrem zu schwachen Glauben oder ihrem zu nachlässigen Gebet liege. Andererseits könnte eine solche Geschichte Erwartungen wecken, bei denen die Gefahr groß ist, daß sie auch in Zukunft enttäuscht werden.
Warum habe ich die Geschichte dann aber hier überhaupt erwähnt?
Deshalb, weil die in ihr offensichtlich zutage tretenden *Gefahren
tendenziell jede Beispielgeschichte* begleiten (eingeschlossen sind
darin auch biblische Beispiele). Ich möchte deshalb aber nicht
grundsätzlich gegen den Einsatz von Beispielgeschichten plädie-
ren, denn das hieße ja, den Glaubens- und Erfahrungsschatz nicht
nur der Bibel selbst, sondern auch der nachfolgenden Generatio-
nen brachliegen zu lassen. Entscheidend ist aber, daß wir uns der
Gefahren *bewußt* sind und ihnen im Blick auf die Auswahl wie auf
die Art und Weise, in der wir Beispielgeschichten einbringen, Rechnung tragen.
Was die *Auswahl* anbelangt, erinnere ich hier nur an die Hinweise,
die wir oben (III, 2) Helmut Bariés Beobachtungen entnommen haben: Achtung vor Klischees, Hinwendung zum Alltäglichen etc.
Was den *Einsatz* in der Predigt betrifft, so wird eine Beispielerzäh-
lung *in der Regel einer reflektierenden/argumentierenden Einbet-
tung* bedürfen, die Mißverständnisse abzubauen hilft und gerade so
die im guten Sinne erbauliche Funktion des Beispiels verstärkt. Dazu zwei theologische Erwägungen, die es in je angemessener Weise
homiletisch umzusetzen gilt:
a)   Zunächst sei noch einmal betont: *Kein Beispiel* vermag die
Wahrheit einer Glaubensaussage zu *beweisen.* Im Gegenteil, *das
Beispiel setzt den Glauben voraus,* und nur für den, der glaubt, ist es
evident. Denn *eine Glaubenserfahrung ist ein im Lichte des Glaubens gedeutetes Widerfahrnis.* Das Widerfahrnis als solches ist *prinzipiell mehrdeutig.* Die oben erwähnte Heilungsgeschichte etwa
kann auch als das Ergebnis eines glücklichen Zufalls oder als psy-
chisch-physische Wirkung suggestiver Kräfte gedeutet werden. Das
muß der Prediger wissen und gegebenenfalls im Zusammenhang
mit einer Beispielgeschichte auch explizit zur Sprache bringen.
Die prinzipielle Mehrdeutigkeit gilt, wie gesagt, für alle Glaubens-

beispiele, also auch für solche, die weniger ›spektakuläre‹ Erfahrungen erzählen.

In einer Predigt über Ps 37,5 (»Befiehl dem Herrn deine Wege . . .«) erzählt ein Prediger vom Besuch bei einem krebskranken Gemeindeglied. Eindringlich schildert er dessen ausweglose Situation, die durch die bedrückenden Umstände, die eine Intensivpflege mit sich bringt, zusätzlich belastet ist. Der Besucher, der Pfarrer also, weiß nicht, was er diesem geschlagenen Menschen Tröstliches sagen soll, sein Leiden droht jedes fromme Wort zu blamieren. Aber dann sagt *der Kranke* zu ihm: »Wissen sie, Herr Pastor, wenn der (seine Augen weisen nach oben) nicht wär', dann wäre ich schon längst verzweifelt . . .«. Und dann erzählt er dem Pfarrer, daß jenes Psalmwort sein Konfirmationsspruch gewesen sei und daß er auch jetzt noch Kraft daraus schöpfe . . .

Wir spüren: Dieses Beispiel ist uns näher als das oben erwähnte. Statt von einem spektakulären Eingreifen Gottes wird hier von erfahrenem Trost erzählt, davon, wie der Glaube einem Menschen *in* seinem Leid Halt zu geben vermag. Aber auch hier gilt: Was im Selbstzeugnis jenes Kranken als Glaubenserfahrung und also als Einwirken Gottes erlebt wird, mag ein anderer als innerpsychisches Phänomen deuten. Freilich kann es in der Predigt nun nicht darum gehen, die christliche Deutung apologetisch als die ›wahre‹ verteidigen zu wollen; das liefe ja wieder auf einen Beweis hinaus. Im Gegenteil: Es muß deutlich gemacht werden – und in unserem Fall sagt es die Geschichte selbst –, daß jede Mitteilung einer Glaubenserfahrung ein *Akt des Bekennens* ist; und wer die Glaubenserfahrung eines anderen in seiner Predigt erzählend weitergibt, der stimmt in dessen Bekenntnis mit ein.

Halten wir also fest: Jede Beispielgeschichte der hier besprochenen Art ist im Grunde ein ›geschichtliches *Credo*‹ und hat darin Anteil an der Würde der Glaubensgeschichte des Volkes Gottes. So verstanden muß der Prediger um die phänomenologische Mehrdeutigkeit wissen, braucht sich ihrer aber gerade nicht zu schämen. Je weniger er die Mehrdeutigkeit überspielt bzw. durch apologetische Klimmzüge aufzulösen sucht, desto mehr wird sich die dem Credo eigene Kraft entfalten.

b)   Die zweite Überlegung knüpft hier unmittelbar an. Präzisierte die erste die Beispielgeschichte als Form eines Credo, so müssen wir jetzt über deren ›Geschichtlichkeit‹ nachdenken. Als ›*geschichtliches Credo*‹ bleibt die erzählte Glaubenserfahrung ein Schatz in irdenen Gefäßen: Wohl gibt sie Zeugnis von der ewigen Wahrheit, sie darf mit dieser aber *nicht identifiziert* werden. Zum einen liegt darin gerade ihre Lebendigkeit beschlossen: Weil in einer Glaubenserfahrung das ›ewige Licht‹ in der Begrenztheit unseres Raumes und

unserer Zeit aufleuchtet, kann es wahrgenommen, erinnert und erzählend weitergegeben werden. Als menschliche Erfahrung hat die
Glaubenserfahrung aber zugleich Anteil an den Bedingungen alles
Geschaffenen: Sie ist selbst gerade nicht ewig, sondern räumlich
und zeitlich begrenzt, und d.h. auch: Sie ist *von begrenzter Reichweite.*
Daraus folgt, daß es zu jeder Glaubenserfahrung nicht nur Gegen-
deutungen, sondern auch *Gegenerfahrungen* gibt. Die Psalmen legen beredtes Zeugnis davon ab, wie Anfechtung *und* Trost, Verzweiflung *und* Hoffnung im Leben der Glaubenden hart nebenein-
anderstehen können. Ganz zu schweigen davon, daß ein und derselbe ›Glaubensinhalt‹ von Situation zu Situation nicht nur neu,
sondern auch anders erfahren wird: Gottes Güte gereicht dem einen zur *Rettung aus* der Not, dem anderen zum *Trost in* der Not;
Gottes Vergebung gereicht den Niniviten zur Freude, Jona zum
Frust. Glaubenserfahrungen, auch die im Kanon erzählten, dürfen
nicht in der Weise ›kanonisiert‹ werden, daß sie als zeitlos gültige,
abrufbare oder einklagbare Stereotype des Wirkens Gottes hinge-
stellt werden.
Wird dies in der Predigt nicht berücksichtigt, steht die Erzählung einer Glaubenserfahrung (wie im Anschluß an das Eingangsbeispiel
schon angedeutet) in der *Gefahr,*
–   *falsche Erwartungen* zu wecken: So muß, so wird es sich in meinem Leben auch zutragen;
–   unter *Erfahrungsdruck* zu setzen: Was mache ich, dem solches
noch nicht widerfahren ist, falsch?;
–   wie eine *Norm* zu wirken, an der ich mein Erleben messe mit der
Folge, daß ich gerade die Punkte in meinem Leben übersehe, an denen der Herr – wenn auch ganz anders, als in der Predigt gehört – an
mir Großes getan hat.
Auch in dieser Hinsicht werden sich in der Praxis *›erzählter‹ und
›besprochener‹ Glaube oftmals ergänzen müssen,* damit die erinnerte Glaubensgeschichte den HörerInnen in ihrer Lebensgeschichte zur Glaubenshilfe werden kann.

Dazu noch ein Zitat aus der Predigt über Ps 37,5. Nach der Beispielgeschichte vom
getrösteten Kranken fährt der Prediger fort:
»Als ich das Krankenzimmer verlassen hatte, war ich zuerst beschämt. Beschämt
darüber, wie sich hier die Rollen vertauscht hatten. Er, der in seiner ganzen Hinfäl-
ligkeit Getröstete, wurde an mir, dem trostlosen Pastor, zum Seelsorger. Aber dann
wurde mir klar, daß in dieser Beschämung auch eine ganze Portion pfarrherrlicher
Hochmut steckt: Als müsse ich meiner Gemeinde immer einen Schritt voraus sein.
Und ich wurde dankbar, diesem Menschen begegnet zu sein, den sein Glaube noch
da spürbar trägt, wo ihm alles andere zerrinnt. Das ist ja nicht jedem gegeben. Und

ich wage von mir nicht zu behaupten, daß ich in einer vergleichbaren Situation noch so reden könnte wie er. Aber gerade wenn ich's nicht kann, möchte ich mich an seine Worte erinnern. Denn dieser Mann ist für mich ein glaubwürdiger Zeuge dafür, daß Gottes ›Wohltun‹ im Leiden nicht am Ende ist, daß, wie der Apostel Paulus sagt, Gottes Kraft in der Schwachheit mächtig ist.«

b) Die Erzählung als Bild

Ich beginne mit einer – wie ich finde – besonders gelungenen Geschichte. Sie handelt von Frau Rick, einer Gestalt, die *Klaus-Peter Hertzsch* ›erfunden‹ hat, und von der er bisweilen in Predigten erzählt. Ich habe diese Geschichte vor Jahren in einem Vortrag von ihm gehört. Die hier vorliegende Fassung ist mein ›Gedächtnisprotokoll‹; in dieser Form habe ich sie einmal in einer Konfirmationspredigt aufgegriffen (Qualitätsverluste gegenüber dem Original gehen also auf mein Konto, außerdem nahm ich mir in der Predigt die Freiheit, Herrn Prof. Hertzsch zum Pastor zu machen):

Ein Kollege aus der DDR hat mir folgendes erzählt: Bei ihm um die Ecke wohnt eine Rentnerin, Frau Rick. Die beiden mögen sich, und ab und zu, wenn sie sich begegnen, halten sie ein Schwätzchen miteinander. Und eines Abends, kurz vor Geschäftsschluß, kommt dem Pastor Frau Rick auf der Straße mit prall gefüllten Einkaufstaschen entgegen, und sie ist so in Eile, daß sie fast an ihm vorbeiläuft. Aber der Pastor sagt:»Guten Abend, Frau Rick, wie geht's?«»Ach«, sagt sie, »guten Abend, Herr Pastor. Entschuldigen Sie, aber ich habe ganz wenig Zeit. Ich muß noch soviel besorgen, denn, wissen Sie, morgen kommt ja der Ferientransport mit den Kindern aus Ungarn. Und jetzt, wo ich Witwe bin, da habe ich mir gedacht: Ich kann mir ja auch so ein Ferienkind aus Ungarn nehmen. Ach, und dann machen wir es uns ganz schön. Dann fahren wir mal raus zum See und gehen spazieren, und ich gehe auch mal mit ihm in die Eisdiele. Und wissen Sie, Herr Pastor, ich weiß auch schon ganz genau, was für ein Kind ich mir wünsche. Es gibt da so süße kleine Jungen, so mit schwarzen, welligen Haaren und mit so großen schwarzen Kulleraugen, wissen Sie, so einen richtigen kleinen Pußtafürsten – so einen hätt' ich gerne. Und dann machen wir uns so richtig schöne drei Wochen. Also machen Sie's gut, Herr Pastor, ich muß schnell weiter.«
Zwei Tage später, als der Pastor wieder die Straße entlang kommt, trifft er Frau Rick, neben sich ein etwas hoch aufgeschossenes Mädchen, ungefähr 12 Jahre alt, die glatten blonden Haare etwas fettig und strähnig und mit ein paar Pickelchen im Gesicht. Und er sagt:»Guten Tag zusammen.«»Guten Tag, Herr Pastor«, sagt Frau Rick, »das hier ist Maria. – Maria, sag dem Pastor guten Tag. – Ich hab' Ihnen ja erzählt, daß ich da so ein Urlaubskind aus Ungarn kriege. Na ja, da haben sie mir halt die Maria zugeteilt. Also, für den See ist es ja sowieso noch zu kalt. Aber sie kann ja mit den anderen Kindern spielen, und irgendwie werden die drei Wochen schon rumgehen – also bis dann, Herr Pastor.« So verabschiedet sie sich, und die Enttäuschung ist ihr förmlich ins Gesicht geschrieben.
Am nächsten Tag kommt der Pastor an der Eisdiele vorbei und traut seinen Augen nicht: Da sitzt Frau Rick mit der Maria, und beide lachen und schäkern und scheinen ein Herz und eine Seele zu sein. Und als Frau Rick den Pastor sieht, da klopft sie

von innen gegen die Scheibe und winkt ihn herein. Dann sagt sie zu Maria:»Du
wolltest doch noch Postkarten kaufen, mein Kind, geh doch schon mal rüber ans
Kiosk und laß Dir ruhig Zeit, ich muß dem Pastor gerade noch etwas erzählen. Und
Sie, Herr Pastor, setzen Sie sich doch einen Augenblick zu mir.«»Tja«, sagt der,
»da bin ich aber gespannt. Ich merke schon, es ist ja alles ganz verändert.«»Ja«,
sagt Frau Rick,»also passen Sie auf, ich muß Ihnen das erzählen. Ich war nämlich
gestern Abend noch mal bei der Einsatzleiterin von der Kinderverschickung, die
wohnt nämlich bei uns um die Ecke. Und bei der hab' ich mich beschwert. Ich hab'
ihr gesagt:›Hören sie mal, warum haben Sie mir denn die Maria gegeben? Sie wußten doch, daß ich so einen süßen kleinen Jungen wollte, so mit schwarzen, welligen
Haaren und mit großen Kulleraugen. Und das schönste ist: Es *gab* ja auch solche im
Zug. Warum haben Sie mir dann ausgerechnet die Maria angedreht?‹ Da sagt die
Einsatzleiterin zu mir:›Passen Sie mal auf, Frau Rick, das war so: Ich war ja mit den
Kindern im Zug. Und als sich dann der Zug dem Bahnhof näherte, da guckten alle
Kinder raus und sahen sich die Gasteltern an. Und da hat Maria auf Sie gezeigt und
gesagt:›Zu *der* Tante möcht' ich.‹ Stellen Sie sich mal vor, Herr Pastor, die wollte zu
mir! Ich meine, da warteten doch richtig junge Familien, und manche waren mit
dem Auto vorgefahren, und eine hatte sogar ihren Hund mitgebracht. Und trotzdem wollte die Maria zu mir! Ja, und seit ich das weiß, habe ich sie richtig lieb.«
»Sehen Sie«, sagt der Pastor,»da haben Sie wieder was gelernt, Frau Rick. Und
wenn Sie heute Abend in ihrer Bibel lesen (Frau Rick liest übrigens jeden Abend in
der Bibel), dann schlagen Sie doch mal das Johannes-Evangelium auf, Kap. 15,16.
Da sagt Jesus zu seinen Jüngern:›Ihr habt mich nicht erwählt, sondern ich habe
euch erwählt.‹«

Diese Geschichte hat eine andere Funktion, als die unter Punkt a zitierten Beispielgeschichten. Jene kamen von einem Glaubenssatz
her und wollten seine Wahrheit durch eine individuelle Erfahrung
bezeugen. Die Geschichte von Frau Rick hingegen *zielt auf neue
Glaubenserfahrung,* will diese freisetzen. Sie ist ein *erzähltes Bild.*
Wie die Gleichnisse Jesu läuft sie auf eine Pointe zu, die beim Hörer
ein Evidenzerlebnis auslösen soll: In ihr leuchtet gleichnishaft die
alles verändernde Kraft der Erwählung auf. Die Welt des Sichtbaren wird hier transparent für des Unsichtbare. Die Erzählung als
Bild ist, wenn man so will, die Großform metaphorischer Rede (zur
Unterscheidung von Bild und Beispiel vgl. *Nüchtern,* Bild, 135ff).
Das Material, aus dem ein solches Bild gestaltet werden kann, ist
vielfältiger Art, wie schon die Gleichnisse Jesu zeigen. Alltägliche
Vollzüge und Begebenheiten werden da erzählt, aber auch Geschichten, die den Rahmen des Normalen sprengen: Könige treten
auf und Gauner, Hausfrauen und Großgrundbesitzer, einfache Arbeiter und Beamte im gehobenen Dienst, ja, nicht nur Menschen,
sondern auch Pflanzen und Tiere.
Wichtig ist dabei folgendes: Nichts von dem Erzählten ist *für sich
und als solches* Bild des Glaubens, Gleichnis des Himmelreichs. Es
muß im Akt der Verkündigung dazu *werden.* In der Verkündigung

Jesu ist das durch die Person des Erzählenden gewährleistet; er selbst ist der ›Kontext‹, der den erzählten Text in die Funktion eines Gleichnisses des Himmelreiches erhebt (vgl. *Jüngel,* Paulus, 139). *In unserer Predigt muß der Kontext,* der dem Bild allererst den Richtungssinn eines Gleichnisses des Himmelreiches gibt, *in Worte gefaßt werden.* Und so stoßen wir auch hier auf den notwendigen Zusammenhang von erzählender und besprechender Predigt.

Eine Geschichte in einen deutenden Kontext zu stellen ist allerdings etwas anderes als zu sagen, was sie ›bedeutet‹. Die Geschichte als solche muß auf jeden Fall für sich sprechen. Wer die Pointe seiner Geschichte erst noch erklären oder zurechtrücken muß, der hat entweder die falsche Geschichte oder die richtige Geschichte falsch erzählt. Er gleicht jenem traurigen Zeitgenossen, der einen Witz erzählt und, nachdem niemand gelacht hat, noch nachschiebt, daß er selbst aber wahnsinnig lachen mußte, als er ihn zum ersten Mal hörte. Nein, die Besprechung darf das Erzählte *nicht zerreden,* keine Bedeutung nachschieben, erst recht nicht zu einer Rechtfertigung anheben, warum erzählt werden mußte. Es geht vielmehr darum, das Erzählte noch einmal *anzuschauen* (so das Schlußbeispiel unter Punkt a) bzw. die Pointe einer Geschichte auf den Kontext des Glaubens zu beziehen.

Bevor ich dazu noch ein Beispiel zitiere, hier zunächst ein methodischer Hinweis, der für Beispiel und Bild gleichermaßen gilt: Je gelungener und mitreißender eine Erzählung ist, desto schwerer gestaltet sich der *Übergang vom Erzählen zum Besprechen.* Die Gefahr ist groß, daß die Aufmerksamkeit der HörerInnen an diesem heiklen Punkt auf der Strecke bleibt. In der unter Punkt a zitierten Predigt über Ps 37,5 schaffte der Prediger den Übergang dadurch, daß er noch im *Modus des Erzählens* blieb und das Beispiel ›anschaute‹, indem er dessen ›Wirkungsgeschichte‹ auf ihn selbst mitteilte.

Als ich die Frau-Rick-Geschichte in der Konfirmationspredigt erzählte, habe ich eine Auslegung von Joh 15,16 unter dem Stichwort ›Erwählung‹ vorangestellt und die Predigt in der Geschichte *münden* lassen.

Beim Nacherzählen biblischer Geschichten empfiehlt es sich bisweilen, den Gang der Geschichte zu *unterbrechen* und ein Stück Besprechung dazwischenzuschalten.

Eine andere Möglichkeit besteht darin, am Punkt des Übergangs eine *Frage* zu stellen oder eine Aussage zu machen, die zum weiteren Zuhören motiviert. In einer Predigt heißt es: »Liebe Gemeinde, in der Geschichte, die ich gerade erzählt habe, gab es eine Stelle, da hätte ich sie am liebsten verändert . . .« (Frage: Welche Stelle?).

Wie auch immer, wer erzählt, muß sich an diesem Punkt etwas einfallen lassen.

Das abschließende Zitat entstammt einem Predigtband von *Helmut Thielicke*. Ich gebe die Herkunft des Zitats bekannt, weil dieser Predigtband eine wahre Fundgrube für Erzählungen bzw. Erzählstücke in der hier behandelten Funktion des Bildes ist. Man wird Thielickes Predigtstil heute nicht nachahmen wollen (und auch nicht können), aber unter der Fragestellung »Konkretheit« sollte sein Name doch genannt sein. Auch der, der theologisch andere Wege als Thielicke geht (im Falle des Zitats also dessen ›steile‹ Vorsehungslehre nicht teilt), kann bei diesem Prediger lernen, was es heißt, *genau hinzusehen*. Bei dem hier zitierten Erzählstück will beachtet sein, daß die Predigt im Hamburg gehalten wurde. Der nachfolgende besprechende Teil scheint mir insofern geglückt, als Thielicke das Bildmaterial aufnimmt und weiterführt; dies und das »Ich« des Predigers tragen dazu bei, daß auch die besprechende Passage nicht abständig gerät.

Thielicke hat in einer Predigt über Mt 25,1–13 ausgeführt, daß wir Christen »nur im Vorletzten, nicht aber im Letzten Abenteurer sind«, weil Gott unserem Leben das Ziel setzt. Dann fährt er fort: »Auf meiner Reise nach Amerika und zurück hatten wir beide Male einen Hund auf unserem Schiff. Und auf der langen Überfahrt habe ich beide gründlich beobachtet und über sie nachgedacht. Auf der Hinfahrt war es ein großer Schäferhund, den sein Herrchen der Schiffsbesatzung mitgegeben hatte, während er selbst das Flugzeug benutzte. Das Tier war vom Jammer der Kreatur geschüttelt. Ich habe es oft gestreichelt und ihm gut zugeredet, aber es half nichts. Es lebte in einer fremden Welt und wußte nicht, wie sein Abenteuer ausging und ob es mit der vertrauten Hundewelt nicht endgültig aus war. Hier gab es keine Bäume, und wie schrecklich ist allein das schon für einen Hund! Alles roch fremd und unheimlich, und überall war die Welt an einem Geländer zu Ende. Draußen aber war das Feindliche. Da war für einen Hund das schlechthinnige Nichts. Er ahnte auch nicht, ob dieses Fremde je einmal aufhören würde und ob es noch einmal irgendwo Bäume und andere Hunde oder gar den vertrauten Geruch seines Herrchens geben würde. Man konnte ihm ja auch nicht klarmachen, daß diese fremde Schiffswelt unter dem Gesetz der Navigation stand und daß dieses blau gekleidete, zweibeinige Wesen, das ihm manchmal zusprach und vier goldene Armstreifen hatte, den Kurs kannte und den Termin wußte, an dem das alles zu Ende sein würde. Der arme Hund war zu einer kreatürlichen Form des Nihilismus verurteilt. Er trieb im Leeren und in einer endlosen Qual.

Auch auf der Rückfahrt hatten wir einen Hund, und obwohl er nur ein Schoßhund war und eine ›halbe Portion‹, obwohl er ein bißchen degeneriert war und seine verkümmerten Beinchen zitterten, so war er doch unvergleichlich getrösteter. Denn er hatte sein Frauchen bei sich. Auch er vermißte die Bäume und wußte nicht, was mit dieser fremden Welt los war. Aber wenn sein kleines Hundeherz allzu bänglich bibberte, dann sah er mit einem rührenden Blick, ich möchte sagen mit einem kreatürlichen Vertrauen, sein Frauchen an, als wenn er sagen wollte: ›Wo du bist, kann es ja nicht ganz so schlimm und ausweglos sein. Denn du bist doch ein höheres Wesen.

Du hättest dich doch nicht in diese abstruse Welt, an der meine ganze Hundewelt-
anschauung zerbricht, hineinbegeben, wenn es nicht eines Tages damit zu Ende wäre und wir wieder in einer vernünftigen Welt mit Gerüchen, wie sie sich gehören,
landen würden . . .‹
Auch wir wissen nicht, welche Gesetze der Navigation dazu führen, daß ich dies
und das erleben und erleiden muß. Aber ich kenne den, der auf der Brücke steht;
ich kenne den, der im Hafen auf mich wartet. Die Bilder zerbrechen mir sozusagen
unter der Hand, und ich muß paradoxe Überblendungen vornehmen, wenn ich sagen will, was Jesus Christus alles für mich ist: der Steuermann auf dem Schiff und
zugleich der Mann, dem Wind und Wellen gehorsam sind; die Gestalt, die über die
Wogen gehen kann und ›ihrer lachet‹, und zugleich der Getreue, der die Lichter der
Feuerschiffe entzündet und der mich im Hafen erwartet. Ja, wir Christen sind
Abenteurer höherer Ordnung. Alles ist ungewiß; nur dieser Eine, der bei uns ist
und auf den wir zusteuern, ist gewiß. Ein Blick von ihm weg – und unser Schiff wird
ein unheimliches Fremdes, das im Leeren irrt. Ein Blick auf ihn zu – dann wird das
Fremde vertraut. Ich verstehe die Navigation zwar nicht, aber ich kenne den Navi-
gator« (Bilderbuch, 226f).

4 Wie erzählen?

Die folgenden 10 Faustregeln wollen zum eigenen Erzählen anleiten. Daneben sind
sie aber auch als Hilfe für die Auswahl und Überarbeitung fremden Materials gedacht.

1.   Wenn Sie auf der Suche nach einer Geschichte sind: Verschaffen Sie sich Klarheit darüber, wonach Sie suchen, d.h. vor allem,
was Sie mit der Geschichte in Ihrer Predigt beabsichtigen (Funktion).
2.   Wenn Sie eine Geschichte gefunden bzw. (in ihrem Grundge-
rüst) erfunden haben, so prüfen Sie noch einmal, ob sie Ihrem Predigtziel auch wirklich dient. Die Geschichte darf nicht ablenken
oder auf ein Nebengleis führen. Im Zweifelsfall suchen Sie besser
weiter.
Vermeiden Sie es, zu ›mogeln‹, also ein Ereignis auf Ihren Predigt-
zweck hin zu ›trimmen‹.
Halten Sie sich vor Augen, daß manche Geschichten eine so starke
Eigendynamik entfalten können, daß sie Ihr Predigtziel in einer
von Ihnen nicht beabsichtigten Weise überlagern können.
3.   Legen Sie die Erzählperspektive fest und behalten Sie diese
bei; das gilt auch für Ort und Zeit der Handlung.
4.   Vermeiden Sie es, Formen des Erzählens zu wählen, denen Sie
(noch) nicht gewachsen sind. Besser eine schlichte Erzählung, die in
sich stimmig ist, als eine, in der die ›Kulissen wackeln‹ (zu den Regeln 3 und 4 vgl. Kapitel 1, II).
5.   Konzentrieren Sie sich auf wenige handelnde Personen und
machen Sie die Handlung nicht zu kompliziert.

6. Erzählen Sie anschaulich, so daß die HörerInnen sich das Erzählte vorstellen können (aber verwenden Sie Adjektive sparsam). Dazu ist es unbedingt erforderlich, daß Sie das Ereignis, das Sie erzählen wollen, zunächst für sich genau und in Ruhe ›angeschaut‹ haben.

7. Bleiben Sie beim Erzählen im Fluß des Geschehens. D.h. vor allem:

Gebrauchen Sie Verben, vermeiden Sie Hilfsverben und substantivischen Stil.

Lassen Sie die handelnden Personen in direkter Rede sprechen.

Führen Sie Gegenstände, Namen und Orte, die einer Erklärung bedürfen, von einer Person her ein, d.h. integrieren Sie Informationen in den Handlungsablauf.

Als ›Eselsbrücke‹ für die Regeln 6 und 7 können Sie sich Ihre Geschichte als Film vorstellen und sich fragen: Bekommt die Gemeinde durch meine Erzählung zu sehen (Regel 6), was passiert (Regel 7)?

8. Wählen Sie als Grundtempus das Präsens. Das muß zwar nicht sein, macht aber vieles leichter.

9. Erzählen Sie in kurzen Sätzen. Scheuen Sie sich nicht, Bild- und Handlungselemente durch Anknüpfungen wie ›und‹, ›und da‹, ›da‹ aneinanderzufügen.

10. Orientieren Sie Ihren Erzählstil mehr an Ihrer ›Spreche‹ als an der ›Schreibe‹.

Wie soll man eine Geschichte erzählen?
»Eine Geschichte«, sagte ein Rabbi, »soll man so erzählen, daß sie selber Hilfe sei.« Und er erzählte: »Mein Großvater war lahm. Einmal bat man ihn, eine Geschichte von seinem Lehrer zu erzählen. Da erzählte er, wie der heilige Baalschem beim Beten zu hüpfen und zu tanzen pflegte. Mein Großvater stand und erzählte, und die Erzählung riß ihn so hin, daß er hüpfend und tanzend zeigen mußte, wie der Meister es gemacht hatte. Von der Stunde an war er geheilt. So soll man Geschichten erzählen« (*Buber*, Erzählungen, 6).

Kapitel 4
Die Predigt als indikativische Rede von Gott

I   Die Problemstellung

»Der Auftrag der Kirche, in welchem ihre Freiheit gründet, besteht darin, an Christi Statt und also im Dienst seines eigenen Wortes und Werkes durch Predigt und Sakrament die Botschaft von der freien Gnade Gottes auszurichten an alles Volk« (Barmen VI).

Mit ihrer Schlußthese hat die Bekenntnissynode von Barmen evangelischer Predigt präzise ihre Aufgabe zugewiesen: Sie ist schriftgebundene Ansage und Zusage der freien Gnade Gottes an alles Volk, also assertorische und promissorische Rede von dem Gott, der sich in Jesus Christus als Gott ›für uns‹ geoffenbart hat (Barmen I) als der Rechtfertigende und Befreiende (Barmen II). Insofern ist *evangelische Predigt ihrem Wesen nach indikativische Predigt.* Daß der Indikativ (»Zuspruch«) den Imperativ (»Gottes kräftiger Anspruch auf unser ganzes Leben«) als notwendige Folge aus sich heraussetzt, braucht gerade auf dem Hintergrund von Barmen nicht eigens dargelegt zu werden. Dagegen ist für unsere Thematik daran zu erinnern, daß auch der *Imperativ zunächst und vor allem Gabe ist,* also seinerseits den Charakter des Indikativischen in sich trägt, denn »durch ihn widerfährt uns frohe Befreiung aus den gottlosen Bindungen dieser Welt« (Barmen II).

Was in Barmen als *Auftrag* kirchlicher Verkündigung formuliert ist, läßt sich auch von der Seite der *Gemeinde* her entwickeln. In seinem Vortrag »Not und Verheißung der christlichen Verkündigung« (1922) hat *Karl Barth* die Erwartung der Gottesdienstbesucher folgendermaßen charakterisiert: »Wenn am Sonntag Morgen die Glocken ertönen, um die Gemeinde und Pfarrer zur Kirche zu rufen, dann besteht da offenbar die *Erwartung* eines großen bedeutungsvollen, ja entscheidenden *Geschehens* . . . Die Erwartung . . . liegt in der ganzen Situation . . . Gott ist gegenwärtig. Die ganze Situation zeugt, ruft, schreit ja offenbar davon und wenn sie, vom Pfarrer oder von der Gemeinde aus gesehen, noch so fragwürdig, kümmerlich und trostlos wäre . . .« (in: *ders.,* Wort Gottes, 104f). Wohlgemerkt, was Barth hier feststellt, ist nicht das Ergebnis einer

Meinungsumfrage; als wären die Betroffenen immer auf Anhieb in der Lage, das, was ihnen fehlt, präzise zu benennen. Es ist vielmehr das Ergebnis einer auf pastorale Erfahrung sich stützenden geistlichen Analyse. Entsprechend kann Barth in einem anderen Vortrag aus dieser Zeit sagen: »Was hat die Aufmachung, der Betrieb unseres Amtes für einen Sinn? Was für eine Erwartung setzen die Menschen auf uns, sie, die uns als das, was wir sind, haben wollen oder doch gelten lassen? Oder auf was hin weist uns ihr Hohn und ihre Verachtung, wenn sie sich in ihrer Erwartung getäuscht sehen? . . . Ist es nicht so: Unsere Existenz als Theologen ist doch nur zu verstehen auf Grund der Existenznot der anderen Menschen . . . Zum Aufbau ihrer Existenz mit allem, was dazu gehört, brauchen sie uns nicht. Das besorgen sie ohne unsere Ratschläge, und zwar besser, als wir gewöhnlich denken . . . Jenseits ihrer Existenz aber und jenseits aller Fragen, die damit verknüpft sind, kennen sie ein großes Was? Wozu? Woher? Wohin? . . . Nicht *ihre* Existenz, sondern das Jenseits ihrer Existenz, *Gottes* Existenz steht in Frage, wenn sie uns um Hilfe angehen. Als Dorfweise oder Stadtweise aber sind wir im Grunde unerwünscht, überflüssig, lächerlich«. Und deshalb muß es auch um unserer Gemeinde willen heißen: »Wir sollen von Gott reden« (ebd., 158f). Dieser Aufgabe stellt sich die indikativische Predigt!

Ich kehre zum ersten Zitat zurück, in dem Barth die Situation am Sonntagmorgen beschrieb. Denn wie die Fortsetzung deutlich macht, ist mit der Aufgabe, indikativisch von Gott zu reden, sogleich auch ihr *Problem* gestellt: »Aber was bedeutet diese Situation? Was heißt ›Gott ist gegenwärtig!‹ in diesem Zusammenhang? Offenbar nicht ganz dasselbe, wie wenn wir auf einen blühenden Kirschbaum, auf Beethovens neunte Symphonie, auf den Staat oder auch auf unser und anderer ehrliches Tagewerk solche Rede anzuwenden uns erlauben . . . Ist's nicht so: Wenn die Menschen . . . in die Kirche kommen, dann haben sie, ob sie es wissen oder nicht, Kirschbaum, Symphonie, Staat, Tagewerk und noch einiges andere *hinter* sich als irgendwie erschöpfte Möglichkeiten. Die Antwort: Gott ist gegenwärtig . . . ist offenbar selbst wieder fraglich geworden, die großen Rätsel des Daseins: die unergründliche Stummheit der uns umgebenden sog. Natur, die Zufälligkeit und Dunkelheit alles dessen, was einzeln und in der Zeit ist, das Leid, das Schicksal der Völker und Individuen, das radikale Böse, der Tod, sie sind wieder da und reden, reden lauter als alles das, was uns versichern möchte, Gott sei gegenwärtig. Nein, die Frage läßt sich nicht mehr unterdrücken, sie wird brennend heiß: Ob's denn wahr ist?« (ebd., 105f).

» *Ob's denn wahr ist?* « – so lautet die kritische Rückfrage an jede indikativische Predigt. Denn eben darin liegt ihr *Problem,* daß, wann immer sie von Gott redet, sie von etwas spricht, *was man –* im Unterschied zu »Kirschbaum, Symphonie, Staat, Tagewerk . . .« – *nicht sieht*: »Es ist aber der Glaube eine gewisse Zuversicht des, das man hofft, und ein Nichtzweifeln an dem, das man nicht sieht« (Hebr 11,1). Die Predigt soll von der Wahrheit des Glaubens zeugen angesichts der »Sprache der Tatsachen« (*Lange*), die jener Wahrheit eklatant widerspricht, die eben lauter redet als alles das, was uns versichern möchte, Gott sei gegenwärtig. Mit einem Wort: *Das Grundproblem indikativischer Predigt liegt in der als Widerspruch erfahrenen Spannung von Glauben und Schauen* (2Kor 5,7). Als Paradigma für diese Problemlage mag die Osterpredigt stehen, die die Wahrheit der Auferstehung, den Sieg Gottes über den Tod verkündigen soll in einer Welt, die beherrscht ist von der Wirklichkeit des Todes (vgl. dazu Exkurs 2).

Noch einmal anders gewendet können wir sagen: Der Auftrag und das Problem indikativischer Predigt (und damit von Predigt überhaupt!) liegen darin begründet, daß wir – auf der Erde wohnen und nicht im Himmel. Im Himmel brauchen wir nicht mehr *von* Gott zu reden, denn dann werden wir ihn sehen von Angesicht zu Angesicht. Dann werden wir nichts mehr zu fragen haben (Joh 16,23), sondern wir werden Gott in unverstellter Freude preisen können. Noch aber müssen wir von ihm reden. Und weil »Gott . . . nichts Vorhandenes oder in den irdisch-geschichtlichen Bedingungen einfach Vorkommendes« ist, »so daß wir durch unser natürliches Erkenntnisvermögen auf ihn stoßen könnten«, weil er als Abwesender anwesend, *weil er als der Unsichtbare da ist,* darum müssen wir predigend, also verkündigend und bekennend von ihm reden (vgl. *Weinrich,* Schriftprinzip, 297).

Wie aber kommen wir dazu? Wieso sind wir nicht zur Sprachlosigkeit verdammt? Es ist nicht von ungefähr, daß ein radikales Ernstnehmen gerade dieser Frage nach dem Ersten Weltkrieg zu einem theologischen Neuaufbruch führte, und es ist ebenso nicht von ungefähr, daß diese Frage sich eben an der Predigtnot entzündete. Sie ist zu keiner Zeit überholt, und ich kann mir eine Bemühung um indikativische Predigt nicht anders vorstellen, als daß sie hier einsetzt. Denn nur, wenn wir uns immer neu gesagt sein lassen, daß und inwiefern unsere Sprachlosigkeit von Gott selbst her durchbrochen ist, sind wir davor gefeit, tatsächlich zu verstummen oder – was viel schlimmer wäre – unsere Sprachlosigkeit hinter einer religiösen oder weltanschaulichen oder moralischen Gesprächigkeit zu verstecken und also unseren eigenen Projektionen aufzusitzen.

Das aber ist der Ermöglichungsgrund für unser Reden von Gott, daß
Gottes Unsichtbarkeit keine diffuse ist, sondern seine »präzise Ver-
borgenheit« (Jüngel) im Wort der Offenbarung: Gott selbst hat sich
mitgeteilt durch seine ›Selbstverkleinerung‹, die geschehen ist und
geschieht in seiner Selbstbindung an sein auserwähltes Volk und in
der Sendung Jesu Christi. Das primäre Zeugnis dieser Selbstaus-
sprache Gottes ist die *Heilige Schrift.* In ihr erfahren wir: »Das ewig
Licht geht da herein, gibt der Welt ein' neuen Schein« (EKG 15,4).
Oder, in der Terminologie unserer Fragestellung ausgedrückt: Die
Bibel redet authentisch davon, daß und wie der Indikativ ›geschieht‹. Sie bezeugt uns Gott als den, der sich zu uns auf den Weg
gemacht hat als der Erwählende und als der Befreiende, als der
Rechtfertigende und Heiligende, als der Schöpfer und Vollender
allen Lebens. »Das meint *sola scriptura,* wobei dieses sola scriptura
ja nicht in erster Linie gesetzlich, sondern vor allem *evangelisch* verstanden sein will: In allen Fragen des Glaubens, in seiner Suche
nach Gewißheit und Klarheit *reicht* die Schrift aus; es muß nicht
sorgenvoll oder gar ängstlich hierhin und dorthin gesehen werden,
wir bedürfen keiner Apologien gegenüber den Spekulationen der
Philosophen oder dem Positivismus der Naturwissenschaften, und
es bedarf auch nicht des religiösen Menschen, einer sensibilisierten
Seele oder des erst bedürftig gemachten Menschen« (*Weinrich,*
Schriftprinzip, 297f).
Die Kennzeichnung der Offenbarung als Ort der präzisen Verbor-
genheit Gottes soll uns davor bewahren, mit unserer Predigt die
Spannung von Glauben und Schauen auflösen zu wollen. Aber daß
der Glaube allem Augenschein zum Trotz *begründeter* Glaube und
die Hoffnung *gewisse* Zuversicht ist, davon werden wir reden können, wenn wir uns der Dynamik des biblischen Zeugnisses anver-
trauen.
Mit solchem Reden versuchen wir die Hörerfrage »Ob's denn wahr
ist?« dann aber streng genommen gerade nicht selbst zu beantworten. Wir ›delegieren‹ sie gleichsam an den, der sie allein beantworten kann, weil er sie in seiner Selbstoffenbarung beantwortet hat. So
verstanden geschieht indikativische Predigt *unter der Verheißung,*
daß Gott selbst sich durch das Zeugnis hindurch bewahrheitet, in-
dem sein Geist unsere und unserer Gemeinde Herzen berührt und
den Glauben weckt, der uns mit unseren Fragen und in unserer An-
fechtung zur Ruhe kommen läßt.

II   Eine notwendige Voraussetzung indikativischer Predigt

1   Die Kunst, recht zu unterscheiden

Eberhard Jüngel hat in seiner Schrift »Zur Freiheit eines Christenmenschen« herausgestellt, daß die sprachliche und theologische
Prägnanz Luthers nicht zuletzt in seiner Fähigkeit liege, »recht zu
unterscheiden« (22). Jüngel schreibt:
»Was der Anweisung Luthers zu rechter Unterscheidung . . . ihre
besondere, bis in die Sprache hinein sich ausdrückende Leistungs-
kraft gibt, ist die Orientierung an den elementaren Differenzen, in
denen sich unser Leben vollzieht und mit denen es die Theologie zu
tun hat. Da aber die elementaren Differenzen, in denen sich
menschliches Leben vollzieht, vom Lebensvorgang selbst in der Regel überdeckt und überspielt werden, muß gerade um des Lebens
willen *unterschieden* werden: zwischen Person und Werk, zwischen
Glaube und Liebe, zwischen Gesetz und Evangelium, zwischen
Christperson und Weltperson, zwischen Leben und Lehre usw. . . .
Vielleicht leidet unsere gegenwärtige Theologie nicht zuletzt deshalb an so vielen schiefen Alternativen, weil sie die Kunst des Un-
terscheidens erst wieder von Grund auf lernen muß« (22).
Was hier zuletzt im Blick auf die Theologie gesagt ist, gilt auch und
erst recht für die Verkündigung. Die indikativische Predigt hat um
des zu verkündigenden Gottes und um der anzusprechenden Menschen willen jene »Kunst« zu ihrer notwendigen Voraussetzung.
Denn alle hier angesprochenen Unterscheidungen – und es wären
noch weitere zu nennen – sind letztlich auf die »Fundamental-Dif-
ferenz« von Gott und Mensch bezogen. Und »die Offenbarung
Gottes, um deren Verständnis christliche Theologie sich bemüht,
besagt in letzter Konsequenz eben dies, daß Gott selbst zum Besten
des Menschen auf die rechte Unterscheidung von Gott und Mensch
aus ist, die der Mensch von sich aus allemal verfehlt« (24).
Ich möchte dies im folgenden exemplarisch an der Unterscheidung
von »Gesetz und Evangelium« verdeutlichen. Sie ist seit jeher aufs
engste mit der Aufgabe der Predigt verknüpft: »Es gibt in der theologischen Tradition keine Begrifflichkeit, die im Ansatz so strikt
auf die Verkündigung bezogen ist wie die reformatorische Recht-
fertigungslehre. Deren Grundkategorien sind mit der Unterscheidung von Gesetz und Evangelium gegeben. Luthers reformatorische Tat besteht in der Entdeckung dieser Unterscheidung, und Luthers reformatorische Behauptung ist, daß ohne diese Unterscheidung nicht recht gepredigt werden kann« (*Josuttis*, Gesetzlichkeit,
12).

Ich kann die Lektüre dieses nach wie vor höchst aktuellen Buches nur empfehlen. Daneben verweise ich auf *van der Geest,* Du hast mich angesprochen, 118–139 und auf *Fuchs,* Von Gott predigen. *Möller,* Seelsorglich predigen, 23ff hat prägnante Lutherzitate zusammengetragen und ausgewertet, in denen sich der Reformator gegen eine ›gesetzliche‹ und moralische Funktionalisierung biblischer Texte wehrt.

Um den Gesamtduktus nicht aus dem Blick zu verlieren, muß ich mich hier darauf beschränken, einige grundlegende Schneisen zu schlagen. Sie können nicht mehr sein als eine Problemanzeige, die das Augenmerk auf diese Fragestellung lenken und zur eigenen Weiterarbeit anregen soll. Deshalb kann hier auch nicht auf die von Barth ausgelöste dogmatische Debatte um die sachgemäße Zuordnung: »Gesetz und Evangelium« oder »Evangelium und Gebot« eingegangen werden (vgl. zum Verhältnis Barth – Luther *Klappert,* Promissio). Ich bin aber der Meinung, daß die von mir zusammengetragenen Gesichtspunkte in ihrer strengen Bezogenheit auf die Predigt diesseits dieser Auseinandersetzung liegen (vgl. *Josuttis,* Gesetzlichkeit, 13).

Ich will noch darauf hinweisen, daß ich trotz aller Einsicht in die theologische Notwendigkeit jener reformatorischen Unterscheidung die Weiterverwendung der Terminologie »Gesetz und Evangelium« als eine ›Verlegenheitslösung‹ erachte. Denn in der Wirkungsgeschichte dieser Unterscheidung – wenn auch gegen ihre ursprüngliche Intention – konnte die Tora mit »Gesetz« identifiziert und so antijudaistische Theologie getrieben werden. Die folgenden Ausführungen mögen belegen, daß eine solche Identifikation nicht in meiner Absicht liegt. Vorab sei aber ausdrücklich betont: Die *beiden* Testamente reden uns an, sind von uns zu hören und auszulegen als »Gesetz und Evangelium«. Es wäre deshalb ein grobes Mißverständnis, die in der Hebräischen Bibel bezeugte Offenbarung des Willens Gottes mit ›Gesetz‹ im hier verstandenen Sinne gleichzusetzen. Um diese Abgrenzung auch optisch deutlich zu machen, versehe ich die Begriffe ›Gesetz‹ und ›gesetzlich‹ mit halben Anführungszeichen.

Die Unterscheidung von ›Gesetz‹ und Evangelium besagt im Blick auf die Predigt folgendes:

Die Predigt des ›Gesetzes‹ nimmt den Menschen darin ernst, daß sie ihn auf das unauflösliche Dunkel seines Lebens anspricht. Sie nimmt ihn aber darin ernster, als er sich selbst nimmt, daß sie jenes Dunkel als Folge und Symptom seiner schuldhaften Trennung von Gott aufdeckt, aus der sich der Mensch nicht selbst befreien kann: Das ›Gesetz‹ verurteilt. Eben diese bis ins letzte reichende Radikalität unterscheidet die Gesetzespredigt von der moralischen ›Standpauke‹.

Befreiung widerfährt dem Menschen nicht durch ›moralische Aufrüstung‹ (›Gesetzlichkeit‹). Statt dessen erfährt er seine Befreiung im Zuspruch des Evangeliums als unverdiente Rechtfertigung des Sünders, als Verheißung neuen Lebens, als Anteilgabe des in Christus ein für allemal geschlossenen Friedens (Eph 2,11f) und somit als gewisse Zuversicht auf die »Zukunft des Gekommenen« (*Kreck*).

2   Symptome ›gesetzlicher‹ Predigt

a   *Verkürzung des Evangeliums*

Die m.E. häufigste Gefahr besteht darin, daß der Indikativ schlicht verkürzt wird und nur noch in verkümmerter Gestalt auftaucht – zugunsten einer Überbetonung des (falsch verstandenen) Imperativs.

Solche Art ›gesetzlicher‹ Predigt zeigt sich oft schon daran, *wie die Gewichte verteilt werden*. Da werden etwa Jesusgeschichten sofort zum Vorbild für unser Handeln umfunktionalisiert anstatt zuerst einmal zu fragen, was in ihnen vom Anbruch des Reiches Gottes erzählt wird, sich also in ihren Indikativ hineinzuhören.

Da herrscht ein inflationärer Gebrauch des Wortes »*müssen*« bzw. »*sollten*«. Dabei wird die Predigt, wie ich weiter oben zeigte, ja nicht schon dadurch indikativisch, daß der Prediger anstatt »müssen« »dürfen« sagt und anstatt »wir sollten« »wir sind eingeladen«. Es ist überhaupt viel von dem die Rede, was uns zu tun aufgegeben ist und vergleichsweise wenig (zumindest aber deutlich weniger) von dem, was Gott nach Aussage des betreffenden Predigttextes getan hat und tut. Damit hängt zusammen, daß Sätze des Zuspruchs mit Vorliebe *konjunktivisch* formuliert sind: »Das könnte uns zu erfülltem Leben führen . . .« – wo wir als HörerInnen wie bei unlauteren Vertragsformularen das einschränkende ›Kleingedruckte‹ schon förmlich wittern.

In Anknüpfung an den vorigen Teil (I) läßt sich auch sagen: Die ›gesetzliche‹ Predigt stellt sich dem Problem der Unsichtbarkeit Gottes nicht wirklich. Sie umgeht es vielmehr, indem sie in weitesten Teilen im Bereich des ›Sichtbaren‹ verbleibt: Da wird Wirklichkeit (im guten Fall) trefflich beschrieben und analysiert, auch die Widrigkeiten, das Leiden, die Not, das Elend, kurz, all das, was sich dem Evangelium widersetzt, wird beim Namen genannt, aber dann ist von Gottes Handeln nur eben in Gestalt dürrer Formeln, klotziger Behauptungen, dogmatischer oder exegetischer Richtigkeiten die Rede, während der angestrebte ›Durchbruch‹ durch die ›Welt der Tatsachen‹ in die Ethik verlagert wird, gemäß dem Motto: »Christus hat keine Hände außer den unsrigen« oder: »Auferstehung geschieht, wenn wir . . .«. Die Frage »Ob's denn wahr ist?« wird auf diese Weise *den HörerInnen als Aufgabe zurückgegeben*: Sie sollen die Frohe Botschaft durch ihr Tun in dieser Welt bewahrheiten.

Streng genommen ist eine Predigt, die so vorgeht, infam. Denn sie beläßt die HörerInnen nicht nur im Bannkreis der ›Welt der Tatsachen‹, sie stößt sie vielmehr noch tiefer hinein. Als wäre die Bewältigung der Lebensfragen nicht gerade schwer genug, wird ihnen das Unmögliche aufgebürdet, die Gottesfrage lebensmäßig zu bewältigen. *Josuttis* spricht denn auch davon, daß die ›gesetzliche‹ Predigt die Gemeinde allein lasse (Gesetzlichkeit, 16 u.ö.). Dem im Finstern wandelnden Volk kann und darf es aber nicht zugemutet werden, das ewige Licht der Verheißung selbst anzünden zu müssen! Statt dessen müßte indikativische Predigt von einer Dynamik gezeichnet sein, wie sie uns beispielsweise in der Jakobsgeschichte begegnet. Auch der biblische Erzähler verschweigt keineswegs die ›Welt der Tatsachen‹. Er redet vom Leben, wie es ist. Seine Dunkelheiten mit all den Irrungen und Wirrungen werden den LeserInnen plastisch vor Augen geführt. Wir fühlen uns angesprochen, weil wir uns in vielem wiederentdecken können. Und doch: Schon was diese ›Hälfte‹ der Geschichte betrifft, erfahren wir sogleich etwas, was wir uns nicht selber sagen können, denn das Menschlich-Allzumenschliche, was da erzählt ist, wird zugleich unter das Gericht Gottes gestellt und also als Sünde und Schuldverstrickung aufgedeckt. Und dann hören wir, wie Jakob dort, wo für ihn nichts mehr geht, jener traumhafte Durchblick in den Himmel gewährt wird und Gott dem im Dunkeln sich Ängstigenden zusagt: »Ich bin mit dir« (Gen 28,10–22); und in der Folge erfahren wir, wie sich diese vom ›Himmel‹ her eröffnete Wahrheit in der Wirklichkeit von Jakobs Leben Raum schafft. Von solchem Aufleuchten des ewigen Lichtes inmitten unserer Welt redet die Bibel – und davon muß indikativische Predigt reden; oder besser: Dieser Lichtstrahl der Ewigkeit muß durch sie hindurchleuchten, sofern sie sich anschickt, die »Botschaft von der freien Gnade Gottes auszurichten an alles Volk«.

b   Verflachung des ›Gesetzes‹

Oft geht die ›Vergesetzlichung‹ des Evangeliums, von der soeben die Rede war, Hand in Hand mit einer nachgerade nur naiv (und deshalb gefährlich) zu nennenden Sündenlehre.

Josuttis hat in diesem Zusammenhang von der »gesetzliche(n) Verfälschung des Gesetzes« gesprochen. Den Unterschied zwischen der uns aufgetragenen ›Gesetzespredigt‹ und der ›gesetzlich‹ verfälschten hat er mit folgendem Bild kenntlich gemacht: »Ehud, der Sohn Geras, einer der sogenannten Richter, die Jahve je und dann zur Erlösung seines Volkes erweckt, erbittet bei Eglon, dem König der heidnischen Moabiter, eine Privataudienz. ›Ich habe Gottes Wort an dich‹, sagt er, als er dem König unter vier Augen begegnet, ›und nahm das Schwert von seiner rechten Hüfte und stieß es ihm in seinen Bauch, daß auch das Heft der Schneide noch hineinfuhr und das Fett das Heft verschloß; denn er zog das Schwert nicht aus seinem Bauch‹ (Ri 3,21f). ›Ich habe Gottes Wort an dich‹ – ein Wort, das ins Fleisch dringt, ein Wort, das tötet. Diese Geschichte scheint mir ein anschauliches Beispiel für die

Aufgabe der Gesetzespredigt zu sein. Das Wort Gottes als Gesetz kitzelt das Fleisch des Menschen nicht nur, reißt ihn nicht nur aus seiner Ruhe und Selbstsicherheit, es ritzt ihm auch nicht nur die Haut mit kleinen Wunden, die er selbst überpflastern und heilen könnte, sondern es dringt tief in sein Sündenfleisch ein – Eglon war sehr fett! – und tötet ihn« (Gesetzlichkeit, 41).

›Vergesetzlichung‹ des Evangeliums und ›Gesetzlichkeit‹ des ›Gesetzes‹ hängen sachlich unmittelbar miteinander zusammen. Wer A sagt, kommt nicht darum herum, auch B zu sagen. Denn wie sollte der, der in seiner Predigt das Handeln Gottes verkleinert, dem Blick in den Abgrund von Sünde und Tod, wie ihn Paulus etwa in Röm 7 wagt, standhalten? Nein, wem Gottes Wirklichkeit verdunkelt bleibt, der muß die Möglichkeiten des Menschen eher optimistisch einschätzen. Und so kann es dann geschehen, daß die Rede von der Sünde zu einer Morallehre verflacht. Menschliches Fehlverhalten wird dann so zur Sprache gebracht, als bedürfe es nur einer Portion guten Willens und eines gerüttelt Maßes an (in der Predigt vermittelter) Einsicht, um sich und die Welt zu heilen oder doch zumindest grundlegend zu bessern.

Dabei spricht doch schon rein ›lebenskundlich‹ vieles gegen den hier in den Blick genommenen Predigtweg. Von Psychotherapeuten gleich welcher Provenienz könnte man sich davon unterrichten lassen, daß dem in sich verstrickten Menschen noch so gut gemeinte Appelle, die auf Verhaltensänderung drängen, gerade nichts nützen, sondern ihn nur noch tiefer in sein Elend treiben. Daß es hier um einen Kampf auf Leben und Tod, um ein Ringen mit »Mächten und Gewalten« geht, davon scheint man dort oft mehr Ahnung zu haben als im Raum der Kirche mit ihrer Packen-wir's-an-Verkündigung.
Ein anderer Zugang zu neuem Nachdenken könnte in der heute offen zutage liegenden globalen Schuldverflochtenheit liegen: So sehr etwa jeder von uns persönlich in die Unrechtsstruktur der Weltwirtschaft verwickelt ist und verantwortlich zu ihrer Bekämpfung oder Aufrechterhaltung beiträgt, so sehr ist er ihr doch auch jenseits seines subjektiven Wollens und Trachtens ausgeliefert. Man denke nur an ein Baby, das bei uns aufwächst: Es wird von einer Ölheizung gewärmt, trägt vielleicht Hemdchen, die in Billiglohnländern produziert wurden, ist überhaupt umgeben und abhängig von einem Lebensstil, der faktisch in anderen Teilen unserer Erde Menschen den Tod bringt. Dieses ›unschuldige‹ Wesen ist dazu verdammt, durch seine nackte Existenz verstrickt zu sein in die Existenzminderung bzw. Existenzauslöschung anderer Babys.

Paulus schreibt: »Ich elender Mensch! Wer wird mich erlösen von diesem todverfallenen Leibe? Dank sei Gott durch Jesus Christus, unseren Herrn« (Röm 7,24f)! Ich kann hier nur als Aufgabe formulieren, daß mir im Blick auf die Predigt eine Rückbesinnung auf die Tiefendimension christlicher Sündenlehre dringend geboten zu sein scheint. Dazu *Michael Welker*: »Den biblischen Überlieferun-

gen zufolge ist nun die Sünde nicht irgendein Fehlverhalten, schon
gar nicht ein Fehlverhalten, das man so leicht steuern oder unterlassen kann wie den Genuß des Stücks Sahnetorte, des zweiten Glases
Likör oder wie das kleine Parkdelikt. *Sünde ist vielmehr diejenige
Handlung, dasjenige Verhalten oder diejenige Ausstrahlung, wo-
durch über jede Verfehlung hinaus zugleich die Grundlagen positiven Verhaltens bzw. die Aussichten auf Verhaltensänderung und
Änderung der Einflußnahme zerstört werden.* Die Sünde verstellt
und zerstört die Kräfte, die eine Erneuerung der Orientierung er-
möglichen, und zwar nicht nur für den Handelnden, sondern auch
für dessen Umgebung. Deshalb ist nach den biblischen Überliefe-
rungen die Grundform der Sünde der Götzendienst, denn im Götzendienst wird das Verhältnis zum lebendigen Gott aufgehoben,
und das heißt nichts anderes, als daß der Mensch durch die Sünde
von der Quelle der Erneuerung menschlicher Lebensverhältnisse
abgeschnitten wird, sich selbst abschließt bzw. anderen den Zugang
verstellt. Da die Sünde auf *Zerstörung der Regenerationsgrundla-
gen* der Menschen abstellt, wird sie zu einer betrügerischen Gewalt,
aus deren Verstrickung man sich durch eigene Anstrengung nicht
mehr befreien kann. Deshalb ist es sinnlos, den sündigen Menschen
einfach mit moralischen Appellen und Sanktionen zu bombardie-
ren. Er muß vielmehr in seiner gewiß von ihm mitverursachten,
aber ihm doch außer Kontrolle geratenen *Notlage* gesehen werden.
Der Sünder ist ein, wenn nicht subjektiv, so doch zumindest objektiv leidender oder vom Leid bedrohter Mensch . . . Die Befreiung
von der Sünde, die der Geistträger Jesus Christus bringt, setzt folglich vor der Ebene unserer moralischen und sonstigen eigenen Bes-
serungsfähigkeit ein . . .« (Geist, 134f; Hervorhebungen im Original. Zur Vertiefung empfehle ich das jüngst erschienene Buch von
Gestrich, Wiederkehr).
Im Blick auf die Predigt möchte ich noch einen Hinweis zur Kontrolle geben: Ehud sagte:»Ich habe *Gottes Wort* an dich.« Eine ›gesetzlich‹ verfälschte ›Gesetzespredigt‹ erkennt man nicht zuletzt
daran, daß in ihr das Wort Gottes auch fehlen könnte, ohne daß sich
am Kern der Aussage etwas ändern würde.

c   Das Predigtschema Möglichkeit – Wirklichkeit
Eine *subtile Form der* › *Gesetzlichkeit*‹ folgt aus dem Predigtschema
Möglichkeit – Wirklichkeit. Es mag dann in großen und beeindruk-
kenden Sätzen von Gottes Heilshandeln an uns geredet werden.
Nur wird die Frage, ob dies alles denn auch *für mich wahr sei*, davon
abhängig gemacht, *ob ich's im Glauben annehme.*
Diese Denkfigur kann sich auf eine Wolke gerade auch protestanti-

scher Zeugen berufen, wobei sich bisweilen ›pikante‹ Koalitionen
ergeben haben.

> So liest man im »Wuppertaler Bckenntnis« der Evangelischen Gesellschaft für
> Deutschland von 1967: »Jesus Christus wird des Menschen Retter nur dort, wo der
> Ruf zur Buße und zur Bekehrung, zum Glauben und zum Annehmen der angebo-
> tenen Gnade gehört und befolgt und so der Mensch durch Gottes Heiligen Geist
> von neuem geboren wird . . . Wir verwerfen deshalb die falsche Lehre, als seien die
> Menschen von vornherein in Christus erwählt . . . als gehe es . . . bei Glaube und
> Annehmen der Gnade nicht mehr um Errettetwerden oder um ewig Verlorenge-
> hen« (zitiert nach *Gollwitzer,* Glauben, 373; dieser Aufsatz bietet für die hier ver-
> handelte Frage viel Material). Und wie lesen wir bei dem von der Bekenntnisbewe-
> gung so hart bekämpften *Rudolf Bultmann*? »Durch Christus ist also nicht mehr
> beschafft worden, als die Möglichkeit der *zoe,* die freilich bei den Glaubenden zur
> sicheren Wirklichkeit wird« (Theologie, 248).

Eine Predigt, die von der Annahme des Heils seine Wirklichkeit abhängig macht, läßt die HörerInnen ebenfalls allein, nur daß sich gegenüber oben (vgl. 2a) der Ort der Einsamkeit verlagert hat. Und
wieder werden wir sagen können, daß der Schaden bei der Verkürzung des Indikativs seinen Anfang genommen hat. Die gute Nachricht kann so gut nicht sein, deren Annahme in dieser Weise einge-
klagt werden muß. Und die freie Gnade ist nicht mehr frei, wenn ihre Wirksamkeit an eine Vorbedingung geknüpft wird.
Ohne die systematisch-theologische Frage nach der Zuordnung
von Heilsgeschehen und Verkündigung an dieser Stelle ausführlich
diskutieren zu können, möchte ich folgende zwei Bedingungen indikativischer Predigt als unverzichtbar festhalten:
a)   *Indikativische Predigt hat den Geschenkcharakter der Gnade
so deutlich zu bezeugen, daß jeder drängerische oder gar drohende
Entscheidungsruf überflüssig wird.*
b)   *Wenn der Glaube thematisiert wird, muß stets deutlich werden,
daß er Gabe des Heiligen Geistes und nicht Ergebnis eigener Wil-
lensanstrengung ist.*
Jedenfalls sollte der Predigende in dieser heiklen Frage klar sagen,
was er meint, und sich nicht hinter schwammigen Formulierungen
verstecken. Als Beispiel verweise ich nur auf das in diesem Zusammenhang besonders gern gebrauchte Wörtchen » *will«.* Da wird etwa gesagt: »Gott will Dir nahe sein«, und es bleibt mir als Hörer
überlassen, dieses »Gott will« zu deuten. Meint der Prediger es etwa im Sinne einer unbestimmten Absichtserklärung, vergleichbar
einer Aussage wie der: »Ich will mit dem Rauchen aufhören« (d.h.
ich habe es vor, weiß aber noch nicht, ob ich es schaffe)? – das doch
wohl nicht! Oder meint er einfach: »Gott *wird* Dir nahe sein« – dann

wäre ich dankbar, wenn er mir Gottes Nähe in dieser Klarheit zusagen würde. Nur, warum hat er es nicht getan, wenn er es so meinte? Oder meint der Prediger folgendes: »Es ist Gottes fester Beschluß, Dir nahe zu sein, und er wird Dir auch nahe sein, wenn – ja, wenn Du ihn Dir nahe sein läßt, wenn Du Gott an Dich herankommen läßt«? Will der Prediger seinen Satz so verstanden wissen (und das vermute ich), dann soll er die Stirn haben, ihn auch so zu formulieren. Er müßte dann allerdings darüber Auskunft geben, wem unter diesen Umständen Gott überhaupt nahe sein kann, wenn anders des Menschen Sünde eben darin besteht, seinem Gott zu entfliehen.

In einer Meditation zu Joh 17,1–8 schreibt *Hans Joachim Iwand*: Das »Annehmen steht nicht in eines Menschen Macht und Entscheidung. Es steht allein in der Entscheidung Gottes. Das ist gemeint, wenn es hier (sc. Joh 17,6) heißt: ›Ich habe deinen Namen den Menschen kundgemacht, die du mir aus der Welt gegeben hast.‹ . . . Das muß auch der Prediger bedenken. Er kann die Menschen nicht auffordern, etwas zu tun, was nicht in ihrem Vermögen liegt, weil es ›über die Kraft‹ geht. Daher die Unfruchtbarkeit so vieler imperativischer Predigten. Es geht eben nicht auf unseren Entschluß zurück, wenn wir am Evangelium hängen und uns die Augen für seine doxa aufgegangen sind . . .« (Predigtmeditationen, 636).

Neben ihrer theologischen Problematik kann die ›gesetzliche‹ Aufforderung an die HörerInnen, das Evangelium anzunehmen oder »am Evangelium (zu) hängen«, gerade auf solche, die ernsthaft darum bemüht sind, u.U. eine verheerende seelische Wirkung ausüben. Das ist psychologisch leicht einzusehen. Der Aufruf zur Annahme des Heils und damit zum Glauben gerät nämlich zur *Paradoxie*. Paradoxien nennt man solche Befehle, die von der Natur ihres Inhalts her unerfüllbar sind, klassisch ausgedrückt in der Aufforderung: »Sei spontan!« Je mehr sich jemand um die Erfüllung dieser Aufforderung bemüht, desto mehr handelt er ihr zuwider, denn nichts von dem, was bei seinen Bemühungen herauskommt, ist spontan. Sollte nun aber von der Erfüllung dieses (nicht erfüllbaren) Befehls sogar der Bestand einer wichtigen Beziehung abhängen, dann kann eine solche ›Falle‹ den, der in ihr steckt, verrückt machen. Nun ist der Glaube – ich erinnere an die Formulierungen Iwands – etwas, was »über unsere Kraft geht«, was wir also aus uns selbst heraus nicht ins Werk setzen können, sondern was uns (theologisch gesprochen) eingegossen werden muß und was wir (psychologisch gesprochen) als spontane Regung unseres Inneren erfahren. Ist dem, der zum Glauben auffordert, der also letzten Endes aus dem Glauben ein Werk macht, eigentlich klar, in welche Zwickmühle er seine HörerInnen manövriert? Sie werden zu etwas aufgefordert, was sich ihrem Handeln entzieht, wovon aber dennoch ihr zeitliches Wohl und ihr ewiges Heil abhängen sollen! Wenn ihnen die Unmöglichkeit solcher Predigt nicht bewußt wird, werden sie den Fehler entweder bei dem Gott suchen, der so etwas Unmögliches von ihnen fordert, und sich von ihm abwenden, oder sie suchen den Fehler bei sich, dann werden sie immer verzweifelter. Ich prognostiziere solche Möglichkeiten nicht, sondern ich referiere die Erfahrungen von Menschen, die die hier besprochene Form ›gesetzlicher‹ Predigt krank gemacht hat.

Zweifellos gibt es vieles, wozu ich im Kontext des Glaubens auffordern *kann*: Ich kann dazu auffordern, die Botschaft zu hören (Röm 10,17), ebenso, Glauben zu erbitten und Werke des Glaubens zu tun. Ich kann dazu auffordern, den Kontakt zur Gemeinde nicht abreißen zu lassen; kurz: Ich kann zu all dem auffordern, was sich *prinzipiell tun läßt* (vgl. Kapitel 3, IV, 1). Aber wer zum Glauben selbst im oben beschriebenen Sinne auffordert, dessen Predigt ist bei weitem gnadenloser als die Ablaßpredigten eines Tetzel, denn für einen Ablaßbrief konnte man wenigstens sparen . . .

Als positives Gegenbeispiel zitiere ich aus einer Predigt über Apg 8,26–39. Der Prediger hat zu Beginn gefragt, wie es wohl dazu komme, daß der Kämmerer zum Glauben findet, so daß es am Ende – beneidenswert genug – von ihm heißen kann: »Er zog seiner Straße fröhlich« (V. 39). Im Hauptteil der Predigt nennt er, an der Erzählung entlanggehend, vier Stationen: (1) Ein Mensch bietet dem anderen seine Hilfe an: »Verstehst du, was du liest?« – (2) Der Suchende traut sich, einen anderen um Hilfe zu bitten: »Und er bat Philippus, aufzusteigen . . .« – (3) Es folgt die Predigt der Frohen Botschaft: »Philippus tat seinen Mund auf . . .« – (4) Die Bereitschaft seitens des Kämmerers, aus dem Gehörten die Konsequenz für sein Leben zu ziehen, wird festgehalten: »Was hindert's, daß ich mich taufen lasse?« Dieser Teil schließt mit dem Satz: »Und eben da, wo das Evangelium ihn so angesprochen hat, daß er bereit wird, Konsequenzen zu ziehen und sein Leben darauf einzustellen, da heißt es vom Kämmerer: ›Er zog seiner Straße fröhlich.‹« Es folgt der Schlußteil, den ich im vollen Wortlaut zitiere, weil hier die Not dessen, der nicht glauben kann, in ›evangelischer‹ Weise angesprochen wird:
»Es könnte jetzt einer unter uns denken: ›Gut, beim Kämmerer hat das geklappt, aber bei mir nicht. Ich finde nicht zum Glauben, ich komme nicht zur Ruhe, ich ziehe meiner Straße nicht fröhlich.‹ Und auf meine Nachfrage hin könnte er vielleicht sogar glaubhaft versichern: ›Ja, ich hab's mit diesen Stationen versucht: Ich *habe* Menschen um Hilfe ersucht, es *haben* sich auch welche um mich gekümmert, ich *habe* die Botschaft gehört, ich *bin* auch bereit, Konsequenzen zu ziehen – aber trotzdem: Bei mir will's und will's nicht klappen.‹
Wer jetzt so bei sich fragt, dem möchte ich noch einen Hinweis geben und einen Rat. Der Hinweis steckt in der Geschichte selbst. Die Ausleger haben nämlich darauf hingewiesen, daß sie im Grunde genommen eine Wundergeschichte ist. Wunderbar ist sie, weil sie uns Einblick nehmen läßt, wie Gott hier im Hintergrund wirkt: Da unternimmt der Kämmerer diese lange und für ihn zunächst ergebnislose Reise nur, um auf dem Rückweg Philippus zu begegnen. Und er wäre in dieser Einsamkeit ge-

wiß niemandem begegnet, schon recht keinem Missionar, wenn nicht ein Bote Gottes den Philippus an diese einsame Stelle gewiesen hätte. Und zwar gerade zu dem Zeitpunkt, wo der Kämmerer die entscheidende Stelle aus Jesaja liest, und ausgerechnet an dem Ort, wo dann auch Wasser für die Taufe zu finden ist! Damit zeigt uns die Geschichte: Soviel setzt Gott ins Werk, so kunstvoll verknüpft er die Lebensfäden, damit am Ende ein fröhlicher Mensch dabei herauskommt. Und diese Mühe gibt er sich mit jedem von uns, also auch mit Dir, der Du jetzt so fragst. Und daher mein Rat: Hab' noch etwas Geduld. Vielleicht bist Du – um's mit der Geschichte zu sagen – noch auf der Hinreise. Vielleicht braucht's noch eine Zeit, bis Du am richtigen Punkt angelangt bist. Vielleicht hat Gottes guter Geist aber auch schon den auf den Weg geschickt, der sich Dir zuwenden und Dir in Deiner Unruhe zur Seite stehen wird.
Versuche deshalb nichts zu zwingen! Vor allem: Quäl Dich nicht selbst. Fordere keinen Glauben von Dir, zwing dich nicht zur Fröhlichkeit. Laß Dich in Deinem Unglauben, laß Dich in Deiner unzufriedenen Hast einmal gewähren. Ich weiß, wovon ich rede, ich weiß, wie schwer das ist, aber womöglich ist das für Dich der erste Schritt, um zur Ruhe zu finden.
Und wir wollen füreinander, also auch für Dich, Gott um seinen guten Geist bitten, daß er bei uns einkehrt, in uns Glauben weckt und uns zum Frieden bringt, damit es endlich von jedem unter uns heißen kann: ›Er zog seiner Straße fröhlich.‹«

3   Symptome enthusiastischer Predigt

Ich habe die ›gesetzliche‹ Predigt als eine solche charakterisiert, die, indem sie das Evangelium verkürzt, den HörerInnen zumutet, die sie umgebende Finsternis selbst hell zu machen: Statt Heil zuzusprechen, fordert sie zur Selbstheilung auf, und indem sie der Gemeinde die Frage »Ob's denn wahr ist?« als Aufgabe *zurückgibt,* läßt sie diese letztlich allein.
Es gibt aber auch den anderen Fall. Die Predigt kann die Frage »Ob's denn wahr ist?« gleichsam im Handstreich erledigen, indem sie das ›Gesetz‹ unterschlägt und damit das dem Evangelium sich noch widersetzende Dunkel – verschweigt. Allein, durch Ausblenden und Verschweigen schafft man Probleme nicht aus der Welt, und eine Predigt, die so verfährt, wird schnell harmlos und hohl. Denn *abgesehen und abgehoben von den »gottlosen Bindungen dieser Welt« kann die befreiende Kraft des Evangeliums nicht wahrgenommen werden.*

a   Verdrängung des ›Gesetzes‹
Ich hörte einmal eine Predigt, die in dem Satz gipfelte:

»Mit Jesus haut Dich nichts um!«

Mein Banknachbar, der in einer schweren persönlichen und beruflichen Krise steckte, fühlte sich aber wie umgehauen. Ihn ließ diese

Predigt mit ihren vollmundigen Sätzen ungetröstet zurück: Nicht
nur konnte ihn der intendierte Zuspruch nicht erreichen, weil die
Predigt über das Elend, in dem er sich befand, allzu glatt hinwegge-
gangen war, er hatte vielmehr den Eindruck, das Evangelium werde
ihm abgesprochen. Denn was lag näher als der Schluß, daß er, der
am Boden lag, diesen Jesus, mit dem einen nichts umhaut, eben
nicht ›hatte‹?!

Das Beispiel macht deutlich, daß ein Fehler selten allein kommt.
Gerät die Unterscheidung von ›Gesetz‹ und Evangelium auf die
hier beschriebene Weise ins Wanken, fällt gleichzeitig die für den
Glauben konstitutive Spannung des »*Schon*« und »*Noch-nicht*«.
Wer das Evangelium unter Ausblendung des ›Gesetzes‹ predigt, re-
det im Modus der Erfüllung, wo sachgemäß im Modus der Verhei-
ßung zu reden wäre.

Ich halte dazu eine Beobachtung für hilfreich und im Blick auf die
Predigt für beachtenswert, die *Helmut Tacke* an den Predigtmeditationen Hans Joachim Iwands gemacht hat (»Verheißung«, 395–
404). Immer wieder hat Iwand vor einer falschen Erfüllungstheologie gewarnt, die meint, die Spannung von »Schon« und »Noch-
nicht« hinter sich lassen zu können. Dabei liegt ihm vor allem daran, daß auch eine Theologie, die sich an dem orientiert, was in Christus (perfektisch) geschehen *ist,* dieser bleibenden Spannung einge-
denk bleibt. *Iwand* schreibt: »Denn das ist das Auszeichnende an
der in Christus Jesus verkündigten Erfüllung, daß sie den Verheißungscharakter der Offenbarung nicht aufhebt, wie das alle ›zeitli-
che‹ Erfüllung tut, sondern erst voll und ganz sicherstellt. Die
Heilsgeschichte bleibt immer ›eschatologisch‹, wie man heute sagt;
der Glaube bleibt immer bezogen auf die Verheißung, wie die Reformatoren und Bekenntnisschriften sagen. An Jesus Christus glauben heißt aus den Verheißungen leben« (zitiert nach *Tacke,* »Verheißung«, 395). Dazu *Tacke:* »Alles kommt darauf an, daß der
›Verheißungscharakter der Offenbarung‹ nicht aufgehoben wird
. . . Nach Iwands Überzeugung ist es von größter Bedeutung, daß
auch und gerade die Kategorie der ›Erfüllung‹ im Modus der Verheißung bleibt . . . Hinter dem Begriff der Verheißung verbirgt sich
nicht ein Spezialthema des biblisch-systematischen Interesses, sondern es geht um die unaufgebbare Dimension aller Theologie des
Wortes . . . Es ist aber die Stärke der Verheißung, daß sie Verheißung bleibt und daß sie sich nicht in Zuständen vorläufiger Teiler-
füllungen erschöpft. Das Bild der Morgendämmerung, von Iwand
mehrfach herangezogen, hat die Funktion, die theologische Struktur von ›Verheißung‹ aufzuzeigen, bei der die Gewißheit vom Sieg
des Lichtes zusammengeht mit der noch verbliebenen Nacht. Es ist

die Stunde der verheißenen Erfüllung noch nicht die Stunde der erfüllten Verheißung« (395f).

Die Stunde der erfüllten Verheißung, das wäre die Stunde, in der
auch der letzte Rest Finsternis zunichte gemacht ist und wir nichts
mehr zu fragen haben. Aber noch ist diese Stunde nicht gekommen,
noch »ist weder der sündlose Mensch noch die erlöste Welt in Erscheinung getreten« (397), und wir würden unsere Gemeinde betrügen, wenn wir das in unseren Predigten verschwiegen. Statt dessen gilt es, beides durchzuhalten: »Die versöhnte, aber noch nicht
erlöste Welt darf mit dem Gewicht der ›Leiden dieser Zeit‹ den
Glauben nicht erdrücken. Auf der anderen Seite darf der an die
Verheißungswirklichkeit gebundene Glaube die Welt mit ihrer
Angst nicht hinter sich zurücklassen« (402).

Mit diesen beiden Sätzen Tackes ist die den Predigenden aufgetragene Kunst, recht zu unterscheiden, noch einmal treffend umschrieben. Ich selbst habe die Erfahrung gemacht, daß es zur Einübung
hilfreich sein kann, sich einmal für längere Zeit mit solchen biblischen Texten zu beschäftigen, die in besonderer Weise die Verhei
ßungswirklichkeit mit den Leiden der Zeit ›versprechen‹. Ich denke etwa an die Psalmen, die den Zuspruch der Gnade Gottes gerade
auf dem Hintergrund menschlicher Schuld (Ps 51), Anfechtung (Ps
73) und Vergänglichkeit (Ps 90; 103,14f) als verheißungsvolles *siehe* (51,8), *dennoch (73,23)* und *aber* (103,17) laut werden lassen.
Daneben seien hier nur noch die paulinischen Peristasenkataloge
genannt (vgl. 2Kor 4,7–12; 6,3–10). Sie legen beredtes Zeugnis
davon ab, daß christliche Existenz alles andere als im Modus der
Erfüllung erfahren wird: »Wir haben aber diesen Schatz in irdenen
Gefäßen, damit die überschwengliche Kraft von Gott sei und nicht
von uns . . . Wir tragen allezeit das Sterben Jesu an unserem Leibe,
damit auch das Leben Jesu an unserem Leibe offenbar werde«
(2Kor 4,7.10).

Dazu noch ein kurzer Hinweis: Eine falsch verstandene Erfüllungstheologie findet sich – wie sollte es anders sein? – auch auf seiten der
Gemeindeglieder. Wollte man sie auf die Schnelle charakterisieren,
könnte man sagen: *Hier werden Gnade und Glück in eins gesetzt.*
Man denke nur an die vielen Taufgespräche, in denen einem die Erwartung begegnet, der Zuspruch der Gnade sei das Versprechen
zeitlichen Glücks; oder an die Seelsorgegespräche, in denen angesichts von ausbleibendem oder zerstörtem Glück Zweifel an der
Gerechtigkeit Gottes laut werden. Und man prüfe sich einmal
selbst, ob man in ›unkontrollierten Augenblicken‹ nicht immer wieder fast automatisch in ein univokes Verständnis von Gnade und
Glück hineingerät. Daß Gnade und Glück zweierlei sind, ist zwar

eine biblisch-theologische Binsenweisheit, deshalb aber noch
längst keine Selbstverständlichkeit. Zu sehr sehnen wir uns nach
sichtbarer Erfüllung, als daß wir darauf verzichten könnten, uns
selbst und unsere Gemeindeglieder immer neu in die Unterscheidung von Gnade und Glück einzuüben. Gerade sie ist aber die besondere Pointe der hier empfohlenen Texte. Dazu noch einmal
Paulus: »Und damit ich mich wegen der hohen Offenbarungen
nicht überhebe, ist mir gegeben ein Pfahl ins Fleisch, nämlich des
Satans Engel, der mich mit Fäusten schlagen soll, damit ich mich
nicht überhebe. Seinetwegen habe ich dreimal zum Herrn gefleht,
daß er von mir weiche. Und er hat zu mir gesagt: Laß dir an meiner
Gnade genügen, denn meine Kraft ist in den Schwachen mächtig«
(2Kor 12,7-9).

b   Reduktion Gottes

Anknüpfend an das Stichwort von der ›harmlosen Predigt‹ möchte
ich noch eine weitere Problemanzeige anfügen. Oft setzt der Verdrängungsprozeß nämlich nicht erst bei der dem Evangelium widersprechenden Realität ein, sondern er läßt sich bis ins Zentrum,
also bis in die Rede von Gott zurückverfolgen: *Verdrängt werden
dann die von uns als fremd, sperrig, abgründig empfundenen Aussagen über Gott.*
In einem Kapitel »Über Idealbilder in der Predigt« ist *Manfred Josuttis* diesem Verdrängungsprozeß nachgegangen. In der gegenwärtigen Predigt stellt er folgende Tendenz fest: »Heute ist das Idol
des Glaubens dadurch charakterisiert, daß Gott halbiert wird, auf-
gespalten und deglorifiziert. Er ist gut und nicht auch böse, klein
und nicht auch groß, nah und nicht auch fern« (Rhetorik, 165).
Das bedeutet: Wenn in Predigten von Gott geredet wird, dann wird
–   einseitig seine Liebe betont, auf der Strecke bleibt weithin die
Rede von Gottes Zorn und seinem Gericht;
–   einseitig Gottes Niedrigkeit betont (der Gott der kleinen Leute), auf der Strecke bleibt weithin die Rede von Gottes Majestät,
seiner Allmacht etc.;
–   einseitig Gottes Nähe betont, auf der Strecke bleibt seine
Fremdheit, Abgründigkeit, Ferne.
Praktisch kann das so aussehen, daß eine Reihe von biblischen Texten manchen Gemeinden als Predigttexte (wenn nicht gar als Le-
sungstexte) schlicht vorenthalten werden. Ich nenne nur die sogenannten Rachepsalmen, das Richterbuch oder einseitige Gerichts-
texte (an dieser Stelle wäre auch über unsere Perikopenordnung
kritisch nachzudenken). Oder es werden die als sperrig empfundenen Textelemente allzu schnell glattgebügelt, indem etwa Gerichts-

texte kurzerhand ›christologisch eingeholt‹ werden oder indem ein Prediger seinen Blick von der Textstelle, die vom Zorn Gottes redet, schnell zu den fettgedruckten Stellen des 1. Johannesbriefes gleiten läßt. Natürlich ist Sachkritik an biblischen Texten nicht grundsätzlich verboten, und ebensowenig soll prinzipiell die reformatorische Regel hinterfragt werden, nach der man die dunklen Textstellen von den hellen her aufzuklären habe. Dennoch halte ich eine kritische Selbstprüfung für angebracht, die fragt, ob sich in der eigenen Predigtpraxis der hier angedeutete Trend bestätigt (vgl. Teil III, 1.2).

Die biblischen und dogmatischen Bedenken, die gegen das von Josuttis skizzierte reduktionistische Gottesbild ins Feld zu führen sind, will ich hier nicht darlegen, sinnvoll könnte das auch nur dann geschehen, wenn einzelne Predigten einer gründlichen theologischen Kritik unterzogen würden. Ich möchte aber auf *drei Gefahren* aufmerksam machen, die eine verharmlosende Rede von Gott nach sich ziehen kann:

a)   Den Hinweis auf die erste Gefahr entnehme ich der gerade zitierten Untersuchung von *Manfred Josuttis.* In ihrem letzten Abschnitt geht er von folgender, scheinbar in sich widersprüchlicher Beobachtung aus: »In den Idealbildern der Predigt zeigt sich ein Gott, der fast immer gut ist und sehr häufig klein, der verbal also den Menschen nahesteht. Aber gleichzeitig wird man beim Lesen und Hören vieler Predigten den Eindruck nicht los, daß der in den Worten so nahe Gott den Gefühlen sehr fern bleibt. Wie ist dieser Bruch zu verstehen? Wie ist er zu interpretieren? . . . Ich gehe zur Beschreibung meines Eindrucks noch einmal vom Stichwort der Liebe Gottes aus. Gott ist gut und Gott wird klein, weil er die Menschen liebt. Dieser Liebe Gottes wegen sind auch die Menschen untereinander zur Liebe gerufen. Mit diesen einfachen Worten hoffe ich, eine Grundstruktur der gegenwärtigen Predigt angemessen wiederzugeben . . . Erst allmählich habe ich begriffen, daß in dieser Strukturierung des homiletischen Idealbilds ›Liebe‹ ein wesentlicher Aspekt fehlt. Und zwar deswegen fehlt, weil er auch in den Predigten fast gar nicht vorkommt. Die Liebe Gottes gilt allen Menschen. Und die Liebe der Menschen gilt fast allen Objekten, mit der einen großen Ausnahme: Gott und Jesus kommen als Objekte der Liebe kaum vor« (160f).

Josuttis fragt dann: »Warum bleibt der gute und kleine Gott den Gefühlen so fern? Warum sind die Predigten, wenn sie von den Idealbildern reden, in der Regel so blutleer« (163)? Antwort: »Weil eine personale Beziehung zwischen dem Ich und dem Du sich nur in

Konflikten entwickelt. Zur Identitätsbildung gehört das Vertrauen ebenso wie das Mißtrauen; die Unterscheidung zwischen dem Ich und dem Du muß man leidend, durch Versagungen und Frustrationen, lernen. Erst in der Auseinandersetzung mit seinen dunklen, unbegreiflichen Seiten wird Gott für den Glaubenden zum personalen Gegenüber . . . So bildet gerade der böse, zornige, mächtige Gott die Voraussetzung eines lebendigen Glaubens. Er zwingt zum Exodus aus den rein regressiven Verschmelzungswünschen. Er verlangt die Integration der widerständigen Realität in die Glaubensarbeit. Er schafft für den Glaubenden die Distanz zwischen Subjekt und Objekt, die aus der inneren Auseinandersetzung resultiert und kraft des Wortes von außen zur liebenden Anbetung führt. ›Wir sollen Gott über alle Dinge fürchten, lieben und vertrauen.‹ Nur einen Gott, der zu fürchten ist, kann man lieben. Nur ein Gott, der Mißtrauen fordert, weil Vertrauen allein ihm gebührt, befähigt zum Kampf um das Leben. Nur der fremde, unheimliche, bedrohliche Gott kann, wenn der Glaube den Weg vom Gesetz zum Evangelium zu gehen vermag, zum eigenen, gefürchteten und geliebten Gott werden, zum Bräutigam und zum Herrn aller Herren« (164f).

Auf eine Formel gebracht, könnte man die Beobachtung von Josuttis so zusammenfassen: Die aufgespaltene, zurechtgestutzte Gottesvorstellung führt zu einer *Aufspaltung im Gläubigen: Reden und Fühlen klaffen auseinander.*

b)   Die Reduktion Gottes kann aber auch zu einer *Spaltung innerhalb der Gemeinde* führen. Auf diese Konsequenz bin ich durch die Arbeiten von *Ulrich Bach* aufmerksam gemacht worden.

Bachs Anliegen gilt der Förderung eines kirchlichen Denkens und Handelns, bei dem Diakonie nicht länger ein Bereich unter anderen ist, sondern das Strukturprinzip der Gemeinde Jesu Christi. Diakonie kann dann allerdings nicht länger als Für-sein-Wollen verstanden werden: die Gesunden für die Kranken, die ›Normalen‹ für die Behinderten etc., weil solche Für-Struktur tendenziell das Oben und Unten stabilisiert und die Bedürftigen als Objekte von Hilfe ausgrenzt. Vielmehr geht es um ein solidarisches Mit-einander-Sein aller, um Koexistenz mehr als um Proexistenz, denn – wie einer von Bachs Buchtiteln heißt – »Boden unter den Füßen hat keiner«. Also weg von einer pausbäckigen Packen-wir's-an-Mentalität, hin zur Kirche als »Patientenkollektiv«.

Nun beläßt es Bach aber nicht dabei, sein Anliegen auf der Ebene von Ekklesiologie, Diakonik und Gemeindeaufbau zu entfalten, sondern – und das macht seine Arbeiten für unsere Fragestellung relevant – er setzt viel grundsätzlicher an: *Christliche Rede von Gott,* von der Schöpfung, von der Vorsehung und vom Heil wird von ihm *danach befragt, ob und wie sie den behinderten Menschen einbezieht oder ausgrenzt.* Dazu nun ein ausführliches Zitat; provokativ und aufrüttelnd zugleich macht es deutlich, wie tief der Schaden sitzt und wie umfassend ein Perspektivenwechsel zu erfolgen hätte, will er nicht in der Kurzatmigkeit organisatorischer Umgestaltung steckenbleiben:

»In Luthers Katechismus heißt es: ›Ich glaube, daß mich Gott geschaffen hat . . .‹ Sollen das nur die nichtbehinderten Kinder sagen? Oder auch die behinderten? Oder sollen die sagen: An sich wollte Gott auch mich unversehrt, aber da ist ihm was dazwischengekommen; also bin ich seine Panne? Der Behinderte als ein himmlischer Betriebsunfall? Wenn ich die Bibel nicht total falsch verstehe, behauptet sie: Gott ist der Schöpfer jedes Menschen. Medaillen-Gewinner und Nobelpreis-Träger dürfen beide sagen: Gott wollte mich so und er schuf mich so. Aber eben auch: Rollstuhlfahrer und Geistigbehinderter dürfen beide sagen: Gott wollte mich so und schuf mich so . . .

Die Bibel mutet uns das Bekenntnis zu: Denken-Können und Nicht-denken-Können, Springen-Können und Nicht-springen-Können, Hören-Können und Nicht-hören-Können – das sind sehr verschiedene Lebensbedingungen, die von uns auch sehr unterschiedlich bewertet werden, die von uns als angenehm oder als unangenehm empfunden werden, als Grundlage des Glücks oder als Grund zur Verzweiflung, aber alle diese Lebensbedingungen sind Zuteilungen, die Gott je diesem oder je dem anderen Menschen zugedacht und zugetraut hat . . .

An dieser Stelle tut sich die Kirche (tun sich Teile der Kirche) recht schwer. Das soeben Gesagte bringe ich gelegentlich auf den Satz: Gott will, daß dieses Leben (im Rollstuhl) mein Leben ist. Da gab es einige Theologen, zu meiner Überraschung auch mehrere Theologen aus dem Bereich der Diakonie, die hier entschieden widersprachen: Gott will Behinderung und Rollstuhl nicht. Schöpfung ist nicht-behinderte Schöpfung. Jemand sagte es ganz direkt: Bruder Bach war 21 Jahre lang ungeschädigte Schöpfung, seit seiner Erkrankung an Kinderlähmung kann man das aber nicht mehr so sagen. Das heißt: Der uns – mit Recht – wichtige Unterschied zwischen Rollstuhl und Rollschuh, zwischen IQ von 30 und IQ von 130, dieser Unterschied ist angeblich auch theologisch wichtig, ja vor Gott wichtig. Was mir Ungemach verschafft (und mein Rollstuhl verschafft mir Ungemach, ohne Zweifel), das kann auch nicht im Sinne des Allerhöchsten sein.

Seit einiger Zeit nenne ich das: theologischen Sozial-Rassismus. Vor mehreren Jahrhunderten konnte man, rein menschlich, in den Schwarzen nicht gleichwertige Menschen sehen; und schon sagte man: Sie sind auch im Sinne Gottes weniger. Sollen wir sie überhaupt taufen? Kann sowas eine Seele haben? Jedenfalls sind wir Weißen was anderes in Gottes Augen, was Besseres. – 450 Jahre später das gleiche Spielchen: Ich kann laufen, also bin ich in Gottes Augen was Besseres als der Rollstuhlfahrer; ich kann sehen, also bin ich in Gottes Augen was Besseres als der Blinde. Klar, daß so zwischen Gott und behinderte Menschen ein Keil getrieben wird; Nichtbehinderte mögen sich doll vorkommen, weil sie angeblich im Sinne Gottes besonders gut gelungene Exemplare der Gattung Mensch sind; Behinderte aber werden so an den Rand gedrängt, nicht nur soziologisch, nicht nur sozial, nicht nur finanziell, nicht nur wirtschaftlich. Nein, auch theologisch, vom Glaubensbekenntnis her. Ein Skandal: Unser christliches Glaubensbekenntnis . . . schließt jetzt auf

einmal nicht die verschiedensten Menschen zusammen, sondern vom Glaubensbekenntnis her werden bestimmte Menschen an den Rand gedrängt . . .
Mir geht es nicht um eine Glorifizierung ›des‹ Leids, sondern um eine Verherrli-
chung Gottes, dessen Kraft in der Schwachheit zur Vollendung kommt (2Kor
12,9), und um ein Unterstreichen der Würde jedes Menschen: Jeder von uns ist ein
so nur dieses eine Mal vorkommendes gutes Geschöpf Gottes« (Traum, 26ff).

Es muß hier genügen, daß wir uns von Bachs Ausführungen auf-
schrecken und zum Weiterdenken anregen lassen. Ich jedenfalls
fühle mich von ihm ertappt: Auch ich habe bisher eher im Gefälle
solcher Gott-will-nicht-Aussagen gedacht und gepredigt. Für unsere Fragestellung halte ich als bemerkenswert fest: Gerade indem
Bach dem Gott die Ehre gibt, der in seinem (Schöpfungs-)Handeln
nach menschlichen Maßstäben *auch fremd, auch unverständlich,
auch grausam ist, findet er als Behinderter Zugang zu ihm.* Und anders herum: Wer meint, Gott ohne jene Fremdheit denken und predigen zu können, der spaltet die Gemeinde in Gesunde und Behinderte auf. Ich zitiere dazu noch einige Passagen aus einer Predigt-
meditation Bachs zu Gen 22:

»Ich finde es ungemein wichtig, daß diese schaurige Geschichte in unseren Bibeln
steht. Wir sollten hier auf keinen Fall die Dinge beschönigen oder gar verschweigen. Das wäre nicht nur unbiblisch, sondern auch unsozial. Denn es mag sein, daß
manche Behinderte (bzw. Angehörige) zu diesem völlig undurchschaubaren Gott
vom eigenen Erleben her einen leichteren Zugang haben als zu einem Apollon, zu
einem Gott also, bei dem alles klar und einsichtig ist, zu einem Gott also, der alles so
herrlich (nach unserem Geschmack herrlich!) regieret . . . Glaube heißt: Gott aufs
Wort gehorchen, auch wenn er verrückt zu spielen scheint. Das war Glaube: Abraham belädt den Esel mit Holz und macht sich mit zwei Knechten und seinem Sohn
auf den Weg . . .
Das wäre Glaube: Die Eltern des schwerbehinderten Kindes nehmen ihr Kind so
an, wie es ist; ein behinderter Mensch nimmt seine Behinderung als eine seiner ihm
von Gott gegebenen Lebensbedingungen an. Damit Behinderte und Angehörige
aber so glauben können, wäre es von großer Hilfe, wenn unsere Gemeinden die folgenden beiden Sätze von Genesis 22 her entwickeln und öffentlich bekennen. Er-
stens: *Gott* ist der, der zuweilen Unzumutbares zumutet. Wäre das unser aller Bekenntnis, es würde Eltern leichter fallen, sich nicht mehr damit abzuquälen, ob die
Behinderung ihres Kindes nicht eine Strafe für irgendein Vergehen ist; es würde einem Behinderten leichter, die Frage dranzugeben, womit er das wohl verdient habe. Unser Denken und Erklären-Wollen braucht nicht mehr Zuflucht zu nehmen
bei Schicksal und Zufall, bei Schuld und Strafe oder gar bei einer gegengöttlichen
Supermacht. Wer hier zugeschlagen hat, ist Gott. Wer uns da etwas zumutet, ist
Gott. Und dann zweitens: Gott ist also der, der uns etwas *zumutet.* Gott ist nicht der
bewundernswerte Allerweltskünstler, der Gänseblümchen-Hersteller, den wir nur
am laufenden Band bestaunen können. Gott kann Dinge tun, die wir nur schlimm,
verrückt, ungerecht und grausam nennen können.
Vielleicht sollten wir Pastoren hier mit gutem Beispiel vorangehen. Wann kommen

Behinderte in unserem Konfirmandenunterricht vor? Ist es nicht so, daß sie meistens erst beim dritten Artikel dran sind: bei der Kirche und ihrem Tun, Mission und Diakonie. Damit sind Behinderte zunächst anders dran als wir, und nachher sind sie die Objekte unserer fleißigen Aktivitäten. Statt dessen sollten wir den Mut haben, sie im ersten Artikel zu nennen: Gott schafft eben nicht nur Blumen, Sternlein allzumal und frischgesunde Kinderlein. ›Wer hat den Stummen oder Tauben oder Sehenden oder Blinden gemacht? Habe ich's nicht getan, der Herr?‹ (Exodus 4,11). Ob uns das paßt, ist eine Frage für sich. Daß das in unseren Bibeln steht, ist nicht zu bestreiten . . .
Unsere . . . Bibel führt die Widerborstigkeit unseres Lebens auf Gott selbst zurück. Das könnte ein großartiges Denkangebot, eine wirkliche Lebenshilfe bedeuten. Aber wir verschweigen das oft lieber, weil wir Wert darauf legen, uns mit unserem Gott sehen lassen zu können. Und damit enthalten wir manchen Menschen die Möglichkeit vor, ihre erschwerte Situation und ihr Denken zusammenzubringen. ›Ich darf gar nicht dran denken!‹ Das ist noch sehr gelinde ausgedrückt. Wer so redet, *kann* doch gar nicht an das denken, was ihn belastet. Wie sollte er das denn können, wenn in unserer Welt Stabilität und Gesundheit Trumpf sind, und wenn auch die Kirche nur wagt, von einem Gott zu reden, der angeblich dafür zuständig ist, Gesundheit und Stabilität zu garantieren? Es wird darauf ankommen, den Glauben des Abraham unter dem Schutt vieler Mißverständnisse und Beschönigungen wieder ans Tageslicht zu buddeln; den Glauben des Mannes, der sich mit Gott einließ, auch wo Gott verrückt zu spielen schien« (GPM, 175ff).

c) Spaltung im Glaubenden, Spaltung innerhalb der Gemeinde – es gibt noch eine dritte Gefahr der Spaltung, die ein reduktionistisches Gottesbild in der Predigt nach sich ziehen kann: die *Spaltung innerhalb des Volkes Gottes aus Juden und Christen.* Sie tritt tendenziell dann ein, wenn die uns fremden Seiten Gottes nicht nur stillschweigend ausgeblendet werden, sondern wenn – wie oben schon angedeutet – die unterschiedlichen Züge Gottes *gegeneinander ausgespielt werden*: Liebe gegen Zorn, Nähe gegen Ferne, Gnade gegen Gericht, Niedrigkeit gegen Majestät, und zwar *so, daß sie auf die Testamente aufgeteilt werden*: Der Gott des Alten Testaments ist der ›böse‹, der Gott des Neuen Testaments ist der ›gute‹.

»Der Liebesgott Jesu wird vom alttestamentlichen Rachegott überlagert.«

Dieses Zitat entnehme ich nicht dem »Stürmer«, sondern dem Buch von *Franz Alt,* Frieden ist möglich, 26 (vgl. *ders.,* Jesus). Ähnliches findet sich auch in Predigten:

» *Seit Jesus* dürfen wir uns an den Gott halten, der dem Sünder vorbehaltlos gnädig ist.«
» *Wir Christen* wissen, daß Gott stärker ist als der Tod.«

Die Liste ließe sich beliebig verlängern, und man weiß nicht, worüber man zuerst erschrecken soll: über die Unkenntnis biblischer

Zusammenhänge, über die Unbedachtheit, in der hier Klischees
weitertransportiert werden, oder über die Blauäugigkeit, daß hier
offensichtlich kein Gespür dafür vorhanden ist, in welche Wirkungsgeschichte man sich faktisch stellt, wenn man den Gott Israels
in dieser Weise verzerrt und dann im Namen Jesu für obsolet erklärt. Dabei sehe ich die besondere Ironie darin – und deshalb habe
ich Franz Alt zitiert –, daß der Gefahr solcher Zerrbilder auch solche erliegen, die ansonsten mit einem emanzipatorischen Anspruch
auftreten (vgl. *Brumlik*, Angst).

Ich möchte im Gegenzug noch einmal aus der Meditation von *Bach* zu Gen 22 zitieren: »Eine Bibel ohne Genesis 22 wäre ein Torso. Darum möchte ich auch davor
warnen, Genesis 22 allzu rasch von Jesu Opfertod her für überholt zu erklären. Als
Aussage über unser Tun ist Genesis 22 allerdings überholt . . . Als Aussage über
den Gott, an den wir glauben, dürfte dieser Text durch das Kreuz Christi gerade bestätigt worden sein. Das läßt sich rasch an Petrus (Matthäus 16) klarmachen. Eben
das erste Bekenntnis: Du bist Christus, der Sohn des lebendigen Gottes. Jetzt die
erste Leidensankündigung: In Jerusalem werde ich gekreuzigt werden. Da kann Petrus nur protestieren: Das kann nicht Gottes Wille sein; das wäre doch völlig verrückt. Und menschlich gesehen – das bestätigt Jesus ausdrücklich – hat Petrus recht;
dennoch: Gottes Weg ist anders« (GPM, 176).

Gerade in einer Zeit, in der das Verhältnis der Kirche zu Israel neu
bedacht wird und in der (unter anderem) überhaupt erst das ganze
Ausmaß dessen sichtbar wird, was die Kirche hier auch auf dem
Feld ihres Denkens, ihrer Lehre und nicht zuletzt ihrer Predigt an
Schuld auf sich geladen hat, sollten die Predigenden an dieser Stelle
besonders sorgsam sein und sich vor dem Weitertransport übler
Klischees hüten.

4   Eine Schlußbemerkung

Die Kunst, recht zu unterscheiden, um die es in diesem Teil ging,
darf nicht ihrerseits mißverstanden werden als ›gesetzliche‹ Forderung, der gemäß in jeder Predigt jeweils beides, und dies womöglich
noch in mathematisch exakter Ausgewogenheit, präsentiert werden
müßte. Anders gesagt: Die Unterscheidung von ›Gesetz‹ und
Evangelium (wie auch die entsprechenden anderen Unterscheidungen) darf nicht im Sinne eines starren Predigtschemas mißverstanden werden. Wohl aber ist sie der Hinweis auf die Grundstruktur unseres Glaubens und insofern unaufgebbare Wahrnehmungs-
und Gestaltungshilfe indikativischer Predigt.

III   Hindernisse und Hilfen indikativischer Predigt

Den Ausführungen dieses letzten Teils liegt die Frage zugrunde, ob sich in Predigten bei aller Vielfalt und Verschiedenheit im einzelnen doch Typisches ausmachen läßt, wiederkehrende gedankliche und sprachliche Figuren also, die die indikativische Rede von Gott in spezifischer Weise behindern bzw. unterstützen. Wie schon in den Kapiteln 1–3 geht es mir darum, Kriterien zu entwickeln, die über den diffusen Eindruck von »gefallen« – »nicht gefallen« hinausführen. Daß die Wirkung einer Predigt letztlich unverrechenbar ist und deshalb unverfügbar bleibt, soll dabei auch jetzt nicht vergessen sein. Deshalb formuliere ich bewußt zurückhaltend und rede von »behindern« und »unterstützen« anstatt von »verhindern« und »garantieren«.

In den beiden folgenden Abschnitten werden jeweils ein Hindernis und im Gegenzug eine entsprechende Hilfe auf dem Weg zur indikativischen Predigt benannt und entfaltet, der dritte Abschnitt handelt von hinderlichen und hilfreichen Elementen der problemorientierten Rede von Gott.

1.1   Altbekannte Richtigkeiten

»Christus ist der Mittler, er bürgt dafür, er hält diesen neuen Bund in Kraft, sein Blut der Versöhnung redet kräftiger als das Blut der Rache, er wird zum Heil erscheinen allen, die auf ihn warten. Die in diesen Bund berufen sind, können sich darauf verlassen, daß Christus den neuen Bund in Kraft hält und zum Ziel führt. Er tritt fürbittend für sie ein vor Gott, er spendet ihnen die von ihm geschaffene Versöhnung . . .« (vgl. zu diesem Zitat schon die Ausführungen über Behauptungssätze in Kapitel 2, III, 1).

Jeder Predigthörer kennt den Effekt, den Passagen dieser Art bei ihm auslösen. Man hat (im besten Fall) den Eindruck, es war alles richtig, ja man hätte jeden Satz unterschreiben können, und doch hat einen das Gehörte nicht angesprochen. Warum nicht? Weil man das alles so oder so ähnlich schon oft gehört hat. Wenn wir nach solchen Predigten sagen: »Heute war wieder alles richtig«, dann verstehen wir »richtig« als Schimpfwort.

Das liegt daran, daß sich *Aussagen* – unbeschadet der Sachgemäßheit ihres Inhalts – *abnutzen*. Informationen sind nämlich nicht konservierbar, im Gegenteil, sie büßen mit dem Grad ihrer Bekanntheit von ihrer Wirkungskraft ein. Mit den Worten *Josef Kopperschmidts*: »Der Informationsgehalt einer Aussage ist umgekehrt proportional zu der Prognostizierbarkeit ihres Inhalts« (Kommunikationsprobleme, 39; vgl auch *Bastian*, Verfremdung).

Gerade PredigerInnen, die dazu neigen, im Modus theologischer Behauptungssätze zu reden, sollten deshalb ihre indikativischen Passagen daraufhin überprüfen, ob es ihnen gelungen ist, sich von altbekannten Sprachmustern zu lösen.

Nur am Rande sei hinzugefügt, daß die hier angesprochene Warnung grundsätzlich alle Elemente der Predigt betrifft, wobei die Frage der Bekanntheit natürlich stets ›feldabhängig‹ ist, also nicht allgemein beantwortet werden kann. In diesem Sinne wird etwa der Satz: »Christen sind Protestleute gegen den Tod« in manchen Gemeinden inzwischen zu einer altbekannten Richtigkeit geworden sein. Ebenso gibt es Geschichten, vor deren Einsatz man sich tunlichst fragen sollte, ob sie nicht schon abgenutzt sind. Ich selbst beispielsweise habe die Geschichte von den »Spuren im Sand« inzwischen bei so vielen Anlässen gehört, daß ich es kaum wagen würde, sie noch in eine Predigt einzuflechten.

Daß die Frage der Bekanntheit von Predigtelementen *feldabhängig* ist, mag uns aber *auch* trösten. Gerade in den Festzeiten des Kirchenjahres, wenn wir uns oft ganz ›leergepredigt‹ fühlen, sollten wir uns vor Augen halten, daß das, was wir als TheologInnen schon zigmal gehört, durchdacht und ausgesprochen haben, was also für uns ›altbekannt‹ ist, für die Gemeinde dennoch neu und überraschend sein kann.

1.2 Neuheit

»Die Güte des Herrn ist alle Morgen neu« (Klgl 3,23) – dem sollte die Verkündigung zu entsprechen suchen. Zwar redet jede Predigt im Kern von dem, der »gestern und heute und in Ewigkeit derselbe ist«, das bedeutet aber gerade nicht, daß die Predigenden ständig dasselbe sagen sollten – dagegen steht schon die Vielfalt des biblischen Zeugnisses. Im Gegenteil: Eine Predigt lebt geradezu von dem, was die Gemeinde bisher noch nicht, jedenfalls *so* noch nicht gehört hat. »Erst wenn die Hörer überrascht werden mit etwas Unbekanntem, mit einer frischen Texterklärung, mit einem Bild, mit einem auffallenden Satz, können sie etwas von neuer Hoffnung und Aussicht erleben. Ihr Erstaunen bedeutet, daß sie über ihre bisherigen Grenzen schauen, daß sie etwas Neues entdecken, daß das Alte in ein neues Licht gerückt wird« (*van der Geest*, Du hast mich angesprochen, 95).

Ich beginne mit einigen Beispielen. Sie sollen unter anderem die *Vielfalt der Ebenen* markieren, auf denen sich Neuheit ereignen kann.

Das erste Beispiel lebt von einer die HörerInnen überraschenden *exegetischen Information*:

Ein Prediger beginnt seine Auslegung von Mt 20,1–15 mit der Feststellung, daß immer wieder behauptet werde, dieses Gleichnis sei kein Programm zur Bekämpfung der Arbeitslosigkeit. Dann fährt er fort:
»Aber schon die Zuhörer Jesu werden sich gefragt haben, ob es nicht doch etwas zu bedeuten hat, daß seine Geschichte nun einmal in der Welt der Arbeit spielt. Denn auch über ihrer Zeit schwebte das Gespenst der Massenarbeitslosigkeit. Lassen Sie mich das an einer Zahl verdeutlichen: Als der Tempelausbau in Jerusalem abgeschlossen war, standen mit einem Schlag 18000 Arbeiter auf der Straße. Zwar wurden daraufhin in Jerusalem Notstandsarbeiten durchgeführt, wir würden heute sagen: Es wurden ABM-Stellen eingerichtet, aber natürlich reichten sie nicht für alle – und eine Lösung des generellen Problems war dies auch damals schon nicht . . .«

Im zweiten Beispiel ist es die ungewohnte *Auslegung* eines *Textdetails*, die helfen mag, das Interesse der Gemeinde zu wecken.

Die Predigt über Lk 7,36–50 hält gleich zu Beginn beim Stichwort »Sünderin« (V. 37) inne: »Eine Sünderin – mehr, als diese allgemeine Charakterisierung erfahren wir über den Lebenswandel der Frau nicht. Den Auslegern hat das keine Ruhe gelassen . . .« – es folgt eine knappe Aufzählung der gängigen Theorien, dann fährt der Prediger fort: »Ich möchte mich an diesem Spiel der Vermutungen nicht beteiligen. Ich möchte mir vom Erzähler unserer Geschichte lieber gesagt sein lassen, daß man mit Gestrauchelten auch anders umgehen kann. Eben so, wie hier, wo nichts ausgeplaudert und nichts breitgetreten wird. Ohne die Sünde zu verharmlosen, ist der Erzähler Seelsorger genug, um sich nicht – womöglich mit dem wohligen Schauer moralischer Entrüstung – in Skandalgeschichten zu ergehen. Nein, wo es um Vergebung und Buße geht, da werden Menschen nicht bloßgestellt. Da herrscht eine Verschwiegenheit, die dem Gestrauchelten Schutz gewährt . . .«

Im nächsten Beispiel erscheint eine der Gemeinde bekannte biblische Gestalt dadurch in einem neuen Licht, daß der Prediger sich in ihre *Lebensgeschichte hineinversetzt* hat:

»Wie aber, wenn beide Mitteilungen zusammengehörten, wenn, um es übertrieben zu formulieren, Zachäus nur deshalb ein reicher Mann war, weil er so klein war . . . Ich stelle mir Zachäus als einen Mann vor, der stets unter seiner Kleinheit hat leiden müssen. Ich stelle mir vor, wie er von seinen Geschwistern und Spielkameraden geneckt und gehänselt wurde seiner kleinen Beine wegen, wie er im Laufen und im Ringkampf stets den kürzeren zog, wie er in der eigenen Familie, in der Schule, überall nur als der Kleine galt und angeredet wurde. Und ich stelle mir vor, wie er, je älter er wurde, das Gefühl der Minderwertigkeit, der angeborenen Zurückgesetztheit und Unfähigkeit in sich aufsteigen fühlte, dagegen ankämpfte und es nicht mehr loswerden konnte, und wie er sich schließlich innerlich vor den Blicken der anderen verpanzerte und verschloß und mit geheimem Groll und einer heimlichen Verbitterung auf Rache und Ausgleich sann . . . Da hat Zachäus einen Einfall, den er mit großer Zähigkeit und Geduld verfolgt. Wirklich demokratisch ist in unserer Welt nur das Geld. Geld allein ist imstande, alle Unterschiede der Begabung, der natürlichen Veranlagung, sogar des Charakters und der Persönlichkeit vergessen zu machen . . .«

Auf diesem Hintergrund kann dann auch vom Handeln Jesu in einer neuen Weise geredet werden, und so hören wir in einem späteren Teil der Predigt: »Bis dahin stand der Zöllner Zachäus im Mittelpunkt der Erzählung. Jetzt aber schwenkt die Aufnahmekamera und holt Jesus ins Bild, wie er unter dem Feigenbaum durchzieht. Alles geht jetzt sehr schnell . . . und man muß aufpassen, daß einem nichts entgeht. Die Worte, die jetzt folgen, zählen zu dem feinsinnigsten, zartesten, verständnisvollsten des ganzen Neuen Testamentes. Sie zeugen von der unglaublichen Hellsichtigkeit Jesu menschlichem Leid gegenüber . . . ›Komm schnell herunter‹, ruft er Zachäus zu, ›heute nacht muß ich bei dir bleiben.‹ Genau diese Worte sind es, die Zachäus befreien können, nur sie allein. Denn sie bedeuten doch: Zachäus, warum vergräbst Du Dich hinter Deinem Reichtum und Deiner Macht, mit der Du alle Menschen abstößt, während Du sie in Wirklichkeit gewinnen wolltest . . . Aber so klänge es peinlich und moralisierend und also doch nur demütigend und beleidigend. Und so sagt es Jesus deshalb auch gar nicht. Er tut einfach genau das, worauf Zachäus eigentlich immer, die ganze Zeit seiner Einsamkeit über heimlich gewartet hat: daß einmal, einmal nur jemand käme, der ihm sagt: Ich brauche Dich, freiwillig, von selbst, nicht erpreßt . . .«

Schließlich noch ein Beispiel, in dem eine theologische Kernaussage dadurch neu zu Gehör gebracht wird, daß die ›Sprache Kanaans‹ vermieden und statt dessen ein neues, mit *Metapher* und *Verfremdung* arbeitendes Sprachspiel gewählt wird:

»Es ist Gottes Liebe zu uns, die sein Leben bewegt macht. So bewegt, daß dieses Leben selbst vor dem Tode nicht haltmacht, sondern es darauf ankommen läßt, wer hier wen blamiert: der tödliche Tod den göttlichen Gott oder das von Liebe bewegte Leben den feststehenden Tod . . . Der Tod Jesu steht fest. Aber Jesus bewegt sich. Schlimmer kann der Tod nicht blamiert werden. Ein blamierter Mensch, liebe Gemeinde, kann ein sehr unangenehmer Geselle werden. Der unsterblich blamierte Tod *ist* ein unangenehmer Geselle. Er zeigt nun erst recht, was er kann. Um so mehr kommt es nun freilich darauf an, daß wir uns von seinen Künsten nicht imponieren lassen, sondern ihn bleiben lassen, was er geworden ist: Ein *Spott* der Tod ist worden . . .«

Gerade durch das letzte Zitat könnte sich nun mancher zu der kritischen Rückfrage veranlaßt sehen, ob der Ruf nach Neuheit nicht doch nur etwas für besonders Begabte sei. In der Tat stammt dieses Zitat von einem sprachlich außerordentlich begabten Prediger, doch sollte man sich dadurch nicht zu schnell entmutigen lassen. Immerhin sorgen auch die beiden ersten Predigtausschnitte auf ihre Weise bei den HörerInnen für Überraschung, ohne hinsichtlich ihrer Sprache von besonderer Kunstfertigkeit zu sein. Und: Was hindert uns eigentlich, bei anderen in die Lehre und bisweilen auch in die ›Ausleihe‹ zu gehen? Wer erst einmal begonnen hat, auf das Element der Neuheit (Überraschung, Verwunderung, Verfremdung) sein Augenmerk zu richten, der wird auch fündig werden. Und zwar – das sollten die Zitate in ihrer Verschiedenheit ja gerade zeigen – jeder auf seine Weise: Der eine mag gerne mit der Sprache ›spielen‹, einem anderen wird es mehr liegen, sich geduldig und liebevoll in eine im Text angesprochene Situation hineinzudenken, wieder ein anderer mag seine Freude daran haben, mit überraschenden Beobachtungen am Text das Interesse der Gemeinde zu wecken. Hier wie auch bei den nächsten Abschnitten gilt, daß eine klare und bewußte *Suchhaltung* der erste und wichtigste Schritt zur Veränderung ist.

Für weitere Anregungen verweise ich auf *Josuttis*, Rhetorik, 70–84; daran anknüpfend und eine Fülle kreativer Verfahren vorstellend *Arens u.a.*, Kreativität. Anregungen für meditative Zugänge zum Predigttext bietet *Meyer zu Uptrup*, Gestalthomiletik, 75ff.

Die Suche nach Neuem sollte dann zunächst und vor allem die *Begegnung mit dem Predigttext* bestimmen, denn der Bibeltext mit seinem wöchentlich wechselnden ›Angebot‹ ist hier zweifellos die wichtigste Fundgrube. Eine Frage für die Arbeit am Text könnte etwa lauten: Enthält er irgend etwas, was *mir* neu ist, etwas mich Überraschendes, mir Fremdes, mich vielleicht auch Ärgerndes, mich jedenfalls irgendwie Verwunderndes? Denn worüber ich selbst erstaunt bin, kann auch am ehesten bei anderen Verwunderung wecken.

Ich habe diesen Arbeitsschritt des öfteren mit KollegInnen gemeinsam durchgeführt, und zwar so, daß zunächst jeder für sich notierte, was er am Text Neues entdeckt hatte, um es dann, einer nach dem anderen, der Gruppe zu erzählen. Einige der Erfahrungen, die ich mit dieser Arbeitsform gemacht habe, möchte ich weitergeben:

a)   Vor allem bei bekannten Texten kam es vor, daß manche gar nichts auf ihrem Blatt stehen hatten: Nichts hatte sie überrascht. Wenn sie dann die Ergebnisse der anderen hörten, wurde ihnen deutlich, daß deren Beobachtungen durchaus auch für sie neu waren, sie selbst hatten sie aber nicht machen können. Das Gespräch ergab dann, warum: Sie waren sich so sicher, den Text ›in- und auswendig‹ zu kennen, daß sie gar nicht mehr genau hingesehen hatten. Darum mein Hinweis: Es lohnt sich, gerade unter dem Aspekt der Neuheit noch einmal *genau hinzuschauen*: sich *Erzähltes vorzustellen*, sich *in Personen hineinzuversetzen*, aber auch *auf Wortwahl* und *Satzbau* des Textes zu achten (»mich hat überrascht, daß Paulus sich hier [1Thess 5,12–22] förmlich überschlägt«) oder darauf, was im Text alles *nicht gesagt* ist, obwohl wir es gerne wüßten (vgl. oben das Zitat zu Lk 7,37).

b)   Oft wurden Beobachtungen deshalb nicht festgehalten, weil sie den Betreffenden als zu abwegig vorgekommen waren. Das Gegenteil wäre hilfreicher gewesen! In der Phase des Suchens und Sammelns ist das ›Verrückteste‹ gerade gut genug. Wer weiß, was sich daraus entwickeln läßt? Oft jedenfalls verhält es sich so, daß wir die interessanten Beobachtungen zunächst an den Rändern unseres Textes machen und nicht in seinem theologischen Zentrum. Wer aber allzufrüh die Kontrolle einsetzen läßt, wer allzufrüh nach (vermeintlich) ›wichtig‹ und ›unwichtig‹ sortiert, der verhindert, daß neue Ideen entstehen. Anders herum ausgedrückt: Es gehört zu den notwendigen Bedingungen kreativer Prozesse, sich in der Phase des Suchens, Sammelns und ›Erfindens‹ die Kontrolle bewußt zu verbieten; sie gehört an das Ende des Prozesses (vgl. *Landau*, Erleben). Und deshalb:

c)   Jede Idee ist es wert, eine Zeitlang weiterverfolgt zu werden. Ganz hinderlich ist es da, wenn man die Entwicklung eines Einfalls dadurch abbricht, daß man zu früh fragt, ob er denn für die Predigt auch etwas bringe. Ob ein neuer Weg weiterführt, prüft man am besten dadurch, daß man ihn geht; jedenfalls kann man das, was er an Möglichkeiten bietet, nur so erfahren. Probieren geht über studieren – wer neue Wege bei seiner Arbeit am Text gar nicht erst betritt oder aus Angst vor Umwegen oder Sackgassen zu früh haltmacht, der soll sich nicht wundern, wenn er immer wieder auf den alten, ausgetretenen Pfaden landet.

Es ist jedenfalls nicht den biblischen Texten anzulasten, daß viele Predigende heute der Ansicht sind, Neuheit und Überraschung ließen sich nur über die verstärkte Hinzunahme außerbiblischen Materials in der Predigt herstellen (vgl. *Bukowski*, Bibel).

Ich möchte deshalb über die Bemerkungen zur ›Suchübung‹ hinaus noch eine grundsätzliche Erwägung anstellen bezüglich der *Haltung,* die wir dem Predigttext gegenüber einnehmen, denn sie entscheidet mit darüber, wie offen wir für die Entdeckung von Neuem sind. Angeregt haben mich dazu einige Passagen aus *Karl Barths* Vorwort zur zweiten Auflage seines Römerbriefkommentars (1922). Barth schreibt, er trete an die Texte mit dem »Vorurteil« heran, »die Bibel sei ein gutes Buch und es lohne sich, wenn man ihre Gedanken ebenso ernst nimmt, wie seine eigenen« (XVI). Dabei macht er freilich eine den Texten selbst entnommene Voraussetzung: »Die Beziehung *dieses* Gottes zu *diesem* Menschen (sc. des Gottes, der im Himmel, und des Menschen, der auf Erden ist [P. B.]), die Beziehung *dieses* Menschen zu *diesem* Gott ist für mich das Thema der Bibel« (XIII). Und im Prozeß der Auslegung geht es dann darum, sich so in den Text hineinzuhören, daß einem schließlich das in ihm Gemeinte, das »Wort in den Wörtern« (XII) begegnet. Hören wir noch einmal Barth: »Bis zu dem Punkt muß ich als Verstehender vorstoßen, wo ich nahezu nur noch vor dem Rätsel der *Sache,* nahezu nicht mehr vor dem Rätsel der Urkunde als solcher stehe, wo ich es also nahezu vergesse, daß ich nicht der Autor bin, wo ich ihn nahezu so gut verstanden habe, daß ich ihn in meinem Namen reden lassen und selber in seinem Namen reden kann« (XII).

Von diesen Hinweisen ausgehend, erlaube ich mir einmal folgende, etwas gewagte Assoziation: Der Respekt vor dem Text als einem lebendigen Gegenüber, den ich aus den Worten Barths heraushöre, erinnert mich an den Respekt, zu dem die klientenzentrierte Seelsorge dem Gesprächspartner gegenüber aufruft. Rekapitulieren wir noch einmal: Barth nimmt den Text als seinen Partner ganz ernst (»ein gutes Buch«); er setzt voraus, daß der Text – in welcher Gestalt auch immer – von dem reden wird, was ihn im Innersten bewegt (von diesem Gott und von diesem Menschen); und er wird ihm deshalb so lange zugewandt bleiben und ihm zuhören, bis er durch die Wörter hindurch das Wort vernommen, bis er ihn in letzter Tiefe verstanden hat. Ist es da ganz falsch, hier mutatis mutandis von »*Empathie*« zu reden? Und einmal auf die Spur einer solchen wahrnehmenden und annehmenden Haltung dem Text gegenüber gesetzt, reizt es mich, zur Konkretisierung einige Regeln der klientenzentrierten Gesprächsführung auf die Haltung gegenüber dem Text zu übertragen.

a)   Im Gespräch verfehle ich das Besondere meines Gegenübers (unter der Gefahr, daß das Gespräch dann oberflächlich wird), wenn ich seine Aussagen vorschnell *verallgemeinere.* Eine gute Regel auch im Blick auf den Predigttext! Sie mag davor bewahren, vorschnell zur Formulierung eines Skopus zu gelangen, um sich fortan mit jenem allgemeinen theologischen Satz zu beschäftigen, anstatt zunächst einmal ganz lange bei der spezifischen Gestalt und Eigenart des jeweiligen Textes zu bleiben. Wie viele Chancen gerade einer erfrischend neuen und überraschenden Auslegung werden auf diesem Weg verspielt! Es kann ja nicht ausbleiben, daß wir auf textfremdes Material ausweichen, wenn wir, das ›Einmalige‹ dieses konkreten Textes außer acht lassend, via der Erhebung eines Skopus beim Allgemeinen angelangt sind und uns dann verlegen fragen, wie wir diesen nun für die HörerInnen konkret ›umsetzen‹ sollen. Um noch einmal an Barth zu erinnern: Das Wort in den Wörtern suchen heißt, den im Text bezeugten Gott und den von ihm angesprochenen Menschen zu suchen, es heißt nicht, nach theologischen Allgemeinplätzen Ausschau zu halten.

b)   Nicht übertragbar erscheint auf den ersten Blick die Warnung aus der klientenzentrierten Gesprächsführung, man solle die Aussagen des Gegenübers nicht *interpretieren.* Wir müssen uns aber vor Augen halten, was sie in diesem Zusammenhang intendiert, nämlich etwas ganz Ähnliches wie die erste Regel: Eine Aussage meines Gegenübers zu interpretieren bedeutet, sie in einen (meinen) Verstehenshorizont zu rücken. Das ist nicht verboten, aber vor allem, wenn solches Interpretieren zu einem frühen Zeitpunkt erfolgt, lauert die Gefahr des Kontaktverlustes: Ich folge den Spuren meiner Interpretation, anstatt mich weiter um einen Zugang zur Lebenswelt meines Gegenübers und zu *seinem* Verstehenshorizont zu bemühen. So gesehen ist auch diese Warnung für unseren Umgang mit Bibeltexten hilfreich. Ich denke an die allzu ›flotte‹ Art, in der wir bisweilen Texte oder auch Textaussagen ›einordnen‹. Wir sagen »Wundergeschichte« und meinen (weil wir ja über Wundergeschichten ganz viel Form- und Religionsgeschichtliches wissen), damit sei schon etwas gesagt – aber was denn eigentlich? Vor allem: Sind wir jetzt noch offen, vom Text etwas Neues zu hören? Wir sagen »Ätiologie« und meinen, die Sache sei damit auf den Punkt gebracht. Wir stöhnen »Legende« und sind fortan mehr mit dem aufgeklärten Zeitgenossen beschäftigt, dem wir sie zumuten müssen (oder mit dem ›postmodernen‹, den wir mit ihr erfreuen), als mit dem Text. Entsprechendes Schubladendenken würde man sich von seinem Seelsorger zu Recht verbitten! Natürlich sind fundierte exegetische Kenntnisse und eine saubere Methodik für die Textarbeit unverzichtbar. Es fragt sich aber, welche Rolle exegetische Urteile für die Haltung, die wir dem Text gegenüber einnehmen, spielen, ob sie womöglich ein zugewandtes Hören verhindern, weil wir immer schon zu wissen meinen, was uns erwartet. Wir müssen unserem Text sehr lange und sehr genau zugehört haben, bevor wir uns anschicken dürfen, ihn zu deuten!

c)   Schließlich sei noch auf die Warnung vor *Beschwichtigungen* hingewiesen. Sie mögen im Gespräch gut gemeint sein, aber auch sie verhindern den Kontakt und stören den einfühlsamen Verstehensprozeß: Der Partner fühlt sich nicht länger ernst genommen. Auf seiten des Zuhörers sind Beschwichtigungen oft ein Abwehrmechanismus gegen die Fremdheit oder gegen das Beängstigende des Gehörten. Diese Warnung wird in der Arbeit am Predigttext vielleicht am meisten überhört. Ich erinnere an das, was ich weiter oben zur »Reduktion Gottes« gesagt habe (II, 3b). Im praktischen Vollzug der Predigtarbeit nimmt sie ja gerade hier ihren Anfang, wo wir das, was uns am Text fremd, abgründig oder beängstigend anmutet, ausblenden oder vorschnell unter Altbekanntem zudecken, anstatt uns ihm auszusetzen. Neben der schon genannten theologischen Problematik führt das Beschwichtigen oft zu der homiletisch besonders ärgerlichen Konsequenz einer – langweiligen Predigt.

Zum Schluß noch ein Wort zur *Textwahl*: Ich bin der Überzeugung,

daß man in der hier beschriebenen Haltung auch am bekanntesten
Text immer wieder neue Entdeckungen machen kann, will damit
aber nicht leugnen, daß es Texte gibt, die es einem schwerer bzw.
leichter machen. Als eine Erleichterung empfinde ich solche Texte,
die bei der Gemeinde ihrerseits schon für Überraschung sorgen.
Wer kennt schon die Geschichte von Sauls Besuch bei der Hexe von
Endor (1Sam 28) oder die Richtergeschichten? Und wer erwartet
schon als Predigttext Mt 1,1–16 (Stammbaum Jesu) oder Mt 27,1–8
(Selbstmord des Judas)? Wer über einen solchen Text (und wie viele
gibt es davon!) predigt, hat im Grunde die Aufmerksamkeit seiner
Gemeinde schon gewonnen, bevor er noch begonnen hat. Und er
wird sich unter dem Aspekt der Neuheit viel weniger einfallen lassen
müssen als in einer Predigt über den verlorenen Sohn. Nicht zuletzt
wird durch die Predigt ›ungepredigter Texte‹ der Gemeinde die Fülle des biblischen Zeugnisses weiter erschlossen als bei einer Be-
schränkung auf die Perikopenordnung.

Als Anregung zur Predigt unbekannter Texte sei abschließend eine Radioandacht
über Ex 1,17 wiedergegeben:
»Ich möchte Ihnen heute zwei tapfere Frauen vorstellen, Pua und Siphra, von denen
die Bibel erzählt: ›Die Hebammen aber waren gottesfürchtig und taten nicht, was
der Pharao ihnen befohlen hatte.‹
Über diesen Satz liest man gewöhnlich so schnell hinweg, wie man Frauen in der Geschichte im allgemeinen auch übergeht. Alle Aufmerksamkeit richtet sich auf die
großen Männer – in unserem Zusammenhang auf Mose, den Befreiungsheld Israels.
Dabei verdankt Mose sein Leben ganz entscheidend Pua und Siphra, den beiden
gottesfürchtigen Hebammen. Und mir liegt am Herzen, daß das stille Heldentum
dieser Frauen und ihre menschliche Größe nicht länger in Vergessenheit bleiben.
Als der ägyptische Pharao die Ruhe und Sicherheit seines Landes gefährdet sieht
durch das Bevölkerungswachstum seiner hebräischen Sklaven, gibt er den Befehl,
deren männliche Nachkommen gleich bei der Geburt zu töten. Und offenbar hat er
bei diesem Befehl keinerlei Skrupel – auf fremde Menschenleben kam es Diktatoren
wie ihm schließlich noch nie an.
Aber Pua und Siphra, die beiden Hebammen, stellen sich diesem Befehl entgegen.
Sie waren gottesfürchtig, heißt es, und deshalb konnte ihnen kein noch so vernünftig
klingendes politisches Kalkül verschleiern, daß der Befehl des Pharao ein Befehl
zum Mord war. Und da machen sie nun einfach nicht mit. Ich sage einfach – aber wie
unendlich schwerwiegend ist so ein Entschluß! Denn natürlich mußten Pua und
Siphra mit den härtesten Konsequenzen rechnen. Diktatoren sind schließlich noch
nie zimperlich mit Befehlsverweigerern umgegangen!
Aber wie gesagt: Pua und Siphra waren gottesfürchtig, und das heißt eben auch: Ihr
Respekt vor dem lebenspendenden Gott ist größer als ihre Angst vor dem todeswüti-
gen Pharao. Sie vertrauen sich ganz und gar Gottes Schutz an und erfahren tatsächlich Gottes Hilfe. Gott unterstützt die Verschwörung dieser beiden Frauen fürs Leben und läßt ihnen unerwartete Verstärkung zukommen: Selbst die Tochter des Pharao schließt sich ihnen an. Entgegen der Anordnung ihres Vaters rettet sie den kleinen Mose in seinem Schilfkörbchen aus dem Nil und läßt ihn bei sich aufwachsen.

Frauen völlig verfeindeter Lager verbünden sich zum Schutz gefährdeten Lebens. Und vielleicht ist es kein Zufall, daß dieses Motiv gerade Frauen dazu bringt, die Grenzen der Feindschaft zu überschreiten. Schließlich sind sie es ja, die Leben gebären und von Anfang an unmittelbar erfahren, wie zerbrechlich und kostbar ein Menschenleben ist. Mir macht diese Frauengeschichte jedenfalls Mut – Mut, Verbündete zu suchen, um für die Lebensmöglichkeiten unserer Kinder einzustehen und denen die Stirn zu bieten, die sie leichtfertig bedrohen. Und ich hoffe darauf, daß Gott auch uns dann manche unerwartete Verstärkung erfahren lassen wird.«

2.1   Negativ predigen

Bei *Otto Haendler* lesen wir:»Neben dem Falschen . . . steht als ein sehr weit verbreiteter Fehler das *Negative*. Es umfaßt alle die Leistungen in einer Predigt, die das Gemeinte negativ ausdrücken statt positiv und dadurch den Hörer zwingen, erst das Negativum zu überwinden, ehe er an das Positive herankann« (Predigt, 176; vgl. auch *Arens u.a.*, Positiv predigen). Ich will gleich hinzufügen, daß der»Fehler«vor allem dann gravierend wird, wenn die Predigenden meinen, es bei der Darlegung der Negation belassen zu können. Ich gebe zunächst einige mehr technische Hinweise (a), um mich danach der inhaltlichen Problematik des negativ Predigens zuzuwenden (b).

a   Technische Hinweise
Paul Watzlawick hat verschiedentlich darauf hingewiesen, daß der Negation ein besonders hoher Abstraktionsgrad eignet. In der analogen (bildhaften) Kommunikation»ist es schwierig, wenn nicht unmöglich, das Nichtzutreffen eines Sachverhalts oder das Nichteintreten eines Ereignisses . . . darzustellen. Der Satz ›Der Mann pflanzt einen Baum‹ läßt sich mittels einer einfachen Zeichnung unschwer ausdrücken; nicht aber das Gegenteil (Der Mann pflanzt den Baum nicht)« (Möglichkeit, 56; vgl. *ders. u.a.*, Kommunikation, 98ff). Folglich werden tiefere Schichten des Bewußtseins von der Negation kaum erreicht. Im autogenen Training (einer Methode der Selbstsuggestion) etwa führt der Satz:»Mein Herz schlägt nicht schnell« nachweislich zu einer Erhöhung der Pulsfrequenz. Und der Befehl:»›Denk daran, den Brief aufzugeben‹, dürfte dem Betreffenden, vor allem einem Kinde, viel besser im Gedächtnis bleiben, als ›Vergiß nicht, den Brief aufzugeben‹« (Möglichkeit, 56). Aus diesem Grund ist ein Prediger gut beraten, wenn er schon rein sprachlich die in seiner Predigt auftauchenden Negationen reduziert, indem er die Sätze entsprechend umformuliert.

Also statt:»Mit guten Vorsätzen ist es nicht getan!« besser:»Von uns wird mehr verlangt als nur gute Vorsätze!«

Oft wird man übrigens beim Umformulieren die Beobachtung machen, daß sich diese scheinbar kleine und nur technische Operation auf den Fortgang der Gedankenführung auswirkt. Wer sich die beiden Sätze einmal laut vorliest und nach jedem Satz eine Pause macht, wird feststellen: Der negativ formulierte Satz wirkt in sich geschlossen. Man kann ihn so stehenlassen; allenfalls legt er eine Begründungsfrage nahe: Warum ist es mit guten Vorsätzen nicht getan? Der positive Satz hingegen provoziert (zumindest stärker) die Frage nach einer weiteren inhaltlichen Füllung: Was wird denn außerdem verlangt? Es deutet sich hier schon an, was uns gleich ausführlicher beschäftigen wird, daß *die Negation von der inhaltlichen Ausführung der Position ablenkt* bzw. scheinbar davon entlastet. In diesem Zusammenhang noch ein Hinweis auf solche Sätze, die die Position durch eine vorgeschaltete Negation verstärken und/oder profilieren wollen, deren formale Struktur also im Nicht-sondern-Schema besteht:

»Buße ist nicht privat, sondern politisch-geschichtlich, nicht individuell, sondern soziologisch gemeint.«

Wie in Kapitel 3 (s. oben S. 100f) bereits ausgeführt, verleitet diese Satzstruktur zur Schwarz-Weiß-Malerei und damit zu schiefen, weil verkürzten Alternativen (vgl. *Zerfaß*, Grundkurs, 151ff). Außerdem werden all die HörerInnen ausgegrenzt, die zwar bereit sind, die Position zu teilen, nicht aber in dem hier aufgemachten Gegensatz. Deshalb sollten die Predigenden genau prüfen, welche Funktion der Negation zukommt. Dient sie primär nur der Verstärkung der Position, so kann sie getrost wegfallen, statt dessen sollte die Position als solche deutlicher herausgearbeitet werden. Erscheint die negative Abgrenzung als sachlich notwendig, stellt sich die Frage, ob es dann mit einem Halbsatz getan sein kann oder ob die Abgrenzung nicht einer breiteren Erörterung bedarf, denn Seitenhiebe sind (auch) homiletisch ein problematisches Mittel der Auseinandersetzung.

b   Inhaltliche Aspekte

Es ist nicht von ungefähr, daß die Predigenden gerade in den Passagen, in denen sie von Gott reden, verstärkt ins negativ Predigen verfallen. Denn es ist in der Tat leichter zu sagen, wer und was Gott nicht ist, als positive Aussagen über ihn zu machen.

In einer Predigt heißt es: »Gott ist nicht der hohe und erhabene, der auf seinem göttlichen Thron sitzend unberührt bliebe von den Leiden in dieser Welt . . .« – diese Abgrenzung wird dann noch weiter ausgeführt.

Ich lasse jetzt einmal auf sich beruhen, daß der Vordersatz theologisch schlicht falsch ist, der Prediger also im Begriff steht, eine schiefe Alternative aufzubauen. Aber selbst ad bonam partem gehört (also als Abweisung einer einseitigen *theologia gloriae* – nur: Wer vertritt die eigentlich?), bleibt die Frage: Wer ist Gott denn positiv? Dies ist das *Hauptproblem des negativ Predigens, daß im Feuer des Abgrenzungsgefechts vergessen (umgangen?) wird, die Position eigens darzulegen*; oder aber sie gerät viel kürzer, allgemeiner und blasser als die Negation. Machen wir uns deutlich: Durch ein noch so gründliches Ausräumen von Mißverständnissen über Gott haben wir (im besten Fall) nur erst den Raum für ein rechtes Verständnis freigemacht, er bleibt aber ohne die positive Füllung ein – leerer Raum. Die auf dem Weg der Negation erreichte Evidenz – und mag sie homiletisch noch so gelungen sein – erweist sich dann bei näherem Hinsehen als Scheinevidenz.

Ein theologiegeschichtliches Lehrstück für diesen Sachverhalt bietet die Folgegeschichte der Lehrentscheidung von Chalcedon. Auch hier glaubte man ja, mit jenen vier berühmten Abgrenzungen dem Verständnis der Sache Genüge getan zu haben. Aber es konnte nicht anders sein, als daß der durch die Abgrenzungen nur erst markierte, aber noch nicht gefüllte Raum sogleich Anlaß zu neuen Auseinandersetzungen bot: Dem Streit um die beiden Naturen folgte der um den Willen (um nur ein Thema zu nennen). Erst die positive Umschreibung des Geheimnisses der beiden Naturen Christi in der Lehre von der An- bzw. Enhypostasie vermochte die nötige Klarheit zu schaffen und die Flut der Mißverständnisse bis auf weiteres zu dämmen.

Noch einmal: Gerade im indikativischen Teil der Predigt ist es ebenso naheliegend wie unzureichend, nur nach der Melodie zu verfahren: »Gott ist anders, als wir denken« und also beim Aufweis des Negativen stehenzubleiben.

Das wäre, um ein banales Beispiel anzufügen, so, als würde ich einen Kollegen mit der Bemerkung weiterempfehlen, er sei nicht faul, nicht kleinkariert, nicht geizig, nicht . . .
Interessant und alles andere als banal ist übrigens die Tatsache, daß wir im Alltag gerade dann in jene ›ver-nicht-ende‹ Sprache verfallen, wenn wir uns dem, ›was Sache ist‹, nicht stellen wollen oder für das, was eigentlich zu sagen wäre, nicht die Verantwortung übernehmen wollen; wir bilden dann Sätze wie: »Ich habe nichts gegen Dich« – »Mir geht es nicht schlecht« usw.

Indem ich die Gefahr des negativ Predigens so deutlich markiere, will ich nicht in Abrede stellen, daß die *explizite Abwehr von Mißverständnissen* in einer Predigt auch sinnvoll und geboten sein kann (bei der Besprechung der Nicht-sondern-Sätze habe ich darauf schon kurz hingewiesen). Ich möchte dazu abschließend noch *drei Kontrollfragen* formulieren:

a)   Zunächst noch einmal als Fazit des Bisherigen: *Habe ich meine Position deutlich genug herausgearbeitet?* Wenn ja, dann kann ich die Abgrenzung *von dort her* profilieren, statt umgekehrt.

b)   Ist die Klärung des in meiner Predigt aufgegriffenen Mißverständnisses für *mein faktisches Gegenüber* relevant? Dazu zwei Erläuterungen:

–   Vor allem solche PredigerInnen, die ihre Gemeinde (noch) nicht kennen, laufen Gefahr, *offene Türen einzurennen.* Es geschieht dann, daß einer auf dem Felde der politischen Diakonie engagierten Gemeinde noch einmal ›klar und deutlich‹ gesagt wird, daß das Evangelium keine unpolitische Angelegenheit sei. *In einem solchen Fall hat der Prediger die Gemeinde, der er jetzt predigt, mit einer anderen verwechselt* (oder mit seiner Projektion von Gemeinde).

–   Es kann aber auch geschehen, daß der *Prediger seine Hörerschaft mit sich selbst verwechselt.* Das will sagen: Er arbeitet am falschen Ort seine eigene Glaubensbiographie bzw. seinen theologischen Erkenntnisfortschritt durch. Ein Prediger, der sich von seiner pietistischen Herkunft gelöst hat, mag dann theologische Engführungen aufzeigen und attackieren, auf die die Hörerschaft von sich aus gar nicht gekommen wäre. In beiden Fällen kämpft der Prediger aus der Sicht der Gemeinde gegen Pappkameraden.

c)   Die letzte Kontrollfrage führt noch einmal zur ersten zurück und vertieft sie: Arbeite ich mich womöglich deshalb an der Abwehr von Mißverständnissen ab, weil ich im Blick auf das positive Verständnis des Indikativs nicht weit genug gekommen bin?

Ist dies der Fall, wird es in der Predigt zu einer charakteristischen Verlagerung der durch den Indikativ aufgeworfenen Fragen kommen. *Es erfolgt dann nämlich die Behandlung der ›leichteren‹ Frage auf breitem Raum, während die ›schweren‹ Fragen unbeantwortet liegenbleiben.*

Beispiel: In einer Auslegung des *pro nobis* wehrt der Prediger auf breitem Raum das Mißverständnis ab, die Heilsbedeutung des Todes Jesu erstrecke sich nur auf die Glaubenden; die leichter zu beantwortende Frage nach der Reichweite des Heils wird in dieser Predigt gründlich erörtert, so gründlich, daß die schwere Frage, worin die Heilsbedeutung des *pro nobis* denn eigentlich bestehe – auf der Strecke bleibt. In der Predigt, aus der ich zu Beginn dieses Teils 2.1b (s. oben S. 159) zitierte, ist man als Hörer so mit hineingenommen in die Abwehr eines fernen, apathischen Gottes, daß man darüber fast vergessen könnte, wie wenig positiv über Gottes Nähe gesagt wird, vor allem, wie wenig zu den schweren Fragen der Anfechtung, die sich aus der Botschaft von der Nähe Gottes ergeben.

Gerade weil man unter Umständen vor sich selbst und vor der Gemeinde mit dieser Umverteilung der Gewichte durchkommt, halte ich diese Kontrollfrage für die wichtigste. Wir vergrößern unsere Sprachlosigkeit nur, wenn wir sie mit gesprächigen Abgrenzungen und Negationen zureden.

2.2   Aufweis der inneren Plausibilität des Glaubens

Wer erst einmal begonnen hat, die negativ abgrenzenden Passagen einer Predigt zu reduzieren, wird gar nicht umhinkommen, seine Aufmerksamkeit verstärkt der positiven Darlegung des Indikativs zuzuwenden. *Wer ist Gott und wie handelt Gott nach dem Zeugnis des jeweiligen Textes?* Das wird die stets neu auszulotende, wichtigste Leitfrage sein, nach der lange nichts kommt.

Ich hatte zunächst daran gedacht, diesen Abschnitt schlicht mit »Positiv predigen« zu überschreiben, aber damit wäre die spezifische Aufgabe, der ich mich im Gegenzug zum vorigen Abschnitt zuwenden will, nur unpräzis erfaßt. Den Indikativ positiv predigen, das bedeutet ja, wie eingangs betont, vom Glauben zu reden angesichts all dessen, was ihn in Frage stellt. Die Gemeinde ist darauf angewiesen, gerade mit den schweren Fragen nicht allein gelassen zu werden. Der Prediger muß sich, indem er vom Glauben redet, dem stellen, was den Glauben fraglich erscheinen läßt. Und das kann er nur, indem er *den Glauben in seiner inneren Plausibilität entfaltet.* Anders gesagt: *Indem er seine HörerInnen teilhaben läßt an der im Glauben gründenden und von ihm freigesetzten Erkenntnis: fides quaerens intellectum!*

Was darunter des näheren zu verstehen ist, kann am besten an einer Predigtpassage verdeutlicht werden, in der – bei aller positiven Nennung von Glaubensinhalten – gerade an dieser Stelle der Mangel liegt:

Ich zitiere aus einer Predigt über Ps 98. Sie besteht aus drei Teilen: Im ersten Teil (der fast die Hälfte der Gesamtlänge ausmacht) wird zu einem groß angelegten Plädoyer für das Gotteslob ausgeholt. Im dritten Teil geht es um die Reichweite unseres Lobens: »Es soll nicht nur unsere eigene Seele erfüllen, sondern die ganze Welt, die Natur und die Menschen in allen Ländern der Erde . . .« Beides, der Aufruf zum Gotteslob und der Aufweis seiner Dimensionen, ist begründet im (kurzen!) Mittelteil, den ich im folgenden mit wenigen Auslassungen wörtlich zitiere:
»Gott zu lieben und zu loben hat einen guten Grund, das ist das zweite, was ich aus den Worten dieses Psalms heraushöre – und nicht nur aus diesen, sondern im Grunde aus allen Worten der Heiligen Schrift. Gott vergißt die Menschen nicht, die ihm vertrauen, mit denen er seinen Bund geschlossen hat. Selbst wenn wir ihn vergessen und verleugnen, er ist und bleibt für uns da mit seiner Gnade und Treue – von diesen großen Wundern singt die Bibel immer wieder von neuem.

Israel hat es erfahren im Land der Knechtschaft, in Ägypten, und im Land der Verbannung, in Babylon, in den Jahrhunderten seiner Zerstreuung über alle Völker bis in die dunkle Zeit dieses Jahrhunderts . . . Wir Christen, die wir ›ohn' all unser Verdienst und Würdigkeit‹, allein aus Gottes Liebe und Erbarmen in seinen Bund mit den Menschen aufgenommen sind, haben es erfahren durch den, der mit seinem Leben, Sterben und Auferstehen Heil und Rettung für uns alle gebracht hat – Jesus Christus. Wir gehen nicht verloren, weil Er für uns streitet, weil Er für uns eintritt und uns bewahrt vor dem Untergang – das ist die Frohe Botschaft, das Evangelium, von dem wir und mit dem wir leben dürfen – und sterben können – ohne Angst, mit großer Zuversicht.«
»Wirklich?« – möchte man den Prediger fragen.

Zu diesem Zitat wäre manches Kritische zu sagen. Angefangen von der Art und Weise, in der hier Topos an Topos gereiht wird, bis hin zu der Tatsache, daß, wenn wir uns den Gesamtaufriß dieser Predigt vor Augen halten, sie ein Beispiel der in Teil 2.1 (s. oben S. 161) erwähnten Gewichtsverlagerung ist. Mir geht es jetzt nur um folgenden Punkt: Da, wo meine Fragen beginnen, hat der Prediger haltgemacht. Er redet von den »großen Wundern«, daß Gott »für uns da« bleibt. Ich möchte wissen: *Wie* bleibt Gott da? Oder auch: *Inwiefern* kann ich angesichts der »dunklen Zeiten« an sein Dableiben glauben? Nun wird man dem Prediger nicht einfach vorwerfen dürfen, er hätte meine Fragen überhaupt nicht im Blick gehabt. Er nennt immerhin Erweise des Dableibens Gottes: Exodus, Rückkehr aus der Verbannung, Christusgeschehen. Aber er beläßt es eben dabei, sie nur zu benennen und verpaßt so die Chance, mir seine Rede von »großen Wundern« (nicht zu beweisen, wohl aber) *plausibel* zu machen. Denn ich erfahre zum Beispiel nicht, wie sich für ihn die genannten Rettungstaten zusammenreimen mit den Leiden Israels, aus denen keine Rettung erfolgte. Ich erfahre auch nicht, worin für Israel Gottes Gnade und Treue in solchen Zeiten bestand. Und auch der Aussage, daß uns Christus vor dem Untergang bewahrt, kann ich so, wie sie hier gemacht ist, nur mit Mühe folgen angesichts der vielen kleinen und großen Untergänge, die Menschen tagtäglich erleben müssen. Oder sollte sich diese Aussage auf den Jüngsten Tag beziehen? Nein, denn es heißt ja ausdrücklich, daß wir mit diesem Evangelium auch »leben dürfen . . . ohne Angst«. Aufs Ganze betrachtet wirkt diese Passage auf mich wie ein erratischer Block. Ich pralle mit meinen Fragen zurück, statt an die Hand genommen und weitergeführt zu werden. Wer so vom Glauben redet, macht auf mich den Eindruck: *Credo, quia absurdum! Und eben dieser Eindruck ist es, den indikativische Predigt nicht hinterlassen darf und auch nicht hinterlassen muß.*
Bei *Hans Joachim Iwand* lesen wir: »Wenn ich an Gott glaube, kann

ich nicht mehr die Antinomie als das letzte aller Gesetze ansehen, kann ich auch nicht mehr sagen: Credo, quia (nicht nur quod) absurdum« (Glauben, 247)! Statt dessen geht es um ein »*Glauben und Erkennen*«, wie Iwand im Anschluß an Joh 6,68f nicht müde geworden ist zu betonen. Zwar liegt ihm selbst vor allem daran, im Blick auf die Theologie den »Vorrang des Credo« sicherzustellen, aber mit gleichem Gewicht kann er dann auch das andere betonen, auf das es für unsere Überlegung jetzt ankommt: »Es ist ein bestimmtes Schon in diesem Thema von Glauben und Erkennen gesetzt; es ist kein leeres, kein blindes, kein bloß ahnendes, bloß von Gott etwas Munkelndes, ein fühlendes Ahnen, das uns als Zeugen und Jüngern Jesu ziemte« (21). Gerade auch im Blick auf unser Gegenüber ist das von grundlegender Bedeutung, denn: »Wir müssen uns darauf gefaßt machen, daß wir dort handfesten Zweifeln begegnen. Wir müssen aber weiter uns darauf gefaßt machen, daß diese ihre Zweifel in unserem Herzen und Verstand einen Bundesgenossen finden. Wir müssen, gerade weil wir meinen, es handelt sich im Glauben nicht um ein Träumen . . ., nun auch bereit sein, Rede und Antwort zu stehen und darauf zu vertrauen, daß wir nicht die Narren, sondern die wahrhaft Vernünftigen sind« (250).

Das also meint die Forderung nach innerer Plausibilität, daß ich mich nicht damit begnüge, meine HörerInnen nach dem Motto »Vogel friß oder stirb« mit der Anstößigkeit des Glaubens zu konfrontieren, sondern sie statt dessen mitnehme auf den dem Glauben eigenen Erkenntnisweg. Anstoß und Ärgernis erregt das Wort vom Kreuz in dieser Welt notwendigerweise und also unvermeidlich. Aber davon sehr genau zu unterscheiden ist der unnötige Anstoß und das vermeidbare Ärgernis eines das *intellegere* vernachlässigenden *credo!* Ich erinnere noch einmal an die Fragen, die ich im Anschluß an des Predigtzitat stellte: Solchen Fragen hält unser *credo* doch stand! Mehr noch, gerade in der Auseinandersetzung mit ihnen, kann es die Leuchtkraft seiner inneren Plausibilität erweisen. Dazu nun ein Zitat aus einer Predigt über Ps 118,1–4: »Danket dem Herrn, denn er ist freundlich, und seine Güte währet ewiglich . . .«:

»›Nachdem sie den Lobgesang gesungen hatten, gingen sie hinaus an den Ölberg.‹ So beginnt der Evangelist Matthäus seinen Bericht von der Gefangennahme Jesu in Gethsemane (26,30). Der Lobgesang, das große Hallel, das in Israel zum Passahmahl gesungen wurde, bestand aus den Psalmen 113–118. Bei Beginn des Mahles sang man den 113. und 114. Psalm und Psalm 115–118 zum Abschluß des Mahles. So nun auch Jesus, der Jude aus Nazareth, mit seinen Jüngern bei seinem letzten Passahmahl, in das wir uns einfügen mit jedem Abendmahl . . .
Von diesem Lobgesang bricht Jesus dann auf zu seinem Weg nach Gethsemane und Golgatha. Das ist der Weg Jesu, das sind seine Konsequenzen des Lobgesangs, das

ist seine Praxis des Lobgesangs: nach Gethsemane und Golgatha bereitwillig zu gehen . . . Und so widersprüchlich das zu sein scheint, der Lobgesang und der Todesweg, so ist das doch das Geheimnis des Evangeliums. Das ganze Evangelium will uns
rüsten mit Lobgesängen für unseren Todesweg, wie jeder ihn zu gehen hat, damit aus
dem Todesweg ein Lebensweg wird.
Wenn Jesus mit diesem Lobgesang auf den Lippen aufbricht nach Gethsemane und
Golgatha, dann sagt uns das jedenfalls zunächst eines: Ein solcher Lobgesang, ein
solcher Dank für Gottes Güte ist nicht beschränkt auf heitere Stunden und nicht die
Frucht heiterer Stunden. Wir haben die biblische Rede von der Liebe Gottes tief
mißverstanden, wenn wir uns denken, das sei eine Idee, die Menschen in zufrieden-
stellender Lage gekommen ist, und mit der sie in religiösen Begriffen nichts anderes
aussprechen als: Das Leben ist schön, und wir habens gut. Eine Idee, die taugt für die
sonnigen Tage des Daseins, und die einem vergeht, wenn das Blatt sich wendet,
wenn wir wie Hiob in der Asche sitzen . . .
In Wirklichkeit hören wir die Menschen des Glaubens von der Liebe Gottes reden:
›Er ist freundlich, seine Güte währet ewiglich‹ sprechen mehr noch in Tagen der Be-
drängnis als in guten Tagen. Jesus ist das Beispiel dafür, der sehenden Auges in den
Tod ging mit dem Lobgesang auf den Lippen. Wir hören sie von Gottes Liebe sprechen und diese Liebe erkennen, sie hinausrufen vom Kreuz her und in kreuzgemä-
ßen Lagen, gerade von dort aus mit zitternder und dann immer fester werdender
Stimme sagen: ›Danket dem Herrn, denn er ist freundlich, und seine Güte währet
ewig.‹
Jesus sagt damit auf dem Weg zum Kreuz: Das wird sich herausstellen, darauf geht es
zu. Alles, was dir jetzt angetan wird und was dir den Schrei der Verlassenheit aus-
pressen wird, wird dies nicht widerlegen, wird nicht verhindern können, daß dies
herauskommt: ›Deine Güte ist ewig‹! Das nennen die Theologen ein eschatologisches Bekenntnis, d.h. ein Bekenntnis gegen das Jetzige im Namen einer noch verborgenen Zukunft, der Zukunft der Verheißung, die jetzt und hier ergriffen wird.
Die Nacht wird nicht ewig dauern. Es wird nicht finster bleiben; die Tage, von denen
wir sagen, sie gefallen uns nicht, werden nicht die letzten Tage sein. Wir schauen
durch sie hindurch vorwärts auf ein Licht, zu dem wir jetzt schon gehören und das
uns nicht loslassen wird . . .«
Es folgt eine inhaltliche Füllung des Wortes *Güte* »durch das moderne Fremdwort
›Solidarität‹. Wer solidarisch mit uns ist, der tritt konsequent ganz auf unsere Seite,
teilt alles mit uns, will es nicht besser haben als wir, setzt alles, was er hat und kann,
für uns ein, kämpft für uns . . .«

Negativ gepredigt ließe sich der Inhalt des zitierten Predigtteils mit
dem Satz zusammenfassen: Das Lob der Güte Gottes und die Erfahrung von Leiden widersprechen einander nicht. Aber auch die
positive Umformulierung: Das Lob der Güte Gottes bewährt sich
gerade im Leid – könnte so nicht stehenbleiben (und wie oft belassen
es die Predigenden bei solchen Sätzen). Wem diese Aussage ohne
weitere Erklärung zugemutet wird, dem muß der Glaube als etwas
Absurdes vorkommen. Fragen wir demgegenüber, wie es dem Prediger gelungen ist, uns in die innere Plausibilität jener Glaubensaussage hineinzunehmen und uns so auf einen Weg der Erkenntnis zu
bringen. Ich beschränke mich auf einige wenige Punkte:

– Ohne diese explizit zu nennen, entfaltet der Prediger von Beginn an die Botschaft seines Textes *in der Auseinandersetzung mit den Fragen der Anfechtung.* Er will nicht nur konstatieren, sondern einsichtig machen, daß und wie die Worte seines Psalms und die Erfahrung von Leid zusammenstimmen.

– Dazu bringt er einen zweiten Bibeltext ins Spiel: Matthäus 26,30. Damit wird er viele seiner HörerInnen *überrascht* haben (Neuheit!): Wer wußte schon, daß Jesus mit eben den Worten des 118. Psalms auf den Lippen seinen Leidensweg begonnen hat. Gleichzeitig schafft der Hinweis auf Jesus den Übergang vom behaupteten zum *erzählten* Indikativ. Uns wird in nuce ein Stück Jesusgeschichte erinnert, welches davon berichtet, wie der hier fraglich gewordene Indikativ *geschieht:* Der Lobgesang, hören wir, gab Jesus die Kraft, seinen Weg »bereitwillig zu gehen«. Ein erster Erkenntnisfortschritt ist erreicht und wird als »Geheimnis des Evangeliums« noch einmal eindrücklich gebündelt und dabei gleichzeitig auf uns bezogen: »Das ganze Evangelium will uns rüsten mit Lobgesängen für unseren Todesweg, wie jeder ihn zu gehen hat, damit aus dem Todesweg ein Lebensweg wird.« Im letzten Teil des Satzes ist schon ein erstes Mal die Verheißung angeklungen, auf die der Prediger später zugehen wird.

– Zunächst aber kann er *von* der entfalteten Position *her* (!) das Mißverständnis abwehren, der Dank für Gottes Güte sei beschränkt auf die und begründet in der Erfahrung von Glück. Gerade wenn man sich, wie früher erwähnt, die landläufige Gleichsetzung von Gnade und Glück vor Augen hält, wird man auch in dieser Passage einen notwendigen und wichtigen Erkenntnisfortschritt sehen (hier wird kein Scheingefecht geführt!). Gut, daß der Prediger dann, wenn er von den Menschen des Glaubens redet, die lauten Töne einer pausbäckigen Erfüllungstheologie meidet: »Wir hören sie mit zitternder und dann immer fester werdender Stimme sagen: ›Danket . . .‹«

– Wer dem Prediger bis hierher gefolgt ist, wird den Zusammenhang von Gotteslob und Leid jedenfalls nicht mehr als etwas schlechterdings Absurdes ansehen können. Und dennoch wäre eine neue, vom bisherigen Gedankengang ausgelöste Rückfrage denkbar. Sie könnte etwa lauten: »Mag sein, daß das Gotteslob den Leidenden Kraft gibt, nur: Woher weißt Du, daß es sich dabei um mehr handelt als um eine, wenn auch psychisch hilfreiche, Illusion? Woher nimmst Du die Gewißheit, in der Du eben gesagt hast: ›. . . damit aus dem Todesweg ein Lebensweg wird‹?« Plausibel predigen heißt: Solche *möglichen Hörerfragen im Ohr haben und sich ihnen stellen.* Unser Prediger hat das getan. Darum redet er jetzt von der »Zukunft der Verheißung«. Und diese Zukunft ist ihm deshalb verläßlich, weil er auf ihre *Einlösung zurückblicken kann*. Ohne das Wort *Auferstehung* auszusprechen, macht er nämlich seine Aussagen über diese Zukunft daran fest, daß sie an Jesus ihre Kraft schon erwiesen hat: »Jesus sagt damit auf dem Weg zum Kreuz: Das wird sich herausstellen, darauf geht es zu. Alles, was dir jetzt angetan wird . . ., wird nicht verhindern können, daß dies herauskommt: ›Deine Güte ist ewig!‹« – Die in der Jesusgeschichte gründende Verheißung kann nun mit unserer Geschichte versprochen werden, und zwar so, daß sie uns als *gewißmachender Zuspruch entgegenkommt*: »Die Nacht wird nicht ewig dauern. Es wird nicht finster bleiben; die Tage, von denen wir sagen, sie gefallen uns nicht, werden nicht die letzten Tage sein . . .« *Karl Barth* schreibt in seinem Anselmbuch: »Der nach christlicher Erkenntnis Fragende fragt auf Grund der . . . Voraussetzung, *daß* es so ist, wie er christlich glaubt, danach, *inwiefern* es so ist« (Fides, 26f). Gerade weil wir die Wahrheit jenes vorausgesetzten »*daß*« nicht zu erweisen haben, sollten wir uns um so mehr darum bemühen, dem »*inwiefern*« nachzusinnen, und eben das verlangt von uns, den Indikativ in seiner inneren Plausibilität zu entfalten.

3 Zur problemorientierten Entfaltung des Indikativs: Hindernisse und Hilfen

Hans van der Geest kann in seiner Homiletik lapidar feststellen: »Mit den Fragen und Problemen des Lebens anzufangen führt selten zu einem befriedigenden Ergebnis« (Du hast mich angesprochen, 149). Auch ich habe die Gefahren der problemorientierten Predigt in den Erwägungen zum lernpsychologischen Aufbaumodell schon kurz angeschnitten (vgl. Exkurs 1, III; vgl. auch Kapitel 1, III, 1 und Kapitel 3, II, 2). Allgemein formuliert *wird das Ergebnis immer dann unbefriedigend sein, wenn Problem und Lösung, Frage und Antwort nicht zueinander passen*. Es ist nun aber genau zu fragen, *wie* diese Unstimmigkeit zustande kommt und wie sie vermieden werden kann. Denn, wie schon gesagt, halte ich eine *pauschale* Ablehnung problemorientierter Verkündigung für theologisch nicht gerechtfertigt.

Ich möchte von einem biblischen Beispiel problemorientierter Verkündigung ausgehen. In 1Thess 4,13–18 bezeugt Paulus die Auferstehung der Toten *als Antwort* auf die Frage nach der Zukunft derer, die (schon) entschlafen sind:

»Wir wollen euch aber, liebe Brüder, nicht im Ungewissen lassen über die, die entschlafen sind, damit ihr nicht traurig seid wie die anderen, die keine Hoffnung haben. Denn wenn wir glauben, daß Jesus gestorben und auferstanden ist, so wird Gott auch die, die entschlafen sind, durch Jesus mit ihm einherführen. Denn das sagen wir euch mit einem Wort des Herrn, daß wir, die wir leben und übrigbleiben bis zur Ankunft des Herrn, denen nicht zuvorkommen werden, die entschlafen sind. Denn er selbst, der Herr, wird, wenn der Befehl ertönt, wenn die Stimme des Erzengels und die Posaune Gottes erschallen, herabkommen vom Himmel, und zuerst werden die Toten, die in Christus gestorben sind, auferstehen. Danach werden wir, die wir leben und übrigbleiben, zugleich mit ihnen entrückt werden auf den Wolken in die Luft, dem Herrn entgegen; und so werden wir bei dem Herrn sein allezeit. So tröstet euch mit diesen Worten untereinander.«

Obwohl dieser Abschnitt im engeren Sinne keine Predigt darstellt, lassen sich ihm im Blick auf unsere Frage wichtige homiletische und grundsätzlich-theologische Hinweise entnehmen. Ich beginne mit einigen *homiletischen Beobachtungen*:

- Es springt sofort in die Augen, daß in diesem Text sowohl quantitativ wie qualitativ *alles Gewicht auf der Antwort* liegt. Sicher, Paulus hätte die aufgegriffene Hörerfrage breit ausführen können, hätte den LeserInnen einen besonders tragischen Fall noch einmal plastisch vor Augen malen oder die Angehörigen in direkter Rede selbst zu Wort kommen lassen können (daß er in der Lage ist, anschaulich zu schreiben, hat er oft genug bewiesen). Nur, warum sollte er? Die fragende Gemeinde weiß auch so, wovon er redet; an dieser Stelle bedarf es keiner veranschaulichenden Stimulanz, keiner homiletischen Effekte, keines Provozierens emotionaler Betroffenheit. Umgekehrt: Wenn wir uns anschicken, solche Energien in die Darbietung der Hörerfrage zu legen, könnte das damit zu tun haben, daß wir eine Frage aufgreifen, die für die Gemeinde so relevant gar nicht ist.

- Gerade weil die angeschnittene Frage seiner Gemeinde wichtig ist, kann Paulus alles Gewicht auf die Antwort legen. Er erteilt sie in Form eines die LeserInnen *direkt anredenden* Zuspruchs, inhaltlich abgesichert durch *sorgfältige theologische Begründung* und dadurch verstärkt, daß der Gemeinde ein *eschatologisches Hoffnungsbild* in kräftigen Farben vor Augen gemalt wird. Dabei ist Paulus *Seelsorger* genug, um zu wissen, daß auch sein kräftiges Zeugnis die Anfechtung nicht einfach aus der Welt schafft, deshalb weist er die Gemeinde am Ende in die gegenseitige Seelsorge ein: »So tröstet euch mit diesen Worten untereinander« (V. 18).

- Dabei ist nun noch folgendes zu bedenken und für unsere Predigtpraxis festzuhalten: Die Antwort des Paulus kann nur deshalb so ausführlich und stimmig ausfallen, weil sie sich auf *eine* Frage bezieht. Ich habe an anderer Stelle schon darauf hingewiesen, daß sich diesbezüglich viele Predigende selbst eine Falle stellen (vgl. Kapitel

3, II, 2). Unter der Überschrift »Leid« oder »Ungerechtigkeit« präsentieren sie der Gemeinde ein ganzes Fragenbündel, dessen einzelne Elemente aber bei genauem Hinsehen eine je eigene Antwort erfordern würden, und da dies in einer Predigt natürlich nicht zu leisten ist, *muß* der Antwortteil so allgemein und formelhaft bleiben. Man stelle sich doch nur einmal vor, Paulus hätte unter der Überschrift »Leidenserfahrungen« zusammen mit der in 1Thess 4,13ff aufgenommenen Frage das Problem des leidenden Apostels (2Kor 6,3ff), die Frage nach den im Gottesdienst Benachteiligten (1Kor 11,17ff), die Sklavenfrage (Phlm) und das Seufzen der Schöpfung (Röm 8,18ff) angeführt – womit er durchaus im Rahmen dessen bliebe, was Predigende ihren Gemeinden an Problemkatalogen zumuten: Anders als peinlich hätte der Versuch einer Antwort kaum ausfallen können!

Jenseits aller homiletischen Erwägungen gibt es aber noch ein *theologisches Kriterium*, dem eine problemorientierte Verkündigung genügen muß, wenn sie nicht im Ansatz zum Scheitern verurteilt sein soll. Dieses Kriterium – es mag zunächst wie eine Selbstverständlichkeit anmuten – lautet ganz schlicht: Die aufgeworfene Frage muß vom Evangelium her überhaupt *beantwortbar* sein. Das trifft grundsätzlich für alle die Fragen zu, die aus der *Begegnung mit dem Evangelium selbst resultieren*. Wir können sie *Fragen der Anfechtung* nennen, denn »Anfechtung kommt von Gott her und führt wieder zu ihm hin . . . Anfechtung ist die aus der Gottesgewißheit erwachsende Erfahrung der Abwesenheit Gottes . . . Anfechtung ist etwas anderes als Zweifel an Gott. Sie ist vielmehr die aus der Gottesgewißheit erwachsende Problematisierung dieser Gewißheit« (*Jüngel*, Anfechtung, 40; vgl. auch *van den Geest,* Du hast mich angesprochen, 151).

Wieder trägt 1Thess 4,13ff zur Verdeutlichung bei: Weil Paulus der Gemeinde die baldige Wiederkunft des Herrn angekündigt hatte als Eintritt ihrer endgültigen Erlösung, wird der Gemeinde die Erfahrung, daß einige inzwischen verstorben sind, zur Anfechtung. Aber gerade weil die Frage der Anfechtung von der Begegnung mit dem Evangelium herkommt, ist sie durch ein neues, vertieftes Hören auf des Evangelium beantwortbar.

Neben den Fragen der Anfechtung (im engeren Sinne) sind all *die Fragen* zu nennen, die – aus welchem Anlaß auch immer – auf das *Verstehen des Evangeliums* gerichtet sind, und deshalb auch (nur!) von dort her beantwortet werden können. Solche Fragen gibt es viele: die Frage des reichen Jünglings (Mt 19,16), die Frage der Jünger nach der Sünde angesichts des Blindgeborenen (Joh 9,2) oder die in Röm 9–11 aufgeworfene Frage nach der Zukunft Israels mögen die Vielfalt der Palette markieren.

Aber viele heißt eben noch längst nicht alle! Auch wenn man auf manchen Evangelisationsveranstaltungen nicht müde wird, dies zu behaupten, müssen wir energisch daran festhalten: *Jesus ist nicht die Antwort auf alle Fragen,* und die Predigenden sollten sich hüten, ihn als solchen hinzustellen. Statt dessen sollten wir darauf gefaßt sein, von Jesus mit Fragen konfrontiert zu werden, auf die wir von uns aus nicht kommen würden!

Um zu zeigen, wohin man kommt, wenn man die Verkündigung auf eine ›ungeeignete‹ Frage hin entwirft, skizziere ich den Gedankengang einer Pfingstpredigt über Apg 2.

Die Predigt beginnt mit der Feststellung, daß der Sinn des Pfingstfestes den Zeitgenossen nicht mehr gegenwärtig sei, was man unter anderem daran erkenne, daß sie die Pfingsttage nicht mehr als kirchliches Fest begingen, sondern statt dessen das verlängerte Wochenende zu einer Fahrt ins Blaue nutzten. Dies ist die Einflugschneise des Predigers, um den HörerInnen sogleich anschaulich das Inferno der über die Straßen rollenden Blechlawine samt den zu erwartenden Verkehrstoten und den unübersehbaren ökologischen Folgeschäden vor Augen zu malen.

Nach einer relativ unvermittelt einsetzenden Auslegung von Apg 2,1–13, die an das ›Eigentliche‹ von Pfingsten erinnern soll (schon das ist bedenklich; als bedürfe die Leuchtkraft des Evangeliums der Negativfolie einer in düstersten Farben gemalten Welt!), wird im Schlußteil der Predigt die Erwartung geäußert, ein Sich-Öffnen für die lebenspendende und gemeinschaftstiftende Kraft des Heiligen Geistes würde zu einer neuen Einstellung und geläuterten Verhaltensweise hinsichtlich des eingangs ausgebreiteten Problems führen . . .

Das *proton pseudos* dieser Predigt liegt im ersten Teil, denn das dort aufgeworfene Problem des Verkehrschaos samt seinen in der Tat furchtbaren Folgen beinhaltet *als solches* noch keine Frage, die vom Evangelium her beantwortbar wäre. Zur Verdeutlichung verweise ich auf die - manchen noch vom Mathematikunterricht her geläufige - Unterscheidung zwischen *notwendiger und hinreichender Bedingung.* Daß das Evangelium keine notwendige Bedingung für eine Lösung jenes Problems darstellt, dürfte unmittelbar einleuchtend sein: Diesseits aller Verkündigung wären gesetzgeberische und verkehrspolitische Maßnahmen denkbar, die hier Abhilfe schaffen könnten (nebenbei bemerkt trug die Ölkrise für die Zeit ihrer Dauer mehr zur Verkehrsberuhigung bei als alle kirchlichen Appelle!). Man wird das Evangelium aber ebensowenig als hinreichende Bedingung zur Lösung des Problems betrachten können. Damit soll nicht geleugnet werden, daß vom Evangelium *her* auch dieser Lebensbereich in einem neuen Licht erscheinen mag; mir geht es also nicht darum, den Verwerfungssatz der 2. Barmer These zu bestreiten. Aber es ist eines, vom Evangelium her - möglichst unter Beachtung aller Zwischenschritte - die Linien bis in den Bereich des Gesellschaftspolitischen hin auszuziehen, und ein anderes, in einer problemorientiert angelegten Predigt das Evangelium als Antwort auf *vor-gefertigte Lebensfragen* auszugeben. Denn wer mit solchen Fragen beginnt, die nicht aus der Begegnung mit dem Evangelium herkommen, kann die Frohe Botschaft bestenfalls als eine *mögliche Teilantwort* ins Spiel bringen – und das wird weder der Bedeutung des Evangeliums gerecht noch dem Ernst der aufgeworfenen Lebensfragen. Die Gemeinde wird dann von der vermeintlichen Kraftlosigkeit des Evangeliums um so enttäuschter sein, je eindrücklicher der Problemteil gelang.

Ich nenne abschließend noch ein weiteres Hindernis, das ebenfalls im Charakter der Frage begründet liegt, auf die hin der Indikativ als Antwort einsichtig gemacht werden soll. Eine Predigt, die ihre Botschaft als Antwort auf eine Hörerfrage entwickelt, steht in der latenten Gefahr, die vom Evangelium eröffnete Lebenshilfe apologetisch zu verzwecken, damit die Gemeinde frei nach Mascha Kalecko zu der Einsicht gelange:

»Die Bücherweisheit ist bankrott,
der Blinde führt den Blinden,
und wahrlich, gäb' es keinen Gott,
man müßte ihn erfinden.«

Die Verführung ist groß, anstelle der im Zuge der Neuzeit unmöglich gewordenen Gottesbeweise nun die Nützlichkeit Gottes in den Rang eines expliziten oder doch implizit mitlaufenden Arguments zu erheben. Dies geschieht dann so, daß das Evangelium als Heilmittel für die zuvor aufgewiesenen anthropologischen Schwachstellen (wie etwa Einsamkeit, Resignation, Sinnleere) ausgewiesen, um nicht zu sagen: angepriesen wird.

Der Tenor solcher Verkündigung läßt sich, auch wenn das so nicht ausgesprochen wird, auf den Satz zuspitzen: »*Auch Du brauchst Jesus*«. Als Muster einer missionarischen oder auch apologetischen Verkündigungsstrategie verstanden ist dieser Satz aber *von Grund auf verfehlt*.

Zunächst deshalb, weil eine entsprechende Verkündigung – wenn sie denn aufrichtig bleibt und nicht mit den Mitteln unlauterer Werbung arbeitet – ihr Ziel gar nicht erreichen kann: Dem noch nicht oder nicht mehr Glaubenden könnte Jesus auf dem hier beschriebenen Weg ja allenfalls als eine *mögliche* Lebenshilfe nahegebracht werden, aber gerade nicht als zwingend notwendige. *Dietrich Bonhoeffer* hat diesen Tatbestand in seinen letzten Äußerungen bekanntlich so zugespitzt (und gleichzeitig in seinen theologischen Horizont gerückt): »Wir können nicht redlich sein, ohne zu erkennen, daß wir in der Welt leben müssen – ›etsi deus non daretur‹. Und eben dies erkennen wir – vor Gott! . . . Gott gibt uns zu wissen, daß wir leben müssen, als solche, die mit dem Leben ohne Gott fertig werden« (Widerstand, 177f).

Vor allem aber werden wir nicht unhinterfragt davon ausgehen dürfen, daß der zur Linderung menschlicher Not ›brauchbare‹ Jesus derselbe sei, den uns die Schrift verkündigt. Es hieße, die Sünde zu verharmlosen, wenn wir annehmen würden, von unseren Defiziterfahrungen her führte ein direkter Weg zum Gekreuzigten. Nicht umsonst sagt Jesus: »Nicht ihr habt mich erwählt, sondern ich habe euch erwählt« (Joh 15,16).

Es ist wohl wahr, daß wir Jesus brauchen, aber der Einsicht in diese Wahrheit werden wir nicht anders als in der Begegnung mit ihm teilhaftig. Diese Begegnung wird, wie die Begegnung zwischen Menschen, *durch vorgeschaltete Nützlichkeitserwägungen eher gefährdet denn gefördert.*

»So kommt es zu dem eigenartigen, aber für den Glauben charakteristischen Sachverhalt, daß hier das Bedürfnis nicht früher da ist als seine Befriedigung – in der Struktur nicht unähnlich dem Augenblick, in dem ein uns in die Augen fallendes Objekt zum Gegenstand unseres Wohlgefallens geworden ist und eben deshalb das Bedürfnis entsteht, den Blick immer wieder darauf zu richten« (*Jüngel*, Anfechtung, 59).

Apologetische Predigt droht Gott zu verpassen, weil sie ihn anpreist. Indikativische Predigt geschieht in der Hoffnung auf eine lebendige Begegnung mit dem, den sie um seiner selbst willen preist.

Exkurs 2
Erwägungen zur Auferstehungspredigt auf dem Hintergrund der Theologie Karl Barths

I Hinführung

Wenn wir am Sonntag einen christlichen Gottesdienst besuchen, und erst recht, wenn wir für dessen Leitung verantwortlich sind, bezeugen wir damit faktisch den auferstandenen Christus. Wie immer es um unseren Glauben bestellt sein mag – und sei es, daß jemand nur eben von sich sagen könnte: »Ich bin ein Fragender« –, wir benehmen uns so, als seien wir in dieser Sache sicher. Denn indem wir den Sonntag als Tag des Herrn (Offb 1,10) feiern, bekennen wir unsere Zeit als bestimmt von der Gegenwart des Auferstandenen. Entsprechend werden wir, sofern wir den Gottesdienst leiten, diesen »im Namen des Vaters *und des Sohnes* . . .« beginnen, wir werden uns – etwa im Gebet – zu seiner Herrschaft bekennen (». . ., der mit dir und dem Heiligen Geist lebt und herrscht von Ewigkeit zu Ewigkeit . . .«), und wir werden in seinem Namen Trost zusprechen, Sünden vergeben, in die Nachfolge rufen, taufen . . . Kurz, wir werden das tun, was der Auferstandene den Seinen ermöglicht und wozu er sie beauftragt hat (Mt 28,18ff).

Karl Barth hat 1967 in einem Zeitungsartikel diesen Gedanken zunächst in Ausrichtung auf das Osterfest so entwickelt:

»Der Ostertag ist der eigentliche Feiertag der christlichen Kirche . . . Am Ostertag freut sich die Kirche des besonderen Geheimnisses, um das sie versammelt ist und das sie in der Welt verkündigt . . . Das Geheimnis, dessen sie sich freut und das sie verkündigt, ist schlicht die Existenz eines neuen, nämlich des freien Menschen, der einmal mitten in der Welt sichtbar, hörbar, greifbar erschienen ist. Jetzt noch verborgen, einst aber allen als ihr eigener Befreier offenbar werden wird. Am Ostertag feiert die Kirche ihn als lebendigen Herrn: Die Zukunft seiner Offenbarung als die Hoffnung aller Menschen . . . Der Ostertag ist darum der allerhöchste Abendmahlsfeiertag.«
Aber dann fährt Barth fort: »Es dürfte wohl nicht allen Lesern bekannt sein, daß auch jeder ›gewöhnliche‹ Sonntag im Jahr eine kleine Wiederholung dieses ersten, seiner Freude und Verkündigung ist« (Predigten, 276f).

Dies dürfte auch nicht allen Predigenden klar sein, und wenn vielleicht ›theologisch klar‹, so doch nicht im Vollzug ihres Dienstes bewußt. Und so könnte man jetzt darüber klagen, daß die Selbstverständlichkeit, mit der in faktischer Ausübung sonntäglichen Predigtamtes so getan wird ›als ob‹, nicht Hand in Hand geht mit einer Gewißheit und Klarheit bezüglich dessen, was das Geheimnis des Ostertages ist. Krasser ausgedrückt: Man könnte darüber klagen, daß die Predigenden das, was ihr Sein und Tun konstituiert, so kümmerlich kommunizieren.

Aber mir ist jetzt das andere wichtiger: Bevor wir fragen, wie wir mit unseren Zeugnisbemühungen auf das Geheimnis des Ostertages zugehen, sollten wir uns bewußtmachen, daß wir immer schon von der österlichen Selbstoffenbarung des Auferstandenen herkommen. Stellen wir uns nur einmal vor, Christus wäre nicht auferstanden – Paulus hat diesen Gedanken 1Kor 15,12–19 in der Auseinandersetzung mit seinen Gegnern radikal durchgespielt –, dann würde es uns als christliche Gemeinde schlicht nicht geben. Wir wären dann bestenfalls so dran wie die Emmausjünger mit ihrem zwischen Wehmut und Enttäuschung schwankenden »Wir aber hofften, er sei es . . .« (Lk 24,21). Es könnte dann zwar sein, daß manche sich seiner erinnerten, sich auch an ihm orientierten als einem unter den großen Lehrern der Liebe und Gerechtigkeit. Mehr aber auch nicht. Nur ja nicht mehr! Denn sollte es so sein, daß sich – aus welchen unerfindlichen Gründen auch immer – doch eine christliche Gemeinde mit Sonntag, Gottesdienst, Taufe und Abendmahl im Namen des toten Jesus konstituiert hätte, dann wäre das ein vergebliches Unterfangen (1Kor 15,14). Mehr noch, es wäre schlimmste Falschmünzerei (1Kor 15,15), ein Skandal vor Gott und ein Betrug an den Menschen; wir wären dann »die elendesten unter allen Menschen« (1Kor 15,19).

»Nun aber ist Christus auferstanden von den Toten« (1Kor 15,20). Nun also gibt es zu Recht die in seinem Namen und unter seinem Wort versammelte Gemeinde. Und da mag es tröstlich sein, daß unser ›Benehmen‹ als gottesdienstliche Gemeinde – sicher mehr schlecht als recht, aber jedenfalls faktisch – unserem Sein entspricht, auch, wenn unser Bewußtsein und damit auch unser Reden weit hinterherhinken. Bevor wir auch nur ein explizites Wort über die Auferstehung reden, haben wir als gottesdienstliche Gemeinde faktisch Position bezogen und uns zur Gegenwart des Auferstandenen bekannt, oder wir wissen nicht, was wir tun.

Dies gilt es als Voraussetzung festzuhalten, wenn wir uns im folgenden der Frage nach der Auferstehungspredigt zuwenden. Dabei wird es nicht darum gehen können, unser Bewußtsein und also unser Reden mit unserem Sein zur Deckung bringen zu wollen. Nein, es bleibt dabei, daß wir das Geheimnis des Ostertages nicht fassen können. Die letzten Worte von Mk 16,1–8 (»denn sie fürchteten

sich«) und die Notiz Lk 24, 11 (»Es erschienen ihnen die Worte als
wär's Geschwätz, und sie glaubten ihnen nicht«) mögen falsche Erwartungen im vorhinein dämpfen. Wohl aber haben wir zu überlegen, was wir tun können, um mit unserer Verkündigung die Selbstoffenbarung des Auferstandenen nicht zu behindern.
Dazu fragen wir zunächst, angeleitet von Karl Barth, welches Verständnis der Auferstehung wir dem biblischen Zeugnis entnehmen
können und welche grundsätzlichen Weichenstellungen sich daraus
für unsere Verkündigung ergeben (II). Es folgen homiletische Erwägungen in Form einer Meditation des Osterliedes »Auf, auf,
mein Herz, mit Freuden« von Paul Gerhardt (III).

II   Hermeneutische Erwägungen

Das hermeneutische Problem ist, auf eine Formel gebracht, »dadurch gestellt, daß die überlieferte Aussage ›Jesus ist von den Toten
auferweckt worden‹ die Form einer perfektischen Realitätsaussage
hat«. Und die Frage ist, »ob dem in der Form einer Realitätsaussage
überlieferten Satz: ›Jesus ist von den Toten auferweckt worden‹
auch die Valenz einer Realitätsaussage zukommt« und, wenn ja, in
welcher Weise (*Geyer*, Auferstehung, 115f).
Diese Frage ist, das zeigt Lk 24,11, so alt wie die Kundgabe der Auferweckung selbst. Sie ist also nicht erst durch die neuzeitliche Bestimmung dessen, was als historisch gelten kann, gestellt, sondern
durch den *Charakter* dieses Ereignisses selbst. Und so kann auch
Luther – etwa in den Reihenpredigten über 1Kor 15 aus den Jahren
1532/33 (WA 36, 476–696) – betonen, daß, wer nur das Diesseits
kenne, wie die »Bauern, Bürger und Junker fast allesamt«, die
christliche Predigt für eine Täuscherei und einen Bauernschreck
halten müsse (547). Allerdings wird man sagen können, daß die
Neuzeit die Fragestellung insofern verschärft hat, als sie program-
matisch objektive Realität nur Gegenständen möglicher Erfahrung
zuerkennen will (man denke in diesem Zusammenhang auch daran, daß nur das als historisches Ereignis gelten kann, was dem Kriterium der Gleichartigkeit und dem des durchgehenden Zusammenhangs allen Geschehens genügt). Andererseits kann man diese
Radikalisierung auch als Hilfe ansehen, denn sie verhindert ein fal-
sches Verständnis der Auferstehung als eines historischen Ereignisses, das in eine Reihe mit anderen Ereignissen der Weltgeschichte
zu stellen wäre (dazu mehr unter II, 1). Wie aber ist die Aussage,
daß Jesus von den Toten auferweckt worden ist, sachgemäß zu verstehen und dann auch zu bezeugen?

Ich möchte dieser Frage nachgehen, indem ich an einige Grundbe-
stimmungen des Auferstehungsereignisses erinnere, wie sie *Karl
Barth* (vor allem in KD III/2, § 47,1 und IV/1, § 59,3) im Hören auf
das biblische Zeugnis aufgestellt hat. Neben Barth verweise ich auf
Hunsinger, Jenseits sowie *Mildenberger,* Predigtlehre, 48ff und
ders., Art. Auferstehung, 550ff. Zur Abgrenzung des Auferste-
hungsverständnisses Barths zu anderen theologischen Entwürfen
vgl. *Geyer,* Auferstehung sowie *Klappert* (Hg.), Diskussion.

1.   Die Auferweckung Jesu von den Toten ist » *ausschließlich Gottes Tat« (Barth,* KD IV/1, 331). Die Komponente menschlichen
Tuns fehlt diesem Geschehen vollkommen. Das ist der Grund, weshalb es nicht in eine Reihe mit anderen weltgeschichtlichen Ereignissen gestellt werden kann. Dem entspricht, daß die biblischen
Texte über den Hergang, also über das Wie dessen, was da geschehen ist, beharrlich schweigen. Was sie uns erzählen, ist die Folge
dieser Tat Gottes, nämlich die Erscheinungen des Auferstandenen.
Die Auferweckung als eine Geschichte ohne jede menschliche Beteiligung und also ohne jede innerweltliche Analogie ist deshalb im
eminenten Sinne besondere Geschichte, Heilsgeschichte, darin nur
vergleichbar der Schöpfungsgeschichte im Anfang der Zeit. Im Unterschied zu dieser hat jene – sofern sie in Raum und Zeit geschah –
zwar einen ›historischen Rand‹ (vgl. Abschnitt 2), aber wie diese
entzieht sich die Auferweckung im Kern dem Zugriff historischer
Kritik.
Was heißt das? Es wäre dem Charakter dieses Geschehens unangemessen, es mit den Mitteln der historischen Wissenschaft beweisen,
es also als ein Geschehen in der Art anderer historischer Begebenheiten hinstellen zu wollen (vgl. KD II/1, 89ff). Das wäre gerade
kein frommes Unternehmen, sondern ein ebenso ungeistliches wie
seine Kehrseite, nämlich die Demontage der biblischen Geschichten vom Boden historischer Kritik aus. Deshalb ist übrigens auch eine Apologetik abzulehnen, die sich im Fahrwasser der Kritik der
neuzeitlichen Subjekt-Objekt-Aufspaltung seitens der modernen
Physik und – in popularisierter Form – seitens der Vordenker des
New Age bewegte und etwa mit dem Hinweis darauf argumentier-
te, daß heute doch wieder Dinge zwischen Himmel und Erde als
möglich erschienen, die noch Bultmann seinen Zeitgenossen nicht
glaubte zumuten zu können. Solche Versuche würden dem Geheimnischarakter der Auferweckung als reiner Tat Gottes, den die
biblischen Zeugen durchweg wahren, gerade nicht gerecht.
Daraus folgt für die Predigenden: Sie müssen sich vor *univokem*
Reden hüten bzw. – in der Terminologie George Hunsingers – vor

einem »*literalen*« Verständnis (und entsprechender Auslegung) der biblischen Auferstehungstexte. Univokes Reden ist ein solches, das eben jene qualitative Differenz der Auferweckung zu allen anderen weltgeschichtlichen Ereignissen unterschlägt. *Mildenberger* weist darauf hin, daß schon der Satz: »Jesus lebt« für sich genommen eine problematische Art univoken Redens darstellt, weil er ausläßt, daß der Auferstandene nicht in der Weise anderer lebendiger Menschen und auch nicht in der Weise wiederbelebter Menschen (Lazarus) da ist. Die biblischen Texte machen doch deutlich, daß der Auferweckte, wiewohl er seinen Jüngern in leiblicher Gestalt erscheint und nicht als Gespenst, doch auf völlig neue und andere Weise unter ihnen ist, nämlich als der, der den Tod ein für allemal hinter sich gelassen hat, der also in der Weise Gottes da ist, weshalb am Ende der Erscheinungen seine Himmelfahrt geschieht. Deutlicher noch mag das folgende Zitat die Gefahr univoken Redens zeigen:

»Christ wird man erst durch den Glauben an Christus, den Auferstandenen . . . Wobei Christus ganz gewiß in diese Welt hinein auferstanden ist. Das ist der Sinn der Augenzeugenberichte von den Begegnungen mit dem Auferstandenen, auf denen die Evangelien und Paulus so beharrlich bestehen, auf jenen Augenzeugen, die als Reporter ernstgenommen und nicht als Spinner abqualifiziert werden wollen« (Predigtlehre, 50).

Mildenberger kommentiert zu Recht: »Durch ein solches Gerede fühle ich mich an der Nase herumgeführt. Denn es tut so, wie wenn die Auferstehung ein innerweltliches Geschehen wäre. Daß die Auferstehungszeugen als Reporter ernstgenommen werden wollen, unterstreicht das besonders. Dabei weiß jeder Bibelleser sehr genau: So war es gerade nicht, und so wird es auch nicht erzählt. Vielmehr ist die Rede von der Auferstehung Zeugnis, für das der Zeuge mit seiner Person einsteht, und gerade nicht die Reportage, die mindestens den Anschein einer am Geschehen nicht beteiligten Berichterstattung erweckt. Solches Behaupten entfernt sich darum von dem, was es in Ausführung der biblischen Texte zu sagen hätte« (50). Oft versuchen Predigende die Aporie, in die sie sich durch solche univoke Redeweise hineinmanövrieren, paränetisch zu überwinden. Es ist so, als würden sie merken, daß die von ihnen unterstellte Identität der Realitätsebenen die HörerInnen, die sich bekanntlich in bezug auf ihre Realität gut auskennen, unbefriedigt lassen. Folglich muten die Predigenden ihnen zu, die Deckung ihrerseits zu vollziehen, indem sie die Auferstehungsrealität in dieser Welt durch ihre ethische Tat herstellen sollen nach dem Motto:

»Auferstehung geschieht, wenn wir . . .« Nichts gegen Ethik, aber
sie darf nicht dazu mißbraucht werden, der Gemeinde die Einlösung der in der Predigt ausgeteilten ungedeckten dogmatischen
Schecks zuzuweisen.

2. Die Auferweckung Jesu als Tat Gottes hat sich – wenn man die
Texte sagen läßt, was sie sagen wollen – in *Raum und Zeit,* d.h. »in
der allgemeinen menschlichen Geschichte in konkreter Gegenständlichkeit« ereignet (*Barth,* KD IV/1, 368). Wenn dem nicht so
wäre, hätte sie nicht den Charakter von Offenbarung, d.h. wir wüßten gar nicht von ihr, sie wäre unserer menschlichen Wahrnehmung
unzugänglich. Mit dieser Aufstellung wendet sich Barth gegen das
Auferstehungsverständnis Rudolf Bultmanns: Die Auferstehung
bezeichnet eben nicht nur einen Wandel in der Konzeption der Jünger: »Die Texte reden nicht primär von der Entstehung des Oster-
glaubens als solchem, sondern von dessen Begründung durch den
den Jüngern nach seinem Tod (nicht außer-, sondern innerwelt-
lich!) als Lebendiger begegnenden und mit ihnen redenden Jesus
Christus selbst, der sie durch diese Tat seines Lebens von seinem
Tod als von dem von Gott gewollten Heilsgeschehen unwider-
sprechlich überzeugt hat. Dieses Konkrete war nach den Texten das
Ereignis der 40 Tage und die Tat Gottes in diesem Ereignis. Dieses
Konkrete in seiner Äußerlichkeit, in seiner Gegenständlichkeit, das
als solches nicht in ihrem Glauben, sondern im Konflikt mit ihrem
Unglauben geschah, das ihren Unglauben überwand und beseitig-
te, ihren Glauben erst schuf!« (ebd., 376).
Geyer hat im oben genannten Aufsatz nachdrücklich darauf hingewiesen, daß für Barth die *Unterscheidung von Glaubensgrund*
(Auferweckung) *und Glauben* der Jünger konstitutiv ist. Zwar muß
der Glaubensgrund – weil »ausschließlich Gottes Tat« (KD IV/1,
331) – geglaubt werden, aber er ist *als* Grund vom Glauben der Jünger zu unterscheiden. *Geyer* führt aus:

»In der Gegenständlichkeit des Glaubensgrundes liegt also ein spezifischer Dop-
pelsinn beschlossen: Sie bedeutet auf der einen Seite die reale Independenz des
Grundes vom Glauben, seine Subsistenz und nicht Angewiesenheit auf den Glauben, weshalb hier besser vom Grund zum Glauben gesprochen wird, und sie bedeutet auf der anderen Seite seine Evidenz für und nur für den Glauben. Mit anderen
Worten: Im Verhältnis des Glaubensgrundes zum Glauben gehen ontische Tran-
szendenz und noetische Immanenz zusammen, so zwar, daß beide Momente faktisch untrennbar verbunden sind, daß sie aber vom theologischen Denken genau zu
unterscheiden sind, wenn es nicht entweder zur Theorie isolierter Heilsfakten oder
zur Theorie des absoluten Glaubens kommen soll« (Auferstehung, 105).

Welche Folge hat nun diese Unterscheidung für die Verkündigung? Kehren wir noch einmal zu Teil II, 1 zurück. Wir sahen dort: Univokes Reden unterschlägt den Charakter der Auferweckung als ausschließlicher Tat Gottes, man könnte auch sagen: ihren Geheimnischarakter. Im Gefolge der Äußerung Geyers ließe sich so formulieren: Univokes Reden unterschlägt, daß die Auferweckung kein isoliertes, objektiv erhebbares Heilsfaktum, sondern nur für den Glauben evident ist. Wird aber andererseits die konkrete Gegenständlichkeit der Auferweckung unterschlagen, so gerät man zwangsweise in ein *äquivokes* Reden – Hunsinger nennt es auch *expressivistisches* Reden. Äquivokes, expressivistisches Reden behandelt die biblischen Auferstehungstexte im Sinne eines ›als ob‹. Den Texten wird dann unterstellt, daß sie nicht das meinen, was sie sagen, sondern daß das Gesagte die mythologische oder symbolische Umkleidung des eigentlich Gemeinten sei. Also etwa: Die Osterberichte erzählen nicht den *Grund* zum Glauben, sondern sie sind die mythologische Umschreibung der Entstehung des Glaubens der Jünger; oder auch: Sie sind der symbolische Ausdruck der allgemein menschlichen Erfahrung der Kraft des Lebens. Dazu wieder ein Predigtzitat, das ich *Mildenberger* entnehme (es allerdings anders zuordne als er):

»Gibt es nicht in unserem Leben immer wieder den Augenblick, in dem alle Enttäuschung, alle Zweifel, alle Verzagtheit weicht? Gibt es nicht immer wieder jene Wandlung, in der wir wieder Vertrauen ins Leben fassen und Hoffnung in die Zukunft gewinnen? Ich denke ja! Denn eben diesen Augenblicken, die ja nichts anderes sind als die Augenblicke erfahrener Liebe – diesen Augenblicken verdanken wir es doch, daß uns der Glaube an die Macht der Liebe, die in Jesus Gestalt angenommen hat, wiedererweckt wurde . . . In diesen Augenblicken ist Jesus. Da ist er auf dem Plan als unser Weggefährte. Da begegnet er uns. Da geschieht Ostern« (Predigtlehre, 50).
Ich füge noch ein Zitat aus einer anderen Predigt an:
»Galiläa, wohin die Frauen mit den Jüngern geschickt werden, ist der Ort, wo man erleben wird, was noch nicht ist. Ich lasse meinen Assoziationen freien Lauf und erkläre: ›Galiläa‹ ist, wenn Südafrika für Schwarze und für Weiße und für Farbige ein freies Land geworden ist, und ›Galiläa‹ ist, wenn 17 Pastoren in Hamburg zu erkennen geben können, daß sie einem jungen Mann nicht mehr mit gutem Gewissen zureden können, zur Bundeswehr zu gehen, ohne daß die ganze Republik entsetzt aufstöhnt«.

Es ist wohl wahr, daß wir in die Ostergeschichte mit eingeschlossen sind, daß der auferweckte, lebendige Herr auch der Herr unseres Lebens ist. Aber daß er für uns als solcher identifizierbar wird bzw. bleibt, steht und fällt damit, daß er in der konkreten Gegenständlichkeit seiner Offenbarung erschienen ist. Aber gerade davon schweigen die zitierten Passagen. Nicht davon reden sie, daß die dort und damals geschehene Gottestat Glaubenserfahrung schafft, sondern sie erklären das in den biblischen Texten Berichtete zum symbolischen Deutewort allgemeiner (religiöser) Erfahrung. Die **Erfahrung setzt den Rahmen für das Verständnis der Auferstehungsberichte und verweist sie in den Rang uneigentlicher Rede, in den Rang des äquivoken ›als ob‹.**

3.   Wie aber kann von Auferstehung geredet werden, wenn man die Skylla der Univokation und die Charybdis der Äquivokation vermeiden will? Machen wir uns noch einmal klar: Solches Reden müßte dem besonderen Charakter dieses Geschehens entsprechen, das als ausschließliche Tat Gottes nicht *von* dieser Welt ist, sich aber gleichwohl *in* dieser Welt in konkreter Gegenständlichkeit zugetragen hat.

Die Antwort findet *Barth* in den biblischen Texten selbst. Er schreibt: »Die Berichte von ihm reden . . . im Stil, und das heißt in der Freiheit, in der fantasierenden und dichtenden Gestaltungsart und in der Dunkelheit der geschichtlichen *Sage*. Sie beschreiben ja wirklich ein Geschehen, das historischer Erforschung und Darstellung unzugänglich ist. Und das bedeutet, daß man gar nicht versuchen darf, hier zu examinieren und zu harmonisieren. Dem widersetzt sich nun einmal das Wesen dieses Geschehens. Kein Zweifel: Von *demselben* Geschehen reden in sachlicher Übereinstimmung und auch in gleicher Meinung *alle* diese Berichte . . . Es will aber jeder von diesen Berichten, so wie er lautet, für sich gelesen sein: je als dieses besondere Zeugnis von Gottes entscheidendem Reden und Handeln in diesem Ereignis, wobei wir hier wie sonst froh sein können über die Möglichkeit, je die eine zur Erklärung der anderen heranzuziehen. ›Ich war tot, und siehe, ich bin lebendig‹ (Offb 1,18). – Darin besteht die sachliche Übereinstimmung und die gleiche Meinung *aller,* dieser – sehr, sehr sagenhaften! – Berichte. Und das ist es, was diese *Sagen* uns zu sagen – einfach zu *sagen* haben!« (KD III/2, 542; zu Barths Verständnis der Sage vgl. auch die Ausführungen in KD III/1, 83–101).

Mit anderen Worten: Die biblischen Texte reden nicht univok (historische Berichte), nicht äquivok (Mythos, Symbole), sondern *analog* (Sage). Analoges Reden ist *Reden in Verknüpfung.* Nicht Aussprechbares (was kein Auge je gesehen und kein Ohr je gehört hat) wird mit Hilfe von Bekanntem in Worte gefaßt. Dieses verknüpfende Reden ist von Gott durch seine Selbstoffenbarung ermöglicht, und Barth versteht die biblische Sage nicht als beliebige, sondern als die von Gott in Dienst genommene und also – trotz aller menschlichen Unzulänglichkeit – von ihm geheiligte Gestalt menschlichen Zeugnisses: »Die Wahrheit ist die, daß der Mensch mit seinem menschlichen Wort ›Ähnlichkeit‹ Anteil bekommt an der als solcher unbegreiflichen Ähnlichkeit, die in Gottes wahrhaftiger Offenbarung damit gesetzt ist, daß Gott in ihr am Menschen und seinem menschlichen Wort Anteil nimmt« (KD II/1, 256).

Das ist also mit Barth von den biblischen Texten zu lernen: In ihrer Verschwiegenheit (Barth redet von Dunkelheit) wahren die Osterberichte den Geheimnischarakter der göttlichen Tat; in ihrer Plastizität als geschichtlicher Sage entsprechen sie der konkreten Gegenständlichkeit des göttlichen Handelns. Die Sage zielt auf unser Hören dessen, was sie zu sagen hat. Sie zielt auf die gehorsame Anerkenntnis der uns in ihr entgegenkommenden Wahrheit. Sie lädt uns ein, in verstehendem Nachsprechen selbst das Wort zu nehmen, das dem damals Bezeugten heute entspricht.

Zur Illustration des bisherigen Gedankengangs zitiere ich Ausschnitte aus einer Predigt über Joh 20,19-20, die Barth 1964 in der Strafanstalt Basel gehalten hat:

»Liebe Brüder, wie das geschehen konnte und geschah: Diese Überwindung und Beseitigung, dieser Tod seines Todes, seine Bekleidung und Erfüllung – nicht etwa mit seinem früheren sterblichen, sondern einem neuen unsterblichen Leben –, das weiß ich sowenig wie ihr. Nichts ist einfacher als zu sagen, das könne man nicht glauben. Das konnte in der Tat schon damals nicht erzählt, geschweige denn geschrieben und erklärt werden. Es gibt denn auch keine Stelle im Neuen Testament, in der so etwas auch nur versucht würde. Die Auferweckung Jesu war ganz und allein Gottes Tat: als solche höchst wohlgetan, aber auch höchst unbegreiflich. Es konnte, daß solches geschah, schon damals nur eben erkannt, bekannt, bezeugt und verkündigt werden . . .

Erzählt werden konnte von dem Geschehen jenes Tages nur das, was der Auferstehung Jesu folgte, daß er nämlich seinen Jüngern erschien, daß er ihnen (wohl verstanden: nicht nur in Gedanken, im Traum oder sonstwie geistig, sondern auch leiblich, sichtbar, hörbar, ja greifbar) begegnete – dieser zuvor gestorbene Mensch, lebend in der Macht und Art, wie Gott lebt: unmittelbar durch ihn und mit ihm und darum unsterblich, unvergänglich, unverweslich lebend. So kam Jesus an jenem Tage zu seinen Jüngern.

Das konnte, wenn auch stammelnd genug, immerhin bestimmt erzählt werden. Und eben in dieser Erzählung wurde und wird, was nicht zu erzählen war und ist: Jesu Auferstehung bezeugt und verkündigt – damals und bis auf diesen Tag . . .

Dieser von den Toten auferstandene Jesus kam ›und trat in die Mitte‹. Bei diesem merkwürdigen Ausdruck wollen wir jetzt etwas verweilen.

Er sagt nämlich vor allem: Er trat in die Mitte seiner Jünger. Er trat also an eben die Stelle, die sie in den langen Stunden seit dem Abend des Karfreitags nur noch leer sahen, wo sie nur das Nichts wahrnehmen konnten. Nur die Erinnerung an seine blutüberströmt vom Kreuz genommene Leiche, nur sein Grab und damit nur ihre eigenen vergangenen Irrtümer und Illusionen, nur das Ende aller Dinge. Machen wir uns keine falschen Vorstellungen von diesen Jüngern Jesu! Sie waren so wenig wie wir hier eine Versammlung von frommen, gläubigen oder auch nur guten, tapferen, tüchtigen Leuten: an jenem Tage weniger als je. Wie ein Trupp Hühner auf der Stange, wenn es gedonnert hat, saßen sie da – oder etwas schöner gesagt: wie ein Schärlein von Kindern, die soeben Vater und Mutter verloren haben – oder wie ein Haufe von Soldaten auf der Flucht nach der Niederlage. Das Schrecklichste war geschehen: Die anderen hatten das Spiel gewonnen. Jesus war überhaupt nicht mehr da. Und sie selber? Wie oft hatten sie ihn mißverstanden, ganz anders als nach seiner Anweisung gedacht, geredet, gelebt! Und als dann die große Probe kam, da hatte einer der Ihrigen ihn verraten um 30 Silberlinge (Mt. 26,15). Da hatten sie alle ihn verlassen und waren geflohen (Mt. 26,56). Da hatte ihn ihr stärkster Mann, der Felsenmann Petrus, auf den Jesus seine Gemeinde bauen wollte (Mt. 16,18), dreimal verleugnet (Mt. 26,69–75). Was sollte aus ihnen werden? . . . Reue, Trauer, Angst war das, was ihnen blieb: ein Scherbenhaufen. Nein, das waren keine Heiligen, keine Helden.

Zu ihnen kam, in ihre Mitte trat der auferstandene Jesus. Wozu? Um sich in der Macht der großen Barmherzigkeit Gottes, seines Vaters, zum Haupt dieses verlorenen Haufens, dieser Mühseligen und Beladenen (vgl. Mt. 11,28), dieser Betrübten und Erschrockenen und Feiglinge – zum Haupt dieses durch und durch kranken Leibes (vgl. Kol. 1,18 u.ö.) zu machen. Er tat das in der denkbar einfachsten Weise: ›Friede sei mit euch!‹, hat er zu ihnen gesagt, und das bedeutete in der damaligen Sprache nicht weniger, aber auch nicht mehr, als wenn bei uns ein Mensch zu anderen Menschen tritt und sagt: ›Guten Abend (oder guten Tag) miteinander!‹ So menschlich, so als ihresgleichen trat er in ihre Mitte. Aber wenn zwei dasselbe tun, ist es nicht dasselbe. Jesus wünschte seinen Jüngern nicht nur, sondern Jesus brachte, ja schuf seinen Jüngern das, was jenes einfache Wort sagte: Frieden, einen guten Abend, einen guten Tag . . .

Guten Tag miteinander!, das hieß sofort: Friede gerade mit dir!, gerade dir einen guten neuen Tag! Ist er als das Haupt seines ganzen Leibes gestorben und auferstanden, dann auch als Haupt eines jeden von dessen Gliedern, dann auch zu deiner Rechtfertigung vor Gott, dann zur Heiligung auch deines Lebens! . . .

Mitten in das ganze jetzt himmelhoch jauchzende, jetzt zu Tode betrübte Menschenvolk, mitten unter die allzu dummen und allzu schlauen, allzu sicheren und allzu verzagten, unter all die religiösen und nichtreligiösen Leute ist an jenem Tage der gekreuzigte und auferstandene Jesus als ihrer aller Herr mächtig hineingetreten. Mitten hinein in all die Krankheiten und Naturkatastrophen, all die Kriege und Revolutionen, die Friedensschlüsse und Friedensbrüche, in all den Fortschritt, Stillstand und Rückschritt, in all das unschuldige und schuldige menschliche Elend geschah es zu seiner Zeit, daß er sich erwies und offenbarte, als der, der er war, ist und sein wird: Friede sei mit euch!, und zeigte ihnen seine Hände und seine Seite. Unter soviel Kraut und Unkraut ist an jenem Tag auch dieser Same gesät worden, reift auch er der Ernte entgegen. Verlassen wir uns darauf: Was an jenem Tag geschah, das wurde, war und blieb die Mitte, um die sich alles andere bewegt, von dem es erstlich herkommt, dem es letztlich entgegeneilt. Es gibt viele wirkliche und viele scheinbare, viele helle und viele trübe Lichter: dieses aber wird am längsten brennen: noch wenn alle anderen ihre Zeit gehabt haben und wieder erloschen sein werden. Denn alles Ding währt seine Zeit, die Liebe Gottes aber, die in der Auferweckung Jesu Christi von den Toten am Werk war und zur Sprache kam, währt in Ewigkeit« (Predigten, 253ff).

4.   Als Nachtrag zu den Überlegungen dieses II. Teils sei noch kurz
auf Barths Stellungnahme zu dem besonders ›heiklen Punkt‹ der Berichte vom *leeren Grab* eingegangen. Das leere Grab ist als historisches Faktum weder zu beweisen noch zu leugnen, zumal mit dem einen wie mit dem anderen nichts gewonnen wäre, wie Mt 27,64;
28,11–15 (Grabdiebstahl!) nur allzu deutlich zeigt. D.h.: Ein literales
Verständnis der Rede vom leeren Grab verfehlt die Intention des biblischen Berichts.

Deshalb ist der Bericht vom leeren Grab aber nicht als mythologische
Quantité négligeable abzutun. Denn: »Wenn die Christenheit gewiß
nicht an das leere Grab, sondern an den lebendigen Jesus glaubt, so
bedeutet das nicht, daß man an den lebendigen Jesus glauben und
das leere Grab leugnen kann« (KD III/2, 543). Warum nicht? Weil
das leere Grab als »unentbehrliches Zeichen« auf die Wirklichkeit
der leiblichen Auferstehung Jesus verweist. »Es hat das leere Grab
die Funktion – rückwärts und nach unten, auf die Erde zeigend –
deutlich zu machen, daß der gestorbene und ins Grab gelegte
Mensch Jesus (er selbst und kein anderer!) durch die Macht Gottes
dem Tod und auch dem Grab entrissen, daß er, der Lebendige, nicht
unter den Toten zu suchen ist . . . Das Grab, in dem Jesus nicht mehr
ist, ist nicht seine Auferstehung, sondern nur deren Folgeerscheinung, und es ist auch nicht seine Erscheinung als Lebendiger, sondern nur deren Voraussetzung . . . ›Legende‹? Gut, Legende – aber
eine (weil sie von jener Folgeerscheinung der Auferstehung und von
jener Voraussetzung von Jesu Erscheinung redet, weil sie jenes für
Unmißverständlichkeit sorgende Zeichen ist!) nicht zu verwerfende,
sondern zu *bejahende* Legende! Verwerfung der ›Legende‹ vom leeren Grab pflegte bisher mit der Verwerfung der ›Sage‹ von dem lebendigen Jesus noch immer zusammen zu gehen« (ebd., 543f).

III   Homiletische Erwägungen

Ich möchte auf dem Hintergrund der hermeneutischen Überlegungen jetzt noch einiges zum Gehalt und zur Gestalt der Auferstehungspredigt zusammentragen. *Barth* schreibt in KD IV/3: »Unsere
Oster*predigt,* in welcher Begrifflichkeit und Sprache sie sich auch ergehen möge, dürfte doch wohl daran gemessen sein, ob sie das Ni-
veau der Aussagen dieser (sc. Osterlieder [P. B.]) hält oder nicht«
(349). Ich werde mich im folgenden in die ersten sechs Strophen des
Osterliedes »Auf, auf, mein Herz, mit Freuden . . .« von Paul Gerhardt (EKG 86) hineinhören und fragen, welche Anregungen wir
ihm entnehmen können.

Auf, auf, mein Herz, mit Freuden
nimm wahr, was heut geschicht;
wie kommt nach großem Leiden
nun ein so großes Licht!
Mein Heiland war gelegt
da, wo man uns hinträgt,
wenn von uns unser Geist
gen Himmel ist gereist.

Er war ins Grab gesenket,
der Feind trieb groß Geschrei;
eh ers vermeint und denket,
ist Christus wieder frei
und ruft Viktoria,
schwingt fröhlich hier und da
sein Fähnlein als ein Held,
der Feld und Mut behält.

Es liegt ganz auf der Linie der bisherigen Erwägungen, wenn wir uns von Paul Gerhardt zunächst daran erinnern lassen: Den Auferstehungsglauben zu verkündigen bedeutet, auf die Geschichte der Auferweckung des Gekreuzigten zu verweisen – »Nimm wahr, was heut geschicht«!

Man kann auch anders reden. Es gibt durchaus schöne und in ihrer Weise ermutigende Symbole, die ohne jene Geschichte auskommen. Ich denke etwa an die Liedstrophe von Wolf Biermann: »Wir woll'n es nicht verschweigen in dieser Schweigenszeit, das Grün bricht aus den Zweigen, das woll'n wir allen zeigen, dann wissen sie Bescheid.« Zweifellos ein gutes Hoffnungssymbol mit viel innerer Kraft und als solches in keiner Weise zu kritisieren. Es bleibt nur die Frage: »Ob's denn wahr ist?« (Barth), ob dem erwachenden Frühling der Natur denn tatsächlich ein Aufsprießen von Menschlichkeit und Gerechtigkeit oder welcher Lebensqualität auch immer entspricht. Die christliche Verkündigung jedenfalls kann und braucht sich mit solcher ›freischwebenden Symbolik‹ nicht zu begnügen. Denn hier gründen der Glaube und die Hoffnung auf einem Ereignis, auf einer Geschichte, die wir wahrnehmen können, weil der am Kreuz getötete, ins Grab gelegte Jesus denen, die uns diese Geschichte bezeugen, als der Lebendige erschienen ist.

Davon gilt es auch in unserer Verkündigung zu erzählen. Paul Gerhardt tut das auf seine Weise. Man kann fragen, ob er der Tatsache, daß der Auferweckte der (zuvor) Gekreuzigte ist, genügend Rechnung getragen hat. Andererseits gilt wie für jede Verkündigung auch für die Auferstehungspredigt, daß sie Schwerpunkte setzen muß, daß sie nicht alles sagen kann. Immerhin verschweigt er ja nicht die dunkle Folie der Todesrealität, in die hinein sich das Licht des Ostermorgens Bahn bricht. Er spricht von Jesu Leiden und Tod, er erwähnt sein Grab. Aber er redet nicht abständig davon, sondern so, daß wir merken, wie unsere Realität mitverhandelt wird: »Mein Heiland war gelegt da, wo man uns hinträgt . . .« Ohne das Osterereignis wäre und bliebe dies für Jesus und für uns die eine, alles beherrschende Realität: daß man uns da einmal hinträgt, daß unser Leben, daß aller Leben diesem Endpunkt entgegengeht. So sehen es ja auch die Frauen, von denen wir im Evangelium hören. Sie kommen am Ostermorgen traurig zum Grab, und das einzige, was ihnen jetzt noch zu tun einfällt, ist, dem toten Jesus die letzte Ehre zu erweisen. Und weiter: Wenn dieser Tod das letzte wäre, dann würde das »groß Geschrei« des Feindes nicht mehr verstummen, dann hätten die, die Jesus unter dem Kreuz verspotteten und lachten, tatsächlich zuletzt gelacht. Mehr noch, dann hätten sie – zumindest aus menschlicher Sicht – eigentlich doch alle irgendwie recht: Pilatus, die Soldaten und die Volksmenge auf der einen und die Jünger auf der anderen Seite. Sie hätten alle irgendwie recht, weil sie dem Tod als der alles beherrschenden Macht dieser Welt so oder so ihre Referenz erweisen, sei es, indem sie vor ihm weglaufen wie die Jünger, sei es, daß sie ihn möglichst lange von sich wegschieben – und das heißt eben, ihn auf andere schieben, andere in den Tod vorschicken, durch Ungerechtigkeit, Lüge und Gewalt. Wenn der Tod regieren würde, wäre es nicht ein Gebot der Klugheit, sich mit ihm zu arrangieren und ihm, wenn's denn sein muß, den nötigen Tribut zu zollen?

Aber nun ist durch die ganze Rechnung mit »wäre«, »könnte« und »würde« ein Strich gemacht, weil der in den Tod geschickte und begrabene Jesus lebt. Niemand hätte das gedacht, keiner seiner Jünger hat das von sich aus auch nur zu hoffen gewagt. Und dennoch: Auf wunderbare, aber gleichwohl auf reale Weise »ist Christus wieder frei«, erscheint er den Traurigen und Hoffnungslosen in neuem, in von Gott geschenktem neuen Leben. Sie können es sich nicht erklären, sowenig wie man das göttliche Wunder der Schöpfung erklären kann. Aber sie erleben es. Sie erleben, wie er ihnen erscheint und sie ihn mit ihren eigenen Augen sehen. Sie sehen ihn als Sieger über den Tod, als den, an dem der Tod mit all seinen Schergen, mit all seinen Helfern und Helfershelfern das Nachsehen hat! Da erscheint die Welt mit ihrer düsteren Todesfolie auf einmal in einem neuen Licht: im Licht des Sieges Gottes über die Mächte des Todes. Ich habe in den letzten Zeilen teilweise im Tonfall theologischer Behauptungssätze geredet, wie ich ihn (nicht nur) in meinen Predigten oft antreffe. Von Paul Gerhardt können wir lernen, wie es auch anders geht. Er erzählt. Und in seine Erzählung hat er ein großartiges Bild eingearbeitet: Christus ist wieder frei »und ruft Viktoria, schwingt fröhlich hier und da sein Fähnlein als ein Held, der Feld und Mut behält.« Ich mochte diese Zeile früher nicht. Sie war mir zu triumphalistisch, vor allem: Sie roch mir zu sehr nach Militarismus – bis ich verstand, was Paul Gerhardt hier eigentlich tut, daß er hier mit einer Verfremdung arbeitet, wie sie einem Bert Brecht alle Ehre machen würde. In diesem militärischen Bild vermag Paul Gerhardt nämlich für seine Zeit und für seine Gemeinde geradezu die Pointe der Osterbotschaft einzufangen. Er schreibt sein Lied ja 1647, also im 29. Jahr des Dreißigjährigen Krieges. Er und die Leute wissen, was es heißt, »Viktoria« zu brüllen und fahnenschwingend einander in den Tod zu jagen. Und seiner vom Krieg geplagten und ermüdeten Generation malt Paul Gerhardt nun den wahren Helden vor Augen, besser: den Antihelden. Er sagt: Er, der auferweckte Christus ist der wahre Sieger. In dieser vom Krieg gepeinigten Welt hat er und wird er das Feld behalten, er, der im Gehorsam gegen Gott den Weg der Liebe und der Hingabe gegangen ist. Er, der auferweckte Christus, setzt all die anderen »Viktoria«-Brüller und Fahnenschwenker ins Unrecht und macht sie lächerlich (vgl. Strophe 5)! Sie sind in Wahrheit die großen Verlierer. Denn ihnen zum Trotz und den Trauernden zum Trost lebt der, der das Leben verkündigt hat.

Ich fasse zusammen: Die Auferstehungspredigt redet vom *Grund des Glaubens,* indem sie die Geschichte der Auferweckung des Gekreuzigten nacherzählt. Die Predigenden werden in der Art der Erzählung und (nicht zuletzt) in der Wahl ihrer Bilder darauf zu achten haben, daß die HörerInnen ihr Leben, ihre Welt mitverhandelt sehen.

Das ist mir anzuschauen
ein rechtes Freudenspiel;
nun soll mir nicht mehr grauen
vor allem, was mir will
entnehmen meinen Mut
zusamt dem edlen Gut,
so mir durch Jesum Christ
aus Lieb erworben ist.

Die Höll und ihre Rotten
die krümmen mir kein Haar;
der Sünden kann ich spotten,
bleib allzeit ohn Gefahr.
Der Tod mit seiner Macht

wird nichts bei mir geacht':
er bleibt ein totes Bild,
und wär er noch so wild.

Wie Paul Gerhardt vorher von der Auferweckung als dem Grund des Glaubens erzählt hat, so bekennt er sich nun zum Auferstandenen als dem Grund seiner *Hoffnung*. Um es sofort zu unterstreichen: Er belehrt nicht über Hoffnung, er doziert nicht über differenzierte Zusammenhänge, er entwickelt nicht theoretisch das Gefälle des »Schon« und »Noch-nicht«, sondern er legt ein (persönliches) Bekenntnis ab.

Was wir zu hören bekommen, sind große, ›laute‹ Sätze: »Der Tod mit seiner Macht wird nichts bei mir geacht' . . .« Wer von uns könnte es wagen, das so von sich zu bekennen? Wir sollten aber nicht überhören, daß Paul Gerhardt diese Sätze nicht leicht über die Lippen gehen. Man spürt es den Zeilen ab, wie er um die Wahrheit, die er hier nachzusprechen versucht, ringt. Es heißt: »Nun soll mir nicht mehr grauen . . .« Es soll nicht. Aber wer sagt: »Es soll nicht«, der bekennt damit zugleich, daß er dem Grauen noch nicht enthoben ist. Paul Gerhardt weiß nur zu gut, wie sehr der Augenschein der Botschaft von Jesu Sieg über den Tod widerspricht, wie sehr wir immer noch und immer wieder umgeben und gefangen sind von der Realität des Todes. Die Todesmaschinerien, die unserer Welt den Atem nehmen und die ihr den Garaus zu machen drohen, aber auch die Verzagtheit und die Verzweiflung, die ein einzelner Mensch in der Konfrontation mit dem Tod erfährt – darüber brauchen wir einen Mann wie Paul Gerhardt nicht zu belehren. Er weiß das alles nicht nur, er kennt es auch nicht nur vom Hörensagen, nein, er war dem allem wie kaum ein anderer Liederdichter unseres Gesangbuches selbst ausgesetzt. Das Elend und die Wirren des Dreißigjährigen Krieges hat er, wie gesagt, am eigenen Leib erfahren. Und weiter: Von seinen 6 Kindern sind 5 weggestorben. Und als seine Frau starb, war das jüngste Kind gerade 7 Jahre alt. Hier redet wahrlich kein Leichtfertiger und erst recht keiner, der nur die Sonnenseite des Lebens kennengelernt hätte. Hier ringt einer ums Wort, dem noch und noch gegraut hat, der allen Anlaß hatte, den Mut sinken zu lassen, für den die »Höll und ihre Rotten« den furchtbaren Alltag darstellen. Und aus dem Mund dieses Mannes hören wir: ». . . nun soll mir nicht mehr grauen.« Ja, es graut mir noch und noch, aber es soll nicht mehr. Warum nicht? Weil der Sieg, den Jesus über den Tod errungen hat, für mich miterrungen ist. Für mich und für die Welt, in der ich lebe. Verborgen noch und verstellt von den tausendfachen Schrecken, aber doch für mich errungen, wie Paulus sagen kann: »Wir sind zwar gerettet, doch auf Hoffnung« (Röm 8,24). Aus dieser Hoffnung lebt Paul Gerhardt. Davon redet er. Er klammert sich an das Wort Jesu, der gesagt hat: »Ich lebe, und ihr sollt auch leben« (Joh 14,19). Weil zu Ostern die erste Hälfte dieses Wortes wahr geworden ist, streckt er sich nun der zweiten Hälfte mit all seiner Hoffnung entgegen: ». . . ihr sollt auch leben.« Die Kinder und die Frau, die er begraben mußte – sie werden leben. Die noch so gepeinigte und geschundene Welt – sie soll und sie wird leben. Sie wird einmal erleben, daß Gottes Wege weiter reichen, als unsere Augen sehen können. Was den Frauen am Ostermorgen widerfuhr, wird einmal unser aller Erleben sein: daß der Stein weggewälzt ist, die Gräber leer sind, die Tränen abgewischt, die Schreie verstummt. Noch warten wir, noch graut uns. Aber es soll uns nicht mehr grauen. Wir sollen – um mit Ernst Lange zu reden – nicht mehr an den Tod glauben. Wir sollen uns angesichts des Todes in Hoffnung an den klammern, der uns durch den Tod hindurch zu neuem, unvergänglichem Leben vorangegangen ist.

Noch einmal: Das sind große, ›laute‹ Sätze. Und sosehr ihr Inhalt den Kern der Auferstehungshoffnung trifft, sowenig ist solche Art persönlicher Predigt methodisierbar. Dennoch können wir ihr wichtige Hinweise für unsere Predigtpraxis entnehmen.

Auch wenn unser Zeugnis sehr viel ›leiser‹, sehr viel gebrochener ausfallen wird als das von Paul Gerhardt – wir sollten die eigene Person nicht draußen lassen, wo es um die Bezeugung unserer Hoffnung geht. Paulus hat das nicht getan, Luther auch nicht. Und *Manfred Josuttis* hat mit Recht gefragt, ob die Verbannung des »Ich« von der Kanzel – wie eine berechtigte Abwehr menschlichen Hochmuts – nicht auch das problematische Symptom menschlicher Trägheit sein könne (vgl. Praxis, 70ff).

Wer in der Bezeugung der Auferstehungshoffnung aber ein persönliches Bekenntnis nicht einbringen kann oder mag, der scheue sich nicht, auf ein fremdes zurückzugreifen. Warum sollte man hier die »Wolke der Zeugen« nicht zu Hilfe holen? Als biblisches Beispiel erinnere ich noch einmal an die paulinischen Peristasenkataloge (vgl. 1Kor 4,11f; 2Kor 6,3f; 12,6f). Dabei können wir gerade bei Paulus lernen, daß menschliches Hoffnungszeugnis stets ein gebrochenes, anfälliges, im Schatten des »Noch-nicht« gesprochenes Bekenntnis ist (vgl. 2Kor 5,2). Und wenn Paulus seine Ausführungen in 1Thess 14,13ff mit dem Satz beschließt: »So tröstet euch mit diesen Worten untereinander« (V. 18), dann eben deshalb, weil er weiß, daß auch der festeste Glaube und die gewisseste Hoffnung die Trauer und die Trostbedürftigkeit nicht einfach wegwischen.

Schließlich: Die Worte Paul Gerhardts sind gesungene Verkündigung. Es gibt Sätze, die kann man so nicht sagen, die kann man so vielleicht nicht einmal glauben. Aber man kann sie singen (Psalmen!). Denn weil in der Musik nie Gehörtes Klang gewinnt, ist sie in besonderer Weise gleichnisfähig für den, der dem Nicht-Seienden zuruft, daß es sei. Und so erinnere man sich daran, daß die Auferstehungsverkündigung eingebettet ist in einen Gottesdienst, in dem gesungen wird, in dem die Gemeinde gegen das alte Lied vom Tod das neue Lied des Lebens anstimmt. Dazu ermutigen hieße, daß sich im Gottesdienst gesprochenes und gesungenes Wort einander stützen und gegenseitig entlasten.

Die Welt ist mir ein Lachen
mit ihrem großen Zorn,
sie zürnt und kann nichts machen,
all Arbeit ist verlorn.
Die Trübsal trübt mir nicht
mein Herz und Angesicht,
das Unglück ist mein Glück,
die Nacht mein Sonnenblick.

Noch wenige Bemerkungen zur Paränese. Sicher ist Auferstehungspredigt auch dies: Aufforderung zur Dankbarkeit und also Einweisung in die – im Glauben an den Auferweckten gründende und in der Hoffnung auf ihn ausgerichtete – Liebe.
Dazu wäre viel zu sagen. Aber ich möchte mich von Paul Gerhardt jetzt nur an ein Signum österlicher Liebe erinnern lassen, das unseren ach so ethikschweren Predigten allzuoft fehlt: das Lachen! Dabei hat das österliche Lachen eine lange Tradition. Es gab Zeiten, da war das Osterlachen geradezu Teil der gottesdienstlichen Liturgie. Noch vor dem Eingangsvotum erzählte der Prediger zu Ostern seiner Gemeinde einen Witz – möglichst so gelungen, daß es die HörerInnen vor Lachen kaum auf den Bänken hielt. Dadurch sollte gleichnishaft deutlich werden, daß durch die Kraft der Auferstehungsbotschaft die Resignation durchbrochen wird und neue Lebendigkeit erwacht. Über (liturgischen) Geschmack läßt sich streiten, aber die Sache selbst ist bemerkenswert. Es geht dabei, wenn wir Paul Gerhardt folgen, ja nicht um harmlos-unverbindliche Launigkeit. Das Lachen, zu dem er anstiftet, ist der Ausdruck fröhlich-spöttischer Respektlosigkeit: »Die Welt ist mir ein Lachen mit ihrem großen Zorn, sie zürnt und kann nichts machen, all Arbeit ist verlorn.«
Christliches Leben unter der Herrschaft des Auferstandenen wird sich nicht zuletzt darin äußern, daß wir die Welt mit ihren Mächten und Mächtigen nicht mehr so ernst nehmen, wie die das gerne von

uns hätten und – wie sie sich selbst nehmen. Unsere Paränese müßte etwas von der Art jenes kleinen Mädchens aus der Geschichte von des Kaisers neuen Kleidern haben, das den skurrilen und lähmenden Bann des Schweigens bricht, indem es schlicht sagt: »Der hat ja gar nichts an.«

»Ihr Weltmännischen, ihr Sachlichen und Todernsten, ihr habt jedenfalls dann nichts an, wenn ihr den Tod verwaltet, ihn einplant, vorbereitet, gewähren laßt, kurz: mit ihm unter einer Decke steckt! Ihr solltet euch schämen, weil ihr am Leben versagt und weil ihr euch am Herrn des Lebens versündigt. Die Ehre, die euch gebührt, ist der Schimpf und der Spott. Ihr prustet euch auf und habt doch gar nichts an. Nichts, was bekleidet, nichts, was schön macht. Auf unseren Respekt könnt ihr nicht zählen. Wir lachen und fragen nach und zeigen auf euch. Aber wir lachen und fragen nach und zeigen auch auf uns, weil und sofern wir euch gewähren lassen und mitmachen.«

Und dann wird's wohl sein, daß unser Lachen immer wieder zu ersticken droht in Trübsal über das, was die anderen uns antun, und über das, was wir uns selbst und anderen antun. Aber dann laßt uns neu anfangen, umkehren und uns festhalten an dem, der der Grund und die Hoffnung unseres Lebens ist. Wie singt Paul Gerhardt?

Ich hang und bleib auch hangen
an Christo als ein Glied;
wo mein Haupt durch ist gangen,
da nimmt er mich auch mit.
Er reißet durch den Tod,
durch Welt, durch Sünd, durch Not,
er reißet durch die Höll,
ich bin stets sein Gesell.

Literatur

H. Albrecht, Sprachbarrieren unter der Kanzel, in: *ders.* (Hg.), Christus hinter Sprach-
barrieren, Stuttgart 1974, 45–119
- Arbeiter und Symbol. Soziale Homiletik im Zeitalter des Fernsehens, München
1982
F. Alt, Frieden ist möglich, München 1983
- Jesus – der erste Mann, München 1989
H. Arens, Die Predigt als Lernprozeß, München 1972
- Predigt als Lernprozeß, in: *P. Düsterfeld / H.B. Kaufmann* (Hg.), Didaktik der Pre-
digt, Münster 1975, 41–81
- Positiv predigen. Homiletische Hilfen und Beispiele, München 1977
H. Arens / F. Richardt / J. Schulte, Kreativität und Predigtarbeit, München 1974
J. L. Austin, Zur Theorie der Sprechakte, Stuttgart 1972
U. Bach, Boden unter den Füßen hat keiner. Plädoyer für eine solidarische Diakonie,
Göttingen 1980
- Meditation zu Genesis 22,1–14a, GPM 35, 1980/81, 174–185
- Dem Traum entsagen, mehr als ein Mensch zu sein. Auf dem Wege zu einer diako-
nischen Kirche, Neukirchen-Vluyn 1986
H. Barié, Offenbar geht es nicht ohne ›Heilige‹. Beispielhafte Menschen in Predigten
des theologischen Nachwuchses, PTh 76, 1987, 105–125
K. Barth, Not und Verheißung der christlichen Verkündigung, in: *ders.*, Das Wort
Gottes und die Theologie, München 1924, 95–124
- Das Wort Gottes als Aufgabe der Theologie, in: *ders.*, Das Wort Gottes und die
Theologie, München 1924, 157–178
- Der Römerbrief. Sechster Abdruck der neuen Bearbeitung, München 1933
- Fides quaerens intellectum. Anselms Beweis der Existenz Gottes im Zusammen-
hang seines theologischen Programms (1931), hg. von *E. Jüngel / I. Dalferth* (Karl
Barth-Gesamtausgabe, II. Akademische Werke), Zürich [2]1986
- Die kirchliche Dogmatik, I/1 – IV/4, Zürich 1932–1967
- Homiletik. Wesen und Vorbereitung der Predigt, Zürich 1966
- Predigten 1954–1967, hg. von *H. Stoevesandt* (Karl Barth-Gesamtausgabe, I. Pre-
digten 1954–1967), Zürich 1979
H.-D. Bastian, Verfremdung und Verkündigung (ThEx 127), München 1965
E. Bethge, Dietrich Bonhoeffer. Theologe – Christ – Zeitgenosse, München 1965
A. Beutel, Offene Predigt. Homiletische Bemerkungen zu Sprache und Sache, PTh 77,
1988, 518–537
Chr. Bizer, Homiletik und Didaktik, WuPKG 61, 1972, 80–89
R. Bohren, Predigtlehre, München [3]1974
D. Bonhoeffer, Widerstand und Ergebung. Briefe und Aufzeichnungen aus der Haft,
hg. von *E. Bethge* (GTB Siebenstern 1), Gütersloh [13]1985
M. Brumlik, Die Angst vor dem Vater. Judenfeindliche Tendenzen im Umkreis neuer
sozialer Bewegungen, in: *A. Silbermann / H.J. Schoeps* (Hg.), Antisemitismus
nach dem Holocaust. Bestandsaufnahme und Erscheinungsformen in deutschspra-
chigen Ländern, Köln 1986, 133–162
M. Buber, Die Erzählungen der Chassidim, Zürich 1949
P. Bukowski, Praktische Konsequenzen aus Karl Barths Lichterlehre, RKZ 122,

1981, 267–270
- Ich werde mit dir sein. Bemerkungen zum Verhältnis von Seelsorge und Psychotherapie, PTh 74, 1985, 426–435
- Die Bibel als Chance des Predigers, RKZ 128, 1987, 108–114
- Erwägungen zur Auferstehungspredigt auf dem Hintergrund der Theologie Karl Barths, RKZ 129, 1988, 205–211

R. *Bultmann,* Theologie des Neuen Testaments, Tübingen ⁹1984

K.-W. *Dahm,* Beruf Pfarrer. Empirische Aspekte zur Funktion von Kirche und Religion in unserer Gesellschaft, München ³1974

K.-F. *Daiber u.a.,* Predigen und Hören. Ergebnisse einer Gottesdienstbefragung, Bd. 2: Kommunikation zwischen Predigern und Hörern – Sozialwissenschaftliche Untersuchungen, München 1983

H. W. *Dannowski,* Sprachbefähigung in der Ausbildung, in: P. *Düsterfeld / H.B. Kaufmann* (Hg.), Didaktik der Predigt, Münster 1975, 163–175
- Kompendium der Predigtlehre, Gütersloh 1985

A. *Denecke,* Persönlich predigen. Anleitungen und Modelle für die Praxis, Gütersloh 1979

O. *Fuchs,* Die lebendige Predigt, München 1978
- Von Gott predigen. Anleitungen – Beispiele – Überlegungen, Gütersloh 1984

W. *Fürst,* Die Predigt der Rechtfertigung des Gottlosen. Homiletik als ein Kapitel der theologia crucis, in: F. *Viering* (Hg.), Das Kreuz Jesu Christi als Grund des Heils, Gütersloh ³1969, 115–132
- Das gute Werk der Predigt, in: H.-G. *Geyer u.a.* (Hg.), Freispruch und Freiheit. Theologische Aufsätze für Walter Kreck zum 65. Geburtstag, München 1973, 85–100

H. *van der Geest,* Du hast mich angesprochen. Die Wirkung von Gottesdienst und Predigt, Zürich 1978

Chr. *Gestrich,* Die Wiederkehr des Glanzes in der Welt. Die christliche Lehre von der Sünde und ihrer Vergebung in gegenwärtiger Verantwortung, Tübingen 1989

H.-G. *Geyer,* Die Auferstehung Jesu Christi. Ein Überblick über die Diskussion in der gegenwärtigen Theologie, in: F. *Viering* (Hg.), Die Bedeutung der Auferstehungsbotschaft für den Glauben an Jesus Christus, Gütersloh ⁷1968, 91–117

H. *Gollwitzer,* Veränderung im Diesseits. Politische Predigten, München 1973
- Von Glauben und Unglauben bei Martin Luther, EvTh 44, 1984, 360–379

J. *Habermas,* Vorbereitende Bemerkungen zu einer Theorie der kommunikativen Kompetenz, in: H. *Holzer / K. Steinbacher* (Hg.), Sprache und Gesellschaft, Hamburg ²1975, 208–238

O. *Haendler,* Die Predigt. Tiefenpsychologische Grundlagen und Grundfragen, Berlin 1941

H. *Hirschler,* Konkret predigen. Anleitungen und Beispiele für die Praxis, Gütersloh 1977

G. *Hunsinger,* Jenseits von Literalität und Expressivität. Karl Barths hermeneutischer Realismus, EvTh 47, 1987, 151–165

H. J. *Iwand,* Glauben und Wissen, Nachgelassene Werke. Erster Band, hg. von H. *Gollwitzer,* München 1962
- Predigtmeditationen, Göttingen 1963

W. *Jetter,* Symbol und Ritual. Anthropologische Elemente im Gottesdienst, Göttingen ²1986

M. *Josuttis,* Gesetzlichkeit in der Predigt der Gegenwart, München 1966
- Praxis des Evangeliums zwischen Politik und Religion. Grundprobleme der Praktischen Theologie, München 1974
- Der Pfarrer ist anders. Aspekte einer zeitgenössischen Pastoraltheologie, München

1982
- Rhetorik und Theologie in der Predigtarbeit. Homiletische Studien, München
  1985
E. Jüngel, Paulus und Jesus. Eine Untersuchung zur Präzisierung der Frage nach dem
  Ursprung der Christologie, Tübingen ⁶1986
- Anfechtung und Gewißheit des Glaubens oder wie die Kirche wieder zu ihrer Sache
  kommt. Zwei Vorträge, München 1976
- Zur Freiheit eines Christenmenschen. Eine Erinnerung an Luthers Schrift, München 1978
- Entsprechungen: Gott – Wahrheit – Mensch. Theologische Erörterungen, München 1980
K. Jutzler, Privatisierte Verkündigung? Beobachtungen und Nachgedanken zu Rundfunkpredigten, in: *M. Josuttis* (Hg.), Beiträge zu einer Rundfunkhomiletik, München 1967, 123–146
B. Klappert, Diskussion um Kreuz und Auferstehung, Wuppertal ³1968
- Die Auferweckung des Gekreuzigten. Der Ansatz der Christologie Karl Barths im
  Zusammenhang der Christologie der Gegenwart, Neukirchen-Vluyn 1971
- Promissio und Bund. Gesetz und Evangelium bei Barth und Luther, Göttingen
  1976
J. Kopperschmidt, Kommunikationsprobleme der Predigt, in: *G. Biemer* (Hg.), Die
  Fremdsprache der Predigt, Düsseldorf 1970, 30–57
W. Kreck, Die Zukunft des Gekommenen, Grundprobleme der Eschatologie, München 1966
E. Landau, Kreatives Erleben, Basel ²1984
E. Lange, Der Dienst des Pfarrers in der Gemeinde heute, PTh 55, 1966, 199–229
- (Hg.), Zur Theorie und Praxis der Predigtarbeit. Bericht von einer homiletischen
  Arbeitstagung 1967 (Predigtstudien Beiheft 1), Stuttgart 1968
- Nicht an den Tod glauben. Praktische Konsequenzen aus Ostern, hg. von *R. Schloz,*
  München 1982
H. Lausberg, Elemente der literarischen Rhetorik. Eine Einführung für Studierende
  der klassischen, romanischen, englischen und deutschen Philologie, München
  ⁸1984
E. Lerle, Grundriß der empirischen Homiletik, Berlin 1969
Chr. Link, Die Welt als Gleichnis. Studien zum Problem der natürlichen Theologie,
  München 1976
R. Lischer, Die Funktion des Narrativen in Luthers Predigt. Der Zusammenhang von
  Rhetorik und Anthropologie, in: *A. Beutel u.a.* (Hg.), Homiletisches Lesebuch.
  Texte zur heutigen Predigtlehre, Tübingen 1986, 309–329
H. Luther, Stufenmodell der Predigtvorbereitung, ThPr 17, 1983, 60–68
M. Luther, Werke. Kritische Gesamtausgabe, Weimar 1883ff (zitiert: WA)
- Werke in Auswahl, hg. von *O. Clemen,* Bonn 1912–1930 (zitiert: Clemen)
U. Maas / D. Wunderlich, Pragmatik und sprachliches Handeln. Mit einer Kritik am
  Funkkolleg »Sprache«, Frankfurt a.M. ³1974
G. M. Martin, Predigt als »offenes Kunstwerk«? Zum Dialog zwischen Homiletik und
  Rezeptionsästhetik, EvTh 44, 1984, 46–58
A. Mertens, Kritische Kommentierung zum Thema »Predigt als Lernprozeß«, in: *P.
  Düsterfeld / H.B. Kaufmann* (Hg.), Didaktik der Predigt, Münster 1975, 41–81
K. Meyer zu Uptrup, Gestalthomiletik. Wie wir heute predigen können, Stuttgart 1986
F. Mildenberger, Art. Auferstehung IV. Dogmatisch, in: TRE IV, 1979, 547–575
- Kleine Predigtlehre, Stuttgart/Berlin/Köln/Mainz 1984
Chr. Möller, Seelsorglich predigen. Die parakletische Dimension von Predigt, Seelsorge und Gemeinde, Göttingen 1983

M. Nüchtern, Bild und Beispiel. Beobachtungen zur Funktion des Erzählens in der Predigt, PTh 70, 1981, 135–145

E. Öffner, Pastoralsoziologische Grundlegung: Der Pfarrer und sein Kommunikationsproblem, in: *B. Klaus u.a.* (Hg.), Kommunikation in der Kirche, Gütersloh 1979, 57–110

G. Otto, Handbuch des Religionsunterrichts, Hamburg ²1965
– Predigt als rhetorische Aufgabe. Homiletische Perspektiven, Neukirchen-Vluyn 1987

G. Roth, Die Sprache ist kein Mann, Madame! Bemerkungen zur inklusiven Sprache, PTh 79, 1990, 41–57

J. Rothermundt, Der Heilige Geist und die Rhetorik. Theologische Grundlinien einer empirischen Homiletik, Gütersloh 1984

H. Scheler, Kommentierung zum Thema »Sprechakttheorie in der Homiletik«, in: *P. Düsterfeld / B. Kaufmann* (Hg.), Didaktik der Predigt, Münster 1975, 206–222

M. Schian, Praktische Predigtlehre, Göttingen ²1911

H.-D. Schneider, Unter welchen Voraussetzungen kann Verkündigung Einstellung ändern? PTh 58, 1969, 246–308

F. Schulz von Thun, Miteinander Reden: Störungen und Klärungen. Psychologie der zwischenmenschlichen Kommunikation, Reinbek bei Hamburg 1986

W. Schütz, Probleme der Predigt, Göttingen 1981

J. R. Searle, Sprechakte. Ein sprachphilosophischer Essay, Frankfurt a.M. 1971

A. Sommerauer, Das Handwerk der Predigt. Ein Praktikum für Laien und Theologen, Stuttgart 1973

T. Stählin, Kommunikationsfördernde und -hindernde Elemente in der Predigt, WuPKG 61, 1972, 292–308

H. Tacke, Glaubenshilfe als Lebenshilfe. Probleme und Chancen heutiger Seelsorge, Neukirchen-Vluyn 1974
– »Verheißung« in den Predigtmeditationen Hans Joachim Iwands, in: *H.-G. Geyer u.a.* (Hg.), »Wenn nicht jetzt, wann dann?« Aufsätze für Hans-Joachim Kraus zum 65. Geburtstag, Neukirchen-Vluyn 1983, 395–404

H. Thielicke, Das Bilderbuch Gottes. Reden über die Gleichnisse Jesu (Taschenbuchausgabe), Stuttgart 1962

W. Trillhaas, Evangelische Predigtlehre, München ⁵1964

K. Tucholsky, Ratschläge für einen schlechten Redner, in: *ders.,* Gesammelte Werke, Bd. 8, Reinbek bei Hamburg 1975, 290–292

P. Watzlawick, Die Möglichkeit des Andersseins. Zur Technik der therapeutischen Kommunikation, Bern/Stuttgart/Wien ³1986

P. Watzlawick / J.H. Beavin / D.D. Jackson, Menschliche Kommunikation. Formen, Störungen, Paradoxien, Bern/Stuttgart/Wien ⁶1982

P. Watzlawick / J.H. Weakland / R. Fisch, Lösungen. Zur Theorie und Praxis des menschlichen Wandels, Bern/Stuttgart/Wien ³1984

M. Weinrich, Das Schriftprinzip und der Unterricht, PTh 77, 1988, 292–306

M. Welker, Der Heilige Geist, EvTh 49, 1989, 126–141

R. Zerfaß, Grundkurs Predigt. 1. Spruchpredigt, Düsseldorf 1987

Praktische Theologie/ Predigtsammlung

Sylvia und Peter Bukowski

EIN BUCH VOLLER LEBEN

Entdeckungen in der Bibel
Predigten zu ungepredigten Texten

Neukirchener

Sylvia und Peter Bukowski

Ein Buch voller Leben

Entdeckungen in der Bibel
Predigten zu ungepredigten
Texten,
167 Seiten, Paperback,
DM 24,80

Die Predigtsammlung von
Sylvia und Peter Bukowski
will mit dem immer weiter
um sich greifenden Vorurteil
aufräumen, die Bibel sei ein
veraltetes, abständiges Buch.
Die Predigten nehmen die
LeserInnen mit in die Welt
der Bibel, der nichts von dem
fremd ist, was uns heute
bewegt, und die deshalb
Gottes Güte konkret zuzu-
sprechen vermag.

Dabei haben sich Sylvia und
Peter Bukowski besonders
solchen Texten zugewandt,
die in der Perikopenordnung
nicht vorgesehen und deshalb
der Gemeinde weithin unbe-
kannt sind. Ein weiterer
Akzent liegt auf dem Bemühen, Auslegung und Predigt
im Gespräch mit dem jüdi-
schen Volk zu vollziehen.

Sylvia Bukowski, geb. 1949;
Studium der amerik. Literatur
in St. Olaf, Minnesota (USA),
der evangelischen Theologie
und der Sozialpädagogik in
Berlin und Bonn; seit 1977
Pfarrerin an der Thomaskir-
che in Wuppertal-Elberfeld;
Mitglied im Ausschuß »Christen und Juden« der Kirche
im Rheinland und des Ref.
Bundes.

Peter Bukowski, geb. 1950;
Studium der evangelischen
Theologie und der Musik in
Berlin, Bonn und Köln; psy-
chotherapeutische Ausbildung
in Düsseldorf; Dozent für
Homiletik und Seelsoger am
Elberfelder Predigerseminar;
seit 1990 Moderator des
Reformierten Bundes.

neukirchener